SURVEY RESEARCH METHODOLOGY FOR EDUCATION

교육조사방법론

윤명희 · 서희정 · 김경희 공저

학지사

머·리·말

　사람을 사랑하고, 사람의 변화를 소중하게 생각하며, 새로운 앎을 통해 자신과 타인을 바라보는 관점이 달라지고, 삶을 새롭게 설계해 나가는 교육과 학습의 현장에는 언제나 설렘이 존재한다. 이러한 설렘이 긍정적 가치로 변화할 수 있음을 확신하는 많은 교육 실천가와 연구자는 오늘도 희망을 품고 사람을 만나며 교육을 실천한다.

　교육조사방법론은 이처럼 현장의 교육 실천가나 연구자들이 체계적이고 전문적인 연구의 과정을 통해 인간과 사회현상을 이해하고 설명하며 예측해 나갈 수 있도록 안내하는 학문 분야다. 따라서 조사방법의 내용과 기법을 이해하고 이를 구체적으로 적용할 수 있는 능력을 갖추는 것은 사회과학을 실천하고 연구하는 사람이 함양해야 할 기본적인 역량이라 할 수 있다.

　특히 오늘날과 같이 다양한 교육 현장과 학습자가 존재하고, 수많은 정보가 공존하는 사회에서는 실천현장을 제대로 파악하고, 자료를 수집하며, 가공할 수 있는 과학적 조사연구의 과정이 더욱 중요시되고 있다. 연구자뿐 아니라 실천가를 비롯한 학습자도 효율적으로 활용할 수 있는 실용적 차원의 조사연구가 무엇보다 필요한 시기다. 이 교재는 이러한 필요성에 따라 작성되었다.

이 책의 내용은 각종 조사연구를 할 때 과학적인 조사방법을 알지 못하고 수행하는 것이 결과에 얼마나 심각한 영향을 주는지를 고려하여, 기본적으로 이해하고 있어야 하는 조사연구에 대한 과학 지식과 이를 수행하는 전문 기술을 함양할 수 있도록 4가지 영역에 대한 13개의 주제를 선정하였다.

첫째, 교육조사의 이론 영역에서 조사연구의 기본적 이해를 도울 수 있도록 교육조사연구의 의미와 특성, 연구의 유형, 조사설계, 측정 및 척도, 타당도 및 신뢰도에 관한 내용을 다루었다. 둘째, 교육조사의 과정 영역에서는 연구문제 설정, 조사도구 개발, 표본추출, 자료수집, 자료분석의 내용을 중심으로 실제 조사연구를 수행하는 과정을 소개하였다. 셋째, 교육조사의 결과 정리 영역에서는 조사 계획서 및 보고서 작성과 참고문헌 작성의 내용을 다루었으며, 넷째로 연구윤리 영역에서는 교육조사연구를 수행할 때 연구자가 고려해야 할 윤리적 측면을 자세히 소개하였다.

또한 저자는 독자의 이해를 높이기 위해 다음과 같은 몇 가지 사항을 유념하여 집필하였다.

첫째, 각 장의 앞부분에 학습과제를 구체적으로 제시함으로써 독자들이 성취해야 할 행동을 열거하였다. 혹시 그 장을 읽고 난 후 제시된 학습과제를 달성하지 못했다고 느꼈을 때는 다시 읽어 보는 노력을 해야 할 것이다. 둘째, 설명식의 문장으로 길게 작성되었을 때 느낄 수 있는 지루함을 없애기 위해 곳곳에 요약표를 제시하여 본문 내용의 이해를 높이고자 하였다. 셋째, 다양한 예시와 실제 연구사례를 제시하여 이론에 대한 이해와 실제 적용이 원활하도록 하였다. 넷째, 각 장의 뒷부분에 학습문제를 제시하여 그 장을 학습하고 난 후 기본적으로 이해하고 있어야 하는 내용을 스스로 확인할 수 있도록 하였다.

교육조사방법을 활용하고자 하는 사람은 우선 조사연구의 기본 개념과 특성을 이해할 수 있도록 체계적으로 교재를 읽어 나가기 바란다. 만약 이해가 가지 않는 부분이 있으면 여러 번 읽거나 본문에 삽입된 실제 예시를 통해 기본 개념을 이해하도록 한다. 교재의 내용을 충분히 이해하였으면 학습문제에 대한 답을 정리하면서 자신이 잘못 이해하고 있거나 부족한 부분을 보완해 나간다. 한 단계 더 나아가 실제 사례보고나 학술논문과 같은 형태의 연구를 수행하고자 할 때는 각 장의 전개과정에 따라 연구주제 설정, 조사연구과정 설계, 조사도구 개발, 자료수집 및 분석, 보고서 작성 등의 과정을 실제로 수행해 보기 바란다.

이처럼 이 교재는 조사연구를 이해하고자 하는 학부생이나 실제 연구에 활용하고자 하는 대학원생뿐 아니라 학교교육, 평생교육, 청소년활동, 사회복지 등 실제 조사연구를 수행하고 있는 실천가와 연구자를 위해 작성되었다. 그러므로 이 책은 교육학, 사회학, 사회복지학, 아동학 등 사회과학을 전공으로 하는 대학의 교육과정이나 교직, 평생교육사, 청소년상담사 및 사회복지사 등과 같은 국가자격증 취득을 위한 과정의 전문교재로 활용할 수 있다. 또한 새로운 교육 정책이나 프로그램을 도입하기 위해 수요조사를 하거나 프로그램 운영 후 학습자의 만족도를 조사할 때, 프로그램의 성과를 평가할 때 등 다양한 상황에서 효율적으로 활용되기를 기대한다.

마지막으로 이 교재를 통해 독자들이 조사연구의 기본 개념과 분석 과정에 대한 이해뿐 아니라 자신의 연구 주제와 목적에 맞는 조사연구를 수행할 수 있는 능력과 자신감을 갖출 수 있게 되기를 기대해 본다.

2016년 9월 1일
저자 일동

차 · 례

❖ 머리말 3

제1장 **교육조사방법의 이해** 15

제1절 사회현상의 과학적 연구 17
    1. 사회현상의 과학적 접근 17
    2. 과학적 연구 22

제2절 연구의 유형 28
    1. 인식론적 접근방법에 따른 분류 28
    2. 연구목적에 따른 분류 31
    3. 연구방법에 따른 분류 34
    4. 연구결과 활용에 따른 분류 37
    5. 시간적 차원에 따른 분류 38

제3절 교육조사방법론 41
    1. 교육조사연구 41
    2. 교육조사방법론 43

제2장 연구문제 설정 47

제1절 연구문제의 인식 49
    1. 연구문제의 발견 49
    2. 연구문제의 구성 52

제2절 연구문제의 선정 52
    1. 독창성 53
    2. 명확성 54
    3. 검증 가능성 55
    4. 윤리성 56
    5. 학술적 가치 57

제3절 연구제목의 진술 57

제3장 교육조사의 기본 요소 61

제1절 개념과 정의 63
    1. 개 념 63
    2. 정 의 65

제2절 변수와 가설 67
    1. 변 수 67
    2. 가 설 71

제3절 이론과 모형 73
    1. 이 론 73
    2. 모 형 75

제4장 **조사설계** 79

제1절 조사설계의 이해 81
　1. 조사연구의 일반적 절차 81
　2. 조사설계의 주요 내용 83

제2절 조사설계의 타당도 85
　1. 내적타당도 85
　2. 외적타당도 89
　3. 내적타당도와 외적타당도의 관계 92

제5장 **측정 및 척도** 95

제1절 측 정 97
　1. 측정의 의미 97
　2. 측정의 일반적 절차 98

제2절 척 도 100
　1. 측정단위로서의 척도 100
　2. 측정도구로서의 척도 103

제6장 **설문지 개발** 119

제1절 설문지 작성의 기초 121
　1. 설문지의 의미 121
　2. 설문지의 구성요소 121

제2절　설문지 개발과정　124

　1. 필요한 정보의 결정　125

　2. 자료수집 방법의 결정　126

　3. 질문내용의 결정　127

　4. 질문형태의 결정　129

　5. 개별문항의 작성　130

　6. 질문순서의 결정　131

　7. 설문지의 외형 결정　134

　8. 예비조사　135

　9. 설문지의 완성　135

제3절　질문 유형 및 형태　136

　1. 개방형 질문　137

　2. 폐쇄형 질문　138

제4절　개별문항 작성의 유의사항　142

　1. 질문에 관한 유의사항　142

　2. 응답항목에 관한 유의사항　148

제7장　**타당도 및 신뢰도**　153

제1절　타당도　155

　1. 타당도의 개념　155

　2. 타당도의 유형　156

제2절　신뢰도　162

　1. 신뢰도의 개념　162

　2. 신뢰도의 유형　165

제3절 타당도와 신뢰도의 관계   170

제4절 측정도구의 양호도   172

제8장 표본추출   177

제1절 표본추출 과정   179
1. 모집단의 확정   180
2. 표본추출 단위의 결정   180
3. 표본추출 방법의 결정   181
4. 표본크기의 결정   182

제2절 확률적 표본추출 방법   184
1. 단순무선 표집   185
2. 체계적 표집   186
3. 층화 표집   188
4. 군집 표집   190

제3절 비확률적 표본추출 방법   191
1. 편의 표집   192
2. 목적 표집   192
3. 스노우볼 표집   193
4. 할당 표집   194

제9장 자료수집 방법   197

제1절 자료의 유형   199

제2절 설문지법   200
   1. 설문지법의 장단점   200
   2. 설문지법의 종류   201

제3절 관찰법   205
   1. 관찰법의 장단점   206
   2. 관찰법의 종류   207
   3. 관찰기록의 방법   210

제4절 면접법   214
   1. 면접법의 장단점   215
   2. 면접법의 종류   216

제5절 자료수집 방법의 선택기준   219
   1. 자료수집 방법의 정확성과 객관성   220
   2. 연구수행 현장상황의 특성   221
   3. 자료수집 비용   221

제10장 자료분석   225

제1절 자료분석의 이해   227
   1. 자료분석의 의미   227
   2. 자료분석의 과정   228

제2절 자료의 가공   231
   1. 자료의 검토   231
   2. 코 딩   232

제3절 통계분석 및 해석 235
1. 기술통계 방법 235
2. 집단비교를 위한 통계방법 247
3. 관계분석을 위한 통계방법 257

제11장 조사 계획서 및 보고서 작성 281

제1절 조사 계획서 283
1. 조사 계획서의 이해 283
2. 조사 계획서의 작성 286

제2절 조사 보고서 294
1. 조사 보고서의 체제 294
2. 조사 보고서 작성 시의 윤리적 지침 298

제12장 참고문헌 작성 303

제1절 참고문헌 작성원칙 305
1. 참고문헌 목록의 이해 305
2. 참고문헌 작성의 일반원칙 306

제2절 참고문헌 표기 양식 308
1. 단행본 308
2. 정기간행물 313
3. 학위논문 315
4. 기타 특수 형태의 자료 315

제13장 연구윤리   319

제1절 연구윤리의 이해   321
    1. 연구윤리의 개념   321
    2. 연구윤리의 일반적 원칙   322
    3. 연구윤리의 내용과 범위   324

제2절 연구과정에 따른 윤리적 쟁점   328
    1. 연구 계획과 설계   328
    2. 연구방법   329
    3. 연구결과의 보고   330

부 록   333
    1. 난수표   334
    2. 정규분포표   335
    3. 연구윤리 확보를 위한 지침   336
    4. 교육조사연구 보고서 예시   348

    ◈ 참고문헌   372
    ◈ 찾아보기   378

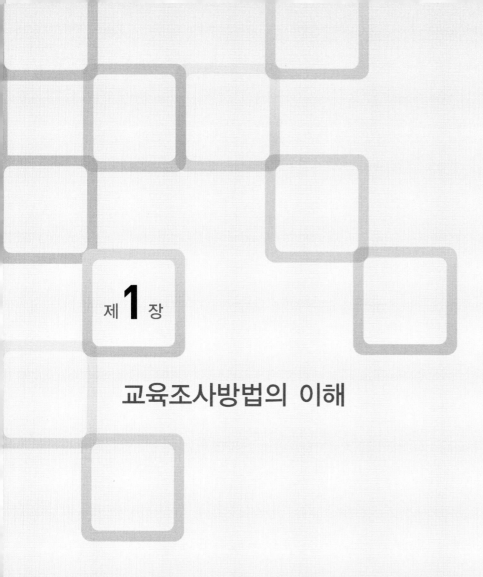

제 **1** 장

교육조사방법의 이해

제1절 사회현상의 과학적 연구
제2절 연구의 유형
제3절 교육조사방법론

학습과제

1. 사회현상에 대한 과학적 연구과정의 특성을 안다.

2. 다양한 분류방법에 따른 연구의 유형과 특성을 이해한다.

3. 교육조사연구의 의미를 이해한다.

4. 교육조사방법론의 주요 내용을 안다.

제1절 사회현상의 과학적 연구

사회현상은 인간의 다양한 생활 및 사회관계에 의해 생기는 모든 현상을 통칭하는 개념이다. 따라서 사회현상은 인간의 생활이 다양하고 복잡해질수록 더욱 복합적인 특성을 지닌다. 이러한 사회현상을 이해하거나 설명하기 위해서는 과학적인 접근방법을 취해야 한다.

1. 사회현상의 과학적 접근

일반적으로 학문 분야는 내용에 따라 인문과학, 사회과학, 자연과학 등으로 구분한다. 그 중 다양한 사회현상과 이를 만들어 내는 여러 가지 요인을 대상으로 연구하는 것은 사회과학 분야에서 이루어지고 있다.

사회과학은 사물과 자연현상을 연구대상으로 하는 자연과학과 달리 인간과 사회현상을 대상으로 하기 때문에 객관적이고 보편적인 지식을 탐구하고 발견하는 데 여러 가지 어려움이 따른다. 일반적으로 사회현상은 자연현상보다 훨씬 더 복잡할 뿐 아니라, 외부에서 직접 관찰할 수 없는 내면적 심리나 정신세계와 같은 측면들이 외적으로 나타나는 인간의 행동에 많은 영향을 끼친다. 또한 인간의 의지와 상황에 따라 다양하게 변할 수 있어 보편화와 일반화에 어려운 점이 많다.

사회과학은 자연과학처럼 연구자 자신이 제3자의 입장에서 연구를 수행하는 것이 아니라, 연구자가 속해 있는 인간과 사회가 연구대상이라는 점 때문에 객관적인 접근이 어렵다. 즉, 인간과 사회현상을 인식하는 데 있어 연구자 자신이 가진 주관과 가치판단을 완전히 배제하기 어렵기 때문에 모든 사람이 동의할 수 있는 객관적 지식을 도출하기가 힘들다.

이처럼 사회과학은 의지를 갖고 있는 인간과 복잡한 사회현상을 연구대상으로 하므로 자연과학보다 변화가 많고 적용하는 연구방법도 덜 정밀할 수밖에 없다. 이러한 점들로 인해 사회현상을 과학적으로 접근하는 과정에서는 다음과 같은 특성이 나타난다.

▣ 과학적 접근에 따른 사회현상의 특성
- 인과관계의 복잡성
- 실험과 통제의 어려움
- 연구자의 주관성 개입
- 연구의 윤리성과 관련된 문제
- 측정에서의 오류 가능성
- 연구대상의 반응성 문제
- 확률적 인과관계

---

1) 인과관계의 복잡성

특정 사회현상은 여러 가지 다양한 원인의 상호작용에 의해서 발생한다. 기압이 낮아지고 구름이 많이 생기면 비가 오는 것처럼 자연현상은 보편적으로 몇 가지 명백한 원인에 의해 결과가 나타나지만, 사회현상은 수많은 요인이 상호작용한 결과로 나타난다.

예를 들어, 여자 대학생의 전공 분야 취업률이 남자 대학생보다 낮은 사회문제가 발생하는 것은 적성의 미발견, 전공 능력의 부족과 같은 개인적 요인, 그리고 남녀 간 전공 분야로의 취업 기회 불평등, 경제활동에서의 성별에 따른 차별, 일부 직종에 대한 여성의 편향적 취업 등과 같은 사회적인 면에 이르기까지 다양한 요인과 관련되어 있다. 이러한 복잡한 요인들이 여대생의 전공 분야로의 취업률 저하에 얼마만큼 영향을 미치는지, 가장 결정적이고 중요한 원인은 무엇인지, 더욱 근본적인 원인이 무엇인지 등에 대한 해답을 밝혀내는 것을 어렵게 만든다.

때로는 '닭이 먼저냐 달걀이 먼저냐'의 논쟁과 같이 어느 것이 원인이고 어느 것이 결과인지가 애매한 경우도 많다. 예를 들어, '비문해자들은 그렇지 않은 사람들에 비해 사회경제적 지위가 낮은 경우가 많다.'라고 가정해 보자. 이 사실을 통해 비문해와 사회경제적 지위가 연관성이 있다는 것을 알 수는 있으나, 어느 것이 원인이고 어느 것이 결과인지는 명확하지 않다. 비문해자이기 때문에 직장을 선택하는 데 한계가 있고, 전문적인 영역보다는 단순노무직에 종사할 수밖에 없어 결국 사회경제적 지위가 낮아질 수 있다. 그러나 반대로 어렸을 때부터 가정 형편이 좋지 않아 기본적인 학교생활을 제대로 하지 못해 비문해자가 된 경우도 있을 것이다.

이처럼 사회현상에는 수많은 요인이 복잡하게 얽혀 있기 때문에 이를 정리하여 드러난 현상을 명확하고 체계적으로 제시하는 것은 매우 어렵다.

2) 측정에서의 오류 가능성

인간을 대상으로 하는 사회과학에서 감각기관을 이용하여 눈으로 볼 수 있고 만질 수 있는 것 등 직접 지각할 수 있는 사물이나 현상은 비교적 쉽게 인식할 수 있다. 예를 들어, 키나 체중과 같은 인간의 신체적 측면, 겉으로 나타나는 행동, 소득이나 재산 등의 물질적 측면은 비교적 정확하게 측정할 수 있다.

그러나 사회과학 연구에서 더 많은 관심의 대상이 되고 있는 인간의 심리적 측면과 인간을 둘러싸고 있는 환경적 측면은 쉽게 인식하기 어렵다. 특히 성격, 가치관이나 자아정체감 같은 정신적·심리적 측면들은 객관적으로 분석할 수 있는 특성이 아니므로 측정상의 오류가 나타날 수밖에 없다.

3) 실험과 통제의 어려움

특정 사회현상을 발생시키는 여러 가지 요인 중에서 어느 것이 얼마만큼 영향을 미치는지 정확하게 파악하기 위해서는 실험과 통제가 필요하다. 실험(experiment)은 사회현상을 경험적으로 연구하는 방법 중 하나로서 어떤 변수가 다른 변수에 어떠한 영향을 미치는지 알아보는 방법이다. 또한 통제(control)는 특정 사회현상에 영향을 미칠 수 있는 여러 요인 중 연구의 관심대상이 되는 요인을 제외한 다른 조건들을 동일하게 만들어 주는 것을 의미한다.

자연과학에서는 실험실에서 모든 조건을 연구자가 완전히 통제하기 때문에 인과

관계를 밝히는 실험이 가능하지만, 사회현상이라는 것은 실험실 안에서 측정하기 어려운 것이어서 연구의 관심대상 외의 다른 요인들을 완벽하게 통제하는 것이 사실상 불가능하다.

4) 연구대상의 반응성 문제

인간의 행동은 그것에 영향을 미치는 원인뿐 아니라 인간을 둘러싸고 있는 다양한 요인에 의해 변화한다. 예를 들어, 다른 사람이 자신의 행동을 주의 깊게 바라보고 있다는 사실을 알면 평소와 다르게 반응하거나 자신이 실제 생각하고 있는 것과 다른 행동을 하게 될 수도 있다.

이러한 현상은 연구의 대상자가 되었을 경우도 마찬가지다. 자신이 연구대상자임을 인식하면 그에 따라 다르게 반응하는 경우가 많다. 설문지에 응답하면서 사실이 아닌 항목에 표시하기도 하고, 평소의 행동과는 다른 행동을 하기도 하며, 자신의 의지와는 달리 연구자가 원하는 방향으로 행동하기도 한다. 이와 같은 반응성으로 인해 연구대상자들의 실제 상태와 연구를 통해 관찰되거나 측정된 상태가 달라지는 결과가 초래되기도 한다.

5) 연구자의 주관성 개입

자연과학에서는 객관성의 원칙이 비교적 잘 지켜지지만, 사회과학에서는 연구자의 주관적 측면이 현상을 이해하는 데 많은 영향을 끼친다. 즉, 사회과학에서는 연구자가 연구하려는 상황에 포함된 경우가 대부분이어서 객관적인 태도를 고수하기가 쉽지 않으며, 연구자의 가치관이나 선입관에 따라 현상을 바라보는 관점이 달라지므로 동일한 상황에서 다른 의미가 부여되기도 한다.

예를 들어, 평생교육 분야에서는 일반 시민의 평생학습에 대한 욕구를 파악하고자 학습자의 프로그램에 대한 요구 및 만족도 조사를 지속해서 실시한다. 만약 인터뷰를 통해 요구 및 만족도 조사를 하였다면 인터뷰 내용을 분석하고 해석하게 되는데, 이 과정은 연구자의 가치와 주관성을 토대로 이루어질 수밖에 없다. 따라서 연구자가 객관적으로 연구과정에 참여할 수 있도록 전문성을 향상하는 것이 필요하다.

6) 확률적 인과관계

자연현상에서 나타나는 인과관계는 얼음에 계속 열이 가해지면 녹아서 물이 되는 것과 같이 거의 결정적인 관계에 가깝다. 그러나 사회현상에서는 어떤 원인이 있다고 해서 반드시 동일한 결과가 뒤따르지는 않는다.

예를 들어, 권위 있는 양육 태도를 가진 부모에게서 성장한 자녀는 독립심과 자존 감이 높으며 사회성이 좋아 또래 관계에서 인기가 많다는 연구가 있다(Baumrind, 1991). 이 연구에 따르면 권위 있는 양육 태도를 가진 부모에게서 성장한 아동은 독립심, 자존감, 사회성이 긍정적이어야 하지만, 실제로는 그렇지 않은 경우도 많다. 그 이유는 아동의 생물학적 기질, 친구 관계, 대중매체 등 부모의 양육 태도 외에도 아동의 성장에 영향을 미치는 변인이 다양하기 때문이다.

이처럼 인간의 특정 행동을 일으키는 원인은 너무나 많고 다양하기 때문에 그러한 요인을 모두 알아내는 것은 현실적으로 어렵다. 또한, 동일한 상황에 부닥치더라도 인간에 따라 그 상황을 받아들이고 반응하는 방식이 다르기 때문에 특정 현상에 대해 이미 알고 있거나 곧 연구하여 밝히게 될 원인도 있지만, 우리가 모르거나 간과하고 있는 원인도 있을 수밖에 없다.

이러한 이유로 사회과학에서의 인과관계는 결정적인 것이 아니라 확률적인 것으로 이해해야 한다. 다시 말해서, 어떠한 원인이 발생하면 특정 사회현상이 반드시 나타난다고 이해하기보다 그러한 원인이 없을 때에 비해 그 현상이 일어날 확률이 더 높아진다고 이해하는 확률론적 결정론의 관점을 가지는 것이 바람직하다(김환준, 2004).

7) 연구의 윤리성과 관련된 문제

사회과학에서 실험이 어려운 것은 윤리적인 문제와도 관련되어 있다. 의학이나 심리학과 같이 인간을 주요 대상으로 하는 연구 분야의 경우 실험대상인 인간에게 해를 끼칠 수 있는 것이면 윤리적으로 용납되지 않는다. 예를 들어, 스트레스가 우울증에 영향을 미치는지를 연구하려 할 때, 이 연구문제를 해결하기 위해 특정 연구대상에게 의도적으로 스트레스를 주는 것은 윤리적으로 용납되지 않는다. 또한 비둘기나 쥐와 같은 동물을 대상으로 특정 실험에 성공했다 하더라도 이를 인간에게 바로 적용하는 것은 윤리적으로 어긋나는 행동이다.

이처럼 사회과학 분야에 있어 연구의 윤리적 문제는 단지 실험 가능의 여부뿐 아니라 연구 자체의 가능성, 연구 문제 및 방법의 선택, 연구결과의 발표 및 활용 등 연구의 전반적인 과정에 걸쳐 고려되어야 할 중요한 요소이다. 최근에는 연구윤리에 대한 중요성이 더욱 강조되고 있어 인간과 관련된 연구를 수행하는 기관마다 기관생명윤리위원회(Institutional Review Board: IRB)를 수립하여 연구윤리를 강화하고 있으며, 일반 연구자를 비롯하여 학위논문을 작성하는 대학원생들에게도 연구윤리에 대한 교육을 필수적으로 받게 하고 있다. 연구윤리와 관련된 구체적인 내용은 이 책의 제13장을 참조하기 바란다.

2. 과학적 연구

근대 이후 사회과학은 사회현상을 과학적으로 분석하고 이론화하여 예측력을 높이고자 하였다. 사회현상에 대한 이러한 접근방법으로 인해 다음과 같은 과학적 연구로서의 특성을 가진다(배규한, 이기재, 2008).

1) 과학적 연구의 특성

과학은 자연현상 또는 사회현상을 이해하는 데 도움을 주며, 연구자는 사물의 현상을 정확하게 기술하고 여러 가지 현상 속에 내재된 규칙을 발견하여 이를 이론으로 정립할 수 있어야 한다. 즉, 과학적인 활동을 통해 인간을 둘러싸고 있는 자연 및 사회의 현상을 이해할 수 있어야 한다. 이러한 연구자의 활동이 과학적인 것인지 아닌지를 명확히 구분하기 위해서는 과학적 연구의 특성을 이해하는 것이 선행되어야 한다.

과학적 연구의 특성을 살펴보면 다음과 같다(정재욱, 2006; 채서일, 1999).

▣ 과학적 연구의 특성

- 논리적 타당성
- 일반성 추구
- 구체적 표현
- 수정 가능성

- 확률론적 결정론
- 간결성 추구
- 검증 가능성

첫째, 과학적 연구는 논리적(logical) 타당성을 가진다. 근본적으로 과학은 논리적 사고에 의존해야 하며, 우리가 알고 있는 지식체계 내에서 객관적 사실에 의해 뒷받침되어야 한다. 예를 들어, '독서를 많이 할수록 국어점수가 높다.'는 것은 일상생활에서 추측할 수 있는 이치에 맞는 설명이지만, 이를 뒷받침할 수 있는 객관적 사실이 입증되었을 때 비로소 논리적으로 타당성을 가지게 된다.

둘째, 과학적 연구는 확률론적 결정론으로 설명된다. 비가 오면 습도가 올라가는 것처럼, 원인이 결과를 거의 100% 설명해 주는 현상이 있다. 그러나 국회의원 선거에서 특정 후보자의 지지율에 사회계급, 학연, 지연 등의 여러 요소가 작용하는 것처럼 하나의 원인이 결과를 완벽하게 설명해 주지 못하는 경우도 있다. 자연과학이 대부분 결정론적 인과관계의 특성을 보이는 반면, 후자의 예시와 같이 특정 현상이 여러 가지 원인에 의해 발생될 수 있는 사회과학의 경우는 확률론적 결정론으로 설명될 수 있다.

셋째, 과학적 연구는 일반적(general)인 것을 추구한다. 일반적이라는 말은 과학이 각각의 현상들을 하나하나 설명하기보다는 일반적인 이해를 추구한다는 것이다. 특정한 모양이나 색을 가진 공이 땅에 떨어지는 사실을 증명하기보다는 모든 공이 떨어지는 사실을 설명하려고 노력하며, 국회의원 선거에서 어떤 유권자가 특정 후보에게 얼마나 표를 줄 것인가와 같이 특정한 유권자의 행위를 예측하기보다는 다수의 유권자가 특정 후보에게 표를 주는 일반적 행위에 대한 정보를 제공한다. 이처럼 과학적 연구에서는 특정 상황이나 특정인에게만 해당되는 개념보다는 일반적인 상황과 보편적인 사람들에게 해당하는 결과를 추구한다.

넷째, 과학적 연구는 간결한 것(parsimonious)을 추구한다. 앞서 살펴보았듯이, 과학자는 현상의 유형별로 공통적인 요소를 찾아내어 일반적으로 이해하는 경향이 있다. 그와 동시에 현상의 유형을 구분하는 데 도움이 되지 않는 요소는 일반화된 이론에서 배제하여 최대한 간결하게 표현하려고 한다. 이는 과학자가 어떠한 현상의 원인을 가능한 한 적은 변수를 가지고 설명하려는 특성이 있음을 의미하는 것이다. 예를들어, 어떤 평생교육 전공 학자는 성인학습자의 참여 성향을 교육참여 횟수와 사회적 지위만을 이용해서 설명하였고, 또 다른 학자는 성별, 가정배경, 교육수준, 교육참여 횟수와 사회적 지위 등의 변수를 가지고 설명하였는데 유사한 설명력을 얻었다고 하자. 두 가지 중 어느 쪽을 취해야 보다 합리적인 결과를 도출할 수 있는지에 대한 고민이 신중하게 이루어져야 하겠지만, 과학적 연구에서는 유사한 설명력을 가지고 있다면 조금 더 간결한 것을 선택하는 경향이 있다.

다섯째, 과학적 연구는 구체적(specific)이어야 한다. 대부분의 개념은 다양하게 해석이 가능하므로 개념을 정확하게 이해할 수 있도록 구체적으로 표현해야 한다. 예를 들어, 청소년의 영어 실력과 학습 능력 간의 관계를 연구할 경우, 영어 실력과 학습 능력에 대해 구체적으로 정의해야 함을 의미한다. 만약 이 과정을 간과하면 어떤 사람은 영어 실력을 독해로 인식하는 반면, 어떤 사람은 영어 회화로 인식하는 등 사람에 따라 다르게 이해할 수 있을 것이다. 학습 능력에 대해서도 어떤 사람은 전 과목의 성적을, 어떤 사람은 주요 과목의 성적만을 이야기할 수 있다. 따라서 과학자는 연구를 수행할 때 각 개념을 구체적으로 정의하여 동일한 관점으로 이해할 수 있도록 도와야 한다. 이처럼 사물 또는 현상을 객관적이고 경험적으로 기술하기 위하여 정의한 것을 조작적 정의라고 한다.

여섯째, 과학적 연구는 경험적으로 검증 가능(empirically verifiable)해야 한다. 어떤 현상에 대해 경험적으로 검증이 가능하다는 것은 다른 과학자들도 이 이론의 유용성을 스스로 입증할 수 있어야 한다는 것을 의미한다. 즉, 한 연구자에 의해 수행된 과학적 연구는 다른 연구자에 의해서도 동일하게 반복될 수 있어야 한다.

일곱째, 과학적 연구는 수정 가능(open to modification)해야 한다. 과학적 연구가 완전한 진리를 제공하기는 쉽지 않으며, 역사적으로 과거의 수많은 과학 이론이 진실로 여겨졌다가 시간의 흐름에 따라 부정되거나 다른 이론으로 대체되었다. 이를 볼 때 현재의 이론들도 수정되거나 다른 이론으로 대체될 가능성이 있다는 것을 충분히 짐작할 수 있다.

2) 과학적 연구과정의 논리체계

과학적 연구란 엄밀한 논리적 절차에 따라 이론으로부터 연역적으로 도출해 낸 가설을 경험적으로 검증하거나, 경험적 관찰자료들을 귀납적으로 일반화시킴으로써 이론을 구성해 나가는 과정을 말한다(배규한, 이기재, 2008). 이러한 연역적 방법과 귀납적 방법은 과학적 연구과정에서 중요한 차이점을 드러낸다.

(1) 연역적 방법

연역적 방법(deductive method)은 한 사물이나 사람이 어떠한 성향 또는 성질을 갖고 있다는 명제 또는 이론적 전제에서 출발하여 구체적 · 경험적 근거를 수집하고 검정함으로써 기본 명제를 더욱 강화해 나가는 논리적 전개과정을 취한다. 흔히 연역적 방법의 예로 '소크라테스 사망'과 관련된 내용을 많이 소개하곤 한다.

> 이론: 모든 사람은 죽는다.
> 관찰: 소크라테스는 사람이다.
> 결론: 그러므로 소크라테스는 죽는다.

예시와 같이 연역적 방법은 일반적인 명제에서 출발하여 가설(hypothesis)로 연결시키고, 이러한 가설은 경험적 사실의 확인을 통해 결론에 도달하게 된다.

예를 들어, 공부시간과 시험성적 사이의 관계를 연구하는 과정에서 공부한 시간이 많을수록 시험성적이 높을 것이라는 가설을 세웠다고 해 보자. 이러한 가설을 논리적으로 입증하기 위해 3명의 학생을 대상으로 관찰하여 A 학생은 3시간, B 학생은 5시간,

C 학생은 10시간을 공부했음을 확인하였다. 시험을 마친 후 이들이 받은 성적을 살펴보니 C 학생이 가장 높게 나왔고, 다음으로 B 학생, A 학생 순으로 나왔다. 이러한 자료에 근거하여 공부시간이 많은 학생의 성적이 가장 높고, 공부시간이 적은 학생의 성적이 가장 낮다는 결론을 내릴 수 있다. 이처럼 연역적인 접근은 이론을 통해 설정한 가설을 검증하여 구체적인 사실에 대한 결론에 이르는 형태의 연구에서 흔히 확인할 수 있다.

한편, 연역적 방법은 몇 가지 한계점이 있다. 첫째, 연역법이란 이미 진실이라고 확인되어 널리 알려진 전제 속에 들어 있는 특정 사례가 진실임을 확인 · 증명하는 추론 방식이기 때문에 이미 알려진 사실을 확인하는 것일 뿐 새로운 지식을 우리에게 알려 주는 것은 아니다. 앞서 살펴본 '소크라테스는 죽는다.'라는 결론은 '모든 사람은 죽는다.'라는 이론(대전제)에서 끌어낸 결론이므로 이의 일부일 뿐이지 새로운 지식은 아니라는 것이다. 둘째, 연역적 추론은 이론으로부터 결론을 도출해 내는 것이기 때문에 이론이 잘못되었을 경우 여기에서 얻어지는 결론도 잘못된 것일 수 있다. 예를 들어, '모든 꽃은 열매를 맺는다(이론), 봉선화는 꽃이다(관찰), 그러므로 봉선화도 열매를 맺는다(결론).'를 보면 대전제의 내용이 그릇되어 결론도 옳은 것으로 볼 수 없음을 알 수 있다.

(2) 귀납적 방법

귀납적 방법(inductive method)은 구체적인 관찰로부터 시작하여 일반적인 원리나 이론으로 전개되는 논리적 과정이다. 즉, 많은 사실을 관찰하여 보편적인 결론을 도출해 내는 방법이다. 소크라테스의 예를 귀납법에 적용해 보면 다음과 같다.

> 관찰: 소크라테스가 죽었다. 플라톤도 죽었다. 아리스토텔레스도 죽었다.
> 관찰 결과: 이들은 사람이다.
> 결론: 그러므로 모든 사람은 죽는다.

이 과정을 보면 소크라테스뿐 아니라 다른 많은 사람도 죽는다는 것을 관찰하게 된다. 그리고 이들이 공통적으로 사람이라는 사실을 알게 되고 모든 사람이 죽는다는 임시적인 결론에 이르게 된다. 이처럼 귀납적 방법은 경험적 세계에서 관찰된 사실로 결론을 이끌어 낸다.

귀납적인 추론과정을 통해 공부시간과 시험성적의 관계를 알아보고자 할 때, 먼저 여러 학생을 대상으로 공부시간과 성적에 대한 자료를 수집하여 정리하는 작업을 수행한다. 그 과정에서 공부를 많이 한 사람은 성적이 높았으나 공부를 적게 한 사람의 성적은 낮았다는 공통된 관찰 결과를 확인하였다면, 공부시간과 시험성적 간의 관계가 높다는 결론을 내리게 된다. 이처럼 귀납적인 접근은 다양한 사회현상에 대한 관찰 또는 조사를 통해 공통된 결과를 도출하고 이를 토대로 이론을 형성해 가는 연구에서 사용하고 있는 과학적 연구과정이라 할 수 있다.

귀납적 방법을 통한 연구는 부분적인 관찰 사실로부터 얻은 결론을 일반적인 진리나 공통적 규칙으로 삼음으로써 오류가 발생할 수 있다는 문제점이 있다. 모든 사례를 완전히 조사 · 관찰한 것이 아니기 때문에 아무리 많은 관찰을 한다고 해도 예외가 없음을 보장하지 못한다는 것이다.

(3) 연역적 방법과 귀납적 방법의 관계

연역법과 귀납법은 모두 타당한 과학적 방식이다. 연역법은 분석의 세계에서 이론을 토대로 설명과 예측을 유도하는 것이며, 귀납법은 경험 세계의 사실을 바탕으로 이론 정립을 위해 분석의 세계를 지향하는 것이라 할 수 있다. 각 접근방식 모두 연구과정을 자극할 수 있고, 연구자로 하여금 특정한 질문을 제기하고 그것이 처리될 방식을 규정하는 데 유용하다(Babbie, 2007).

과학적 연구의 실제 탐구과정은 [그림 1-1]과 같이 순환구조로 되어 있다. '이론 → 가설 → 관찰 → 일반화 → 이론 수정'의 순환과정은 릴레이 경기처럼 모든 참여자가 같은 지점에서 시작하거나 끝나는 것은 아니지만, 모든 수준의 사회현상을 조사하려는 공통의 목적을 갖고 있다(Babbie, 2007). 따라서 연역법과 귀납법은 대립적인 관계가 아니라 상호 보완적인 과학적 접근방법으로 이해해야 한다.

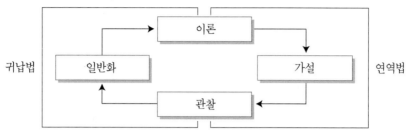

[그림 1-1] 연역법과 귀납법의 순환구조

제2절 연구의 유형

교육연구의 유형을 분류하는 절대적인 기준은 없다. 일반적으로, 연구의 기초가 되는 인식론적 접근방법, 연구목적, 연구방법, 연구결과의 활용, 시간적 차원 등에 따라 연구의 유형을 분류하고 있다.

▣ **연구의 유형 분류**

• 인식론적 접근방법에 따른 분류: 양적연구, 질적연구

• 연구목적에 따른 분류: 탐색적 연구, 기술적 연구, 설명적 연구

• 연구방법에 따른 분류: 조사연구, 실험연구, 관찰연구, 문화기술적 연구

• 연구결과 활용에 따른 분류: 기초연구, 응용연구

• 시간적 차원에 따른 분류: 횡단적 연구, 종단적 연구

---

1. 인식론적 접근방법에 따른 분류

연구는 인식론적 접근방법에 따라 양적연구와 질적연구로 분류된다. 양적연구는 사회현상에 대해 객관적이고 과학적으로 접근하려는 실증주의에 입각한 연구방법이

며, 질적연구는 다양한 연구방법을 통해 복잡하게 얽혀 있는 인간과 사회현상의 특성을 파악하려는 후기 실증주의에 입각한 연구방법이다.

1) 양적연구

자연세계 및 사회현상을 객관적이고 과학적으로 접근하고자 한 실증주의자들은 자연세계와 사회현상에는 규칙성과 일관성이 있어서 객관적인 실험과 측정절차를 통해 현상을 이해하고 법칙과 이론을 구축할 수 있다고 하였다(김석우, 최태진, 2011). 이러한 관점을 지닌 연구는 다량의 객관적인 자료에 의존하므로 양적연구(quantitative research)라고 한다.

이처럼 양적연구는 사회현상을 수치화하여 측정하는 연구방법이다. 통계적으로 분석 가능한 수치 자료를 산출하므로 측정기술이나 표집방법, 통계조사 등이 중요하다. 또한 객관적 절차에 의해 연구가 진행되므로 연구결과를 일반화할 수 있다.

일반적으로 양적연구는 다음과 같은 절차에 따라 진행된다. 첫째, 변수들 간의 관계에 대한 잠정적인 진술을 의미하는 가설을 설정한다. 둘째, 가설의 경험적 결과를 추론하기 위하여 실제 상황이나 유사 상황을 만든다. 연구의 결과를 얻기 위하여 실제 상황이 존재하면 별문제가 없으나 그렇지 않은 경우에는 연구 상황을 만들어야 한다. 셋째, 실제 상황이나 유사 상황에서 발생하는 자료를 수집한다. 실증주의에 입각한 양적연구는 객관적 절차에 의하여 증명 가능한 원리를 발견하는 것이 목적이므로 가시적으로 드러나는 자료를 수집하여야 한다. 넷째, 수집된 자료를 분석하여 잠정적으로 설정된 가설이 참인지 거짓인지를 밝힌다(성태제, 시기자, 2014).

2) 질적연구

질적연구(qualitative research)는 양적연구에서 주장하는 것처럼 객관적 실재라고 일반화할 수 있는 인간의 속성과 본성은 없으므로 단편적인 연구가 아닌 총체적인 연구가 필요하다는 후기 실증주의의 주장과 함께 출현하였다(성태제, 시기자, 2014). 질적연구는 양적연구와 달리 소수의 연구대상을 집중적으로 깊이 있게 연구하는 방법이다. 즉, 수치로 된 자료 대신 연구자의 관심 분야나 특정 사회현상에 대한 언어, 동작, 현상, 대화 등의 의미를 심층적으로 해석하고자 한다(Berg, 2001).

질적연구는 다양한 연구방법을 지향하기 때문에 연구절차의 구조화된 기본 틀이 없다는 것이 특징이다. 내용, 대상, 시기에 따라 연구가 다양하게 진행되고, 방법, 절차, 자료수집 등이 주관적으로 이루어지기 때문에 무엇보다 연구자의 전문적인 연구 능력이 우선되어야 한다(성태제, 시기자, 2014).

3) 양적연구와 질적연구의 관계

일반적으로 양적연구에 의해 얻은 자료는 기술통계와 추리통계 같은 통계적 처리 방법을 사용하여 평가하고, 질적자료는 주제와 범주로 구분하여 주관적으로 분석한다. 따라서 가설검증이나 이론의 입증에는 양적연구가 더 많이 사용되며, 사회현상의 기술이나 이론구조의 발견 등에는 질적연구가 많이 사용된다. 두 연구방법을 구체적으로 비교하면 〈표 1-1〉과 같다.

〈표 1-1〉 양적연구와 질적연구

	양적연구	질적연구
실재의 본질	• 객관적 실재를 형성하는 인간의 특성과 본질이 존재한다고 가정 • 복잡한 패러다임에 관계된 변수들에 대한 연구가 가능	• 객관적 실재라고 일반화할 수 있는 인간의 속성과 본성은 없다고 가정 • 단편적인 연구가 아닌 총체적인 연구의 필요성 주장
인과관계	• 결과에 시간적으로 선행하거나 동시에 발생하는 원인이 존재	• 원인과 결과의 구분이 불가능
연구목적	• 일반적 원리와 법칙 발견 • 인과관계 혹은 상관관계 파악	• 특정 현상에 대한 이해 • 특정 현상에 대한 해석이나 의미의 차이 이해
연구대상	• 대표성을 갖는 많은 수의 표본 • 확률적 표집방법을 주로 사용	• 적은 수의 표본 • 비확률적 표집방법을 주로 사용

연구자와 연구대상 간의 관계	• 연구자와 연구대상 간의 관계가 밀접하게 되면 연구자료가 왜곡될 수 있으므로 거리 유지 • 가치중립적	• 연구자와 연구대상이 서로 밀접한 관계를 유지 • 가치개입적
자료수집	• 다양한 측정도구 사용 • 구조화된 양적자료 수집	• 연구자가 중요한 연구도구 • 비구조화된 질적자료 수집
자료분석	• 통계적 분석	• 질적 분석
일반화	• 일반화 가능	• 연구 자체가 독특하므로 일반화할 수 없음
연구방법	• 설문지를 활용한 조사연구, 실험설계에 의한 실험연구, 점검표를 활용한 관찰연구 등	• 관찰법 및 면접법을 활용한 사례연구, 문화기술적 연구 등

출처: 성태제, 시기자(2014). 재구성.

이처럼 양적연구와 질적연구는 토대를 두고 있는 철학이 다르므로 실천적인 방법에 있어서도 뚜렷이 구분될 수밖에 없다. 그러나 두 연구방법을 대비시켜 별개의 독립된 연구방법으로 인식하기보다는 상호보완이 가능한 관계로 인식하는 것이 바람직하다. 양적연구에서 깊이 분석하지 못한 내용은 질적연구를 통해 보완할 수 있으며, 주관적이기 쉬운 질적연구의 결과는 객관적인 근거를 제공하는 양적연구로 보완할 수 있다.

2. 연구목적에 따른 분류

연구를 수행하는 목적은 다양하지만, 탐색적 목적을 가진 연구, 현상을 체계적으로 서술하려는 목적의 기술적 연구, 어떤 현상이 왜 발생하는가를 탐구하려는 목적의 설명적 연구로 분류할 수 있다.

1) 탐색적 연구

탐색을 위한 연구는 집단을 구성하고 있는 개체에 대한 사전 정보가 없는 경우나 선행연구가 없을 때 주로 사용하는 방법으로, 모집단의 특성을 추정하기 위한 것보다 단순히 집단의 특성을 나타낼 수 있는 것이 무엇인가를 파악하는 데 목적이 있는 연구다. 즉, 탐색적 연구는 연구문제를 명확하게 규정하고 연구에 대한 사전 지식이나 경험을 얻기 위해 실행하는 방법이다. 통계적으로 신뢰할 수 있는 결과보다는 지식이 부족한 여건에서 아이디어나 통찰을 얻기 위해 실시되는 것이므로 소규모 표본에 실시된다.

예를 들어, 비문해자에 대한 관심이 고조되었을 때, 비문해자 수가 몇 명인지, 비문해의 수준은 어느 정도이며, 비문해로 인해 경험하고 있는 가장 심각한 어려움은 무엇인지 등에 대해 알려진 것이 별로 없었다. 이러한 상황에서 비문해 분야에 대한 기초 지식을 획득할 목적으로 실시되는 것이 바로 탐색적 연구다.

이처럼 탐색적 연구는 특정한 분야에 대한 과학적 탐구의 첫 단계인 동시에 후속 연구의 기초가 된다. 즉, 탐색적 연구는 그 분야에서 중요한 개념이 무엇인지를 정립하고 이를 구체적으로 어떻게 측정할 수 있는지에 대한 기초적 정보를 제시해 주며, 과학적 연구의 대상이 될 수 있는 주제나 연구문제를 찾아내고, 후속 연구가 어떻게 진행될 수 있을지를 모색한다. 또한 관심의 대상이 되는 집단이나 주요 개념에 대해 구체적으로 아는 바가 없이 시작하므로 필요한 정보는 양적인 것보다는 질적 자료에 의존하는 경우가 많다. 따라서 모집단을 정확하게 파악하기 어려우므로 과학적 표본 추출 방법을 사용할 수 없어 연구결과를 일반화하는 데 한계가 있다.

2) 기술적 연구

기술적 연구는 현상이나 상태 등을 기술하기 위해 관찰결과를 요약·정리하여 모집단의 특징적인 모습을 정확하게 묘사해 실태를 파악하는 데 목적이 있다. 현상을 관찰하고 이를 서술한다는 점에서는 탐색적 연구와 비슷하지만, 연구를 수행하기 전에 연구대상, 주요 개념과 그 측정방법 등을 면밀하게 하여 모집단을 잘 대표할 수 있는 표본을 선정하고, 현상을 정확하게 서술하려는 목적을 갖는다는 측면에서는 다르다. 다시 말해, 기술적 연구는 실제 현상 속에서 발생한 사건이나 생성된 자료를 수집하고 통계분석을 적용하여 정보를 도출하는 방법이라 할 수 있다.

기술적 연구를 수행하기 위해서는 일반적으로 설문조사나 현장 관찰을 실시한다. 예를 들어, 유능한 교사에 관한 연구를 하기 위해 연구자는 이들을 잘 대표할 수 있는 표본을 선정한다. 선정된 교사들의 학급을 유심히 관찰하거나 교사들과의 면담을 녹음하고 이를 분석하여 유능한 교사와 그렇지 않은 교사의 차이를 기술할 수 있으며, 학생들과 교사의 상호작용을 밝혀내기 위해 학급 생활을 녹화한 비디오 테이프를 면밀히 분석할 수도 있다.

3) 설명적 연구

탐색적 · 기술적 연구의 결과로 어떠한 현상에 대해서 지식이 충분히 축적되면, 그다음으로 자연스럽게 제기되는 의문은 '왜 이런 현상이 발생하게 되었는가?'다. 설명적 연구는 특정 사회현상이 왜 발생하는가에 대한 답을 내리는 것처럼 원인과 결과 간의 관계를 규명하는 데 목적이 있는 연구방법이다. 인과관계를 알게 되면 현상을 설명할 수 있을 뿐만 아니라 문제가 되는 사회현상에 대해 적절한 개입전략을 수립할 수 있고, 미래를 예측 · 통제하는 것도 어느 정도 가능해진다. 따라서 설명적 연구는 사회과학적 지식을 축적하는 최종 단계의 연구라고 할 수 있다.

또한 설명적 연구는 기존의 이론을 경험적으로 검증하고 이를 수정 · 보완 · 발전시키는 기능을 수행한다. 인과관계의 규명이라는 연구의 목적상, 과학적 표본추출 방법에 의해 대표성 있는 표본을 추출하고 관련된 개념들을 정확하게 측정하여 이를 통계적으로 분석하는 양적연구 방법을 많이 사용한다.

연구목적에 따른 이상의 연구를 정리하면 〈표 1-2〉와 같다(Neuman, 2000).

〈표 1-2〉 연구목적에 따른 연구의 유형

	탐색적 연구	기술적 연구	설명적 연구
목적	• 기본적인 사실, 배경, 관심과 친근해짐 • 연구실행의 현실성 판단 • 미래의 조사자료를 측정하고 찾아낼 기술을 개발함	• 자세하고 고도로 정확한 그림을 제공 • 기존 자료에 배치되는 새로운 자료를 찾아냄 • 상황의 배경이나 맥락을 보고함	• 이론의 예측이나 원리를 시험함 • 이론의 설명을 자세하게 만들거나 더욱 풍부하게 함 • 어떤 설명이 가장 나은 것인가를 결정함
결과 활용	• 상황에 대한 일반적인 지적 그림을 만듦 • 미래의 연구를 위해 연구 문제를 형성하고 초점을 맞춤 • 새로운 아이디어, 추측 또는 가설을 만듦	• 분류나 유형을 만듦 • 일련의 단계나 절차를 명확히 함 • 인과적 절차나 장치를 기록함	• 새로운 쟁점이나 주제에 대해 이론을 확대 · 적용함 • 설명이나 예측을 지지하거나 반박함 • 일반 원리와 쟁점 또는 주제를 연결함

3. 연구방법에 따른 분류

연구방법에 따른 분류는 일반적으로 자료를 수집하는 방법에 따라 조사연구, 실험연구, 관찰연구, 문화기술적 연구 등으로 유형화할 수 있다.

1) 조사연구

조사연구는 통제되지 않은 자연적 상황에서 질문을 통하여 현상을 파악하는 연구로서, 현재의 실체를 알아보려는 목적에서 사용된다. 예를 들어, 새로운 교육 프로그램이 고안되었을 때 이 프로그램에 대한 의견조사를 하거나 프로그램이 진행된 후 만족의 정도를 알아보기 위해 학습자나 교사를 대상으로 의견조사를 하는 경우가 이에 해당된다.

한편, 조사연구는 일반적으로 설문지법과 면접법을 통해 이루어진다.

설문지법은 미리 고안된 설문지를 연구대상자가 직접 기록하여 제출한 것을 분석하는 방법으로, 개별조사법, 집단조사법, 우편조사법, 전자설문조사법 등으로 분류할 수 있다. 예를 들어, 교사를 대상으로 조사연구를 실시할 때, 각 교사를 개별적으로 만나 설문지를 전달하여 회수하는 것은 개별조사법이며, 특정 학교나 교사연수 등에서 다수를 대상으로 설문지를 배부하고 회수하는 것은 집단조사법이다. 또한 우편으로 교사 각자에게 설문지를 우송하고 회수하는 것은 우편조사법에 해당한다. 최근 컴퓨터나 스마트폰과 같은 정보기기와 정보통신망의 발달로 인해 전자우편(e-mail)이나 SNS, 웹 사이트 등에서 설문지를 작성하도록 하는 전자설문조사법도 많이 이용되고 있다.

면접법은 연구대상에게 직접 질문을 제시하여 얻은 응답을 분석하는 연구방법으로, 참여하는 사람의 수에 따라 개별면접과 집단면접으로 나뉜다. 또한 면접자와 면접대상자 간의 언어적 상호작용이 면대면(face to face)으로 이루어지느냐 매체를 통해 이루어지느냐에 따라 대면면접, 전화면접, 화상면접으로 구분하기도 한다.

2) 실험연구

실험연구는 엄격히 통제된 상황에서 처치를 가한 후 그 결과를 분석하는 연구방법으로, 연구의 체계성과 엄격성에 따라 순수실험설계와 유사실험설계로 구분된다.

순수실험설계(true experimental design)는 실험실에서 이루어지는 연구와 같이 철저하게 통제된 상태에서 무작위로 연구대상을 선정한 후, 처치나 자극을 주고 나타나는 현상에 대한 효과를 분석하는 것이다. 실험집단, 실험변수 노출 시기, 측정 시기 모두 무작위화가 가능하고 변수의 명확한 조작과 그 강도의 정밀한 변화가 가능하다. 따라서, 순수실험설계에 의한 연구는 재현 가능성이 높으며, 관심 있는 처치나 자극 외에 연구의 결과에 영향을 줄 수 있는 다른 변수의 통제가 가능하므로 명확한 인과관계의 검증이 가능하다. 반면, 실험실이라는 상황으로 인해 인위성과 부자연성이 높으며, 별도의 실험장소와 설비를 갖추기 위한 비용이 많이 필요하다. 또한, 적은 수의 표본으로 실험하므로 일반화 가능성에 제한이 있다.

유사실험설계(quasi-experimental design)는 실험실 상황이 아닌 실제 상황에서의 연구설계로서 통제가 느슨하고 처치나 자극을 철저하게 조절하지 않는 편이다. 현장실험설계(field experimental design)라고도 하며, 순수실험설계의 대안으로 활용되는 경우가 많다. 이 연구방법은 실제 상황에서 이루어지므로 순수실험설계에 비해 일반화 가능성이 높다. 매우 복잡한 사회적 요인들이 작용하는 경우에 효율적으로 사용되며, 이론의 검증이나 실제적 문제해결을 위한 연구에 적합하다. 그러나 실제 현장에서 연구가 이루어지므로 처치나 자극을 조작하는 것이 쉽지 않고 예기치 못한 다양한 변수로 인해 순수한 효과를 도출하기가 어려워 이 방법으로 인과관계를 명확히 규명하는 것은 어렵다. 따라서 유사실험설계를 적용하는 연구자는 실험뿐 아니라 실험에 영향을 미치는 요소에 대한 선행지식을 갖추어야 한다.

3) 관찰연구

관찰연구는 실제 현상을 직접 관찰하여 진행하는 연구로서 조사연구나 실험연구에 비해 간편하기 때문에 많이 이용되고 있다. 연구를 수행하기 이전에 연구문제나 가설을 설정하고 관찰내용을 수량화하여 정리하면 양적연구에 해당되며, 사전에 어떤 가설도 세우지 않은 상태에서 관찰한 후 관찰내용 자체를 진술하여 결과를 정리한다면 이는 질적연구가 된다. 관찰연구는 관찰상황의 통제 여부에 따라 자연적 관찰과 통제적 관찰로, 관찰 내용 및 방법의 구조화 정도에 따라 구조적 관찰과 비구조적 관찰로, 관찰자의 참여 여부에 따라 참여 관찰과 비참여 관찰로 구분된다.

이러한 관찰연구는 행동으로 나타나는 것을 관찰하므로 응답 과정에서 발생하는 오류를 최소화할 수 있으며, 언어나 문자의 제약으로 측정하기 어려운 사실이나 연구대상자의 무의식적 행동과 같은 부분도 측정할 수 있다는 장점이 있다. 반면, 관찰자의 주관이 개입될 수 있고 연구대상자가 관찰당하고 있다는 사실을 인식함으로써 평소와는 다른 모습을 보일 수 있어 현장을 제대로 관찰할 수 없다는 단점도 있다(한승준, 2006).

4) 문화기술적 연구

질적연구의 대표적인 방법으로는 인류학적 연구방법에 기초한 문화기술적 연구

(ethnographic research)가 있다. 연구의 현장에서 일어나는 모든 현상을 종합적으로 분석하고자 하는 연구방법으로, 총체적 접근방법을 사용한다. 즉, 제한된 어떤 연구방법을 사용하기보다 현장을 이해하는 데 활용할 수 있는 가능한 모든 연구방법을 동원한다. 예를 들어, '실업계 고등학교 진학반 학생들의 학교생활'이라는 주제로 문화기술적 연구를 수행한다면, 연구자는 어떤 연구결과를 특별히 기대하지 않고, 실업계 고등학교나 학급의 자연적인 상태 속에 들어가 다양한 연구방법을 적용하여 그 사람들의 가치, 지식, 기술 등을 이해하고 분석하게 된다.

따라서 문화기술적 연구의 주제는 광범위하며, 양적연구를 통해서 발견하기 어려운 사실들을 발견할 수 있다. 그러나 연구자의 주관이 개입되고 과학성이 떨어진다는 비판도 많이 받고 있다.

4. 연구결과 활용에 따른 분류

연구결과를 어떻게 활용하고자 하는지에 따라 기초연구와 응용연구로 구분할 수 있다.

1) 기초연구

기초연구(basic research) 또는 순수연구(pure research)는 새로운 발견을 통해 기존의 지식 체계를 확장하는 데 일차적인 목적이 있다. 자극과 반응의 관계를 연구하여 고전적 조건화 이론을 구축한 Pavlov의 실험연구처럼 기초연구는 연구를 통해 이론을 구성하거나 경험적 자료를 토대로 그 이론을 검증하고자 한다.

따라서 연구결과의 실제적 함의보다는 이론적 관계를 탐구하고 알려지지 않은 사실이나 새로운 이론을 도출할 때 많이 활용되며, 그 결과는 여러 연구에 적용될 수 있다(성태제, 시기자, 2014). 그러나 연구의 결과로 현장의 문제를 해결하고자 하는 응용적인 측면에 대한 관심은 부족하다.

2) 응용연구

응용연구는 일반적으로 기초연구에서 나온 이론을 응용하기 위해 실시하는 연구로, 지식의 축적보다는 결과의 실용성에 더 많은 초점을 두고 있다. 연구결과를 어떻게 활용하느냐에 따라 응용연구는 다양하게 분류될 수 있는데, 가장 대표적인 것으로 요구조사와 평가관련 연구가 있다. 요구조사란 현실과 이상적 수준과의 차이를 파악하는 것을 목적으로 하며, 요구조사 결과를 통해 사회정책이나 교육에 대한 필요성을 제시한다. 또한 평가는 수립된 정책이나 교육이 현실에 적합한지, 적절히 잘 수행되고 있는지, 문제점은 무엇인지, 수정·보완되어야 할 부분은 무엇인지 등을 파악하게 한다.

평생교육을 비롯한 다양한 교육분야에 대한 공적 재정지원이 늘어나면서 요구조사와 프로그램 평가와 같은 응용연구도 점차적으로 중시되고 있다. 이는 일차적으로 재정을 지원하는 기관에서 어떤 프로그램이 필요하며, 자신들이 지원한 재정이 낭비되지 않고 효과적으로 사용되는지에 관심을 두기 때문이다. 프로그램을 실시하는 기관의 입장에서도 재정지원을 획득하기 위해, 또한 재정지원자 및 일반 국민에 대해 기관으로서의 책임을 이행하기 위해 요구조사와 프로그램 평가에 더 많은 관심을 갖게 되었다. 이처럼 응용연구는 실용적 속성을 지니고 있으므로 주로 현장을 기반으로 하여 연구가 진행된다.

5. 시간적 차원에 따른 분류

연구가 진행된 시간적 차원에 따라 횡단적 연구와 종단적 연구로 분류할 수 있다.

1) 횡단적 연구

횡단적 연구(cross sectional study)는 동 시간대에 살고 있는 모집단으로부터 추출된 표본을 대상으로 현상을 연구하는 방법이다. 대부분의 연구는 횡단적 연구와 같이 연구대상과 관련된 일정 기간의 현상을 파악하는 것이다. 예를 들어, 특성화 고등학교에 종사하는 교사를 대상으로 교육과정에 대한 요구를 조사하거나,「평생교육법」개정에 대한 평생교육 전문가의 의견을 분석하는 연구와 같이 동 시간대에 살고 있는 대상자를 통해 연구문제를 해결해 나가는 것은 횡단적 연구에 해당된다.

이처럼 횡단적 연구는 단기간에 연구가 완료되므로 시간과 비용이 적게 소요되며, 모집단을 대표하는 표본의 결과를 얻으므로 일반화가 가능하다는 장점이 있다. 반면, 종단적 연구에 비해 연구의 깊이가 적을 수 있다는 단점이 있다.

2) 종단적 연구

종단적 연구(longitudinal study)는 연구대상의 특성이 시간의 흐름에 따라 어떻게 변화하는지를 지속적으로 연구하는 것으로, 시간의 경과에 따른 변화를 분석하고자 하는 방법이다. 예를 들면, 평생학습의 참여 경험이 이후 삶의 형태에 어떤 변화를 주었는지를 알아보는 연구를 종단적으로 실시할 수 있다. 성인들을 대상으로 조사한 후, 2년, 4년, 6년 후에 연구대상을 그대로 추적하여 그들의 삶의 형태를 조사한다. 이 결과를 토대로 평생학습이 삶의 질에 미치는 영향을 심층적으로 분석할 수 있다.

이와 같은 종단적 연구는 횡단적 연구에 비해 깊이 있는 연구결과를 얻을 수 있다는 장점이 있는 반면, 많은 시간과 노력이 필요하며 연구대상이 중도 탈락될 경우 결과를 일반화할 수 없다는 단점이 있다. 따라서 개인연구자 차원에서 종단적 연구를 시행하는 것이 현실적으로 쉽지 않다.

최근에는 종단적 연구를 적용하여 깊이 있는 실태를 파악하려는 다양한 패널연구가 진행되고 있다. 패널연구는 특정 대상자들을 지속적으로 추적해서 일정한 시간 간격을 두고 복수의 반복 측정을 하는 연구방법이다. 따라서 연구대상자의 특성이나 행동의 변화를 이해할 수 있고, 변화의 원인을 포착해서 분석할 수 있다. 이러한 장점에도 불구하고, 시간과 비용을 지나치게 많이 필요로 하며 패널이 거듭되면서 동세대가 점진적으로 이탈되는 한계점도 지닌다(한국교육평가학회, 2004).

현재 우리나라에서는 한국직업능력개발원의 '인적자본기업패널'과 '한국교육고용패널', 한국고용정보원의 '고용패널', 한국청소년정책연구원의 '청소년패널', '한국아동 · 청소년패널' 등 국가 차원의 패널연구가 각 행정부처 및 국가기관을 중심으로 이루어지고 있다. 패널연구는 동일 대상을 시차를 두고 반복조사하기 때문에 이 과정에서 도출된 패널 데이터는 인과관계의 설명이 용이하고 개인 및 집단 변화의 동태적 분석이 가능하다는 장점이 있다(한국청소년정책연구원, www.nypi.re.kr).

▣ 한국 아동 · 청소년 패널조사

- 추진방향

  2010년에 표집된 3개 패널(초등학교 1학년과 4학년, 중학교 1학년), 총 7,071명의 청소년을 대상으로 2016년까지 7개년에 걸쳐 추적조사를 실시한다.

- 조사목적

  한국아동 · 청소년패널조사는 아동 · 청소년의 성장과 발달에 대한 다양한 양상을 종합적으로 파악하는 것을 목적으로 하고 있다. 이를 통해 초1~중1(초1 패널), 초4~고1(초4 패널), 중1~대1(중1 패널)에 이르는 아동 · 청소년기의 성장 · 발달 과정을 파악한다.

- 조사배경

  아동 · 청소년의 성장 · 발달에 관한 경험적 조사연구는 그동안 다양한 학문분과에서 지속적으로 추진되어 왔다. 이들 연구는 대부분 특정 시점의 조사자료를 활용한 횡단적 연구로서, 패널 데이터를 토대로 한 종단적 연구는 드물었다. 동일 대상을 시차를 두고 반복조사하는 패널 데이터는 인과관계의 설명이 용이하고 개인 · 집단 변화의 동태적 분석이 가능하다는 장점이 있다. 따라서 아동 · 청소년을 대상으로 한 패널조사는 그들이 시간의 연속선상에서 어떤 성장과 발달 과정을 거치게 되는지, 또한 그 과정에서 겪게 되는 문제들과 그 요인은 무엇인지에 대한 많은 학문적 · 정책적 시사점을 제공할 수 있다.

출처: 한국청소년정책연구원(www.nypi.re.kr).

지금까지 살펴본 횡단적 연구방법과 종단적 연구방법을 구체적으로 비교하면 〈표 1-3〉과 같다.

〈표 1-3〉 횡단적 연구방법과 종단적 연구방법

	횡단적 연구	종단적 연구
방법	• 각 집단에 따른 대푯값을 구해서 차이를 유추함	• 소수의 대상을 일정 기간 지속적으로 관찰하여 변화를 알아봄
특성	• 서로 비슷한 변인을 가진 다수의 표집 • 일반적 경향을 알 수 있음 • 개선된 최신의 검사도구를 충분히 활용할 수 있어 비교적 선택이 자유로움	• 대표성을 고려한 비교적 소수를 표집 • 성장과 발달의 개인적 변화를 알 수 있음 • 연구가 일단 시작되면 사용하던 도구를 도중에 바꿀 수 없음
장점	• 종단적 연구보다 경비, 시간, 노력 절약 • 각 연령에 따른 대푯값을 연결해 일반적 성장의 곡선을 그려 볼 수 있음 • 상황에 따라 다양한 측정도구 선택이 가능함 • 연구대상의 관리와 선정이 비교적 용이함	• 소수의 대상을 일정기간 지속적으로 관찰·기록하므로 대상의 개인 내 변화와 연구 목적 이외의 유의미한 자료 획득이 가능 • 발달 초기와 후기의 인과관계를 밝히는 주제에 용이함
단점	• 성장의 일반적 경향만을 알 수 있을 뿐 개인적 변화상을 알 수는 없음 • 표집된 대상의 대표성 확인이 곤란함 • 행동의 초기와 후기의 인과관계에 관한 주제를 다루기가 어려움	• 긴 시간과 많은 노력, 경비가 필요함 • 표집된 연구대상이 중도 탈락하거나 오랜 시간의 흐름에 따라 비교집단과의 특성이 크게 달라질 수 있음 • 한 대상에게 반복적으로 같은 검사도구를 이용한 측정을 해야 하므로 내적타당도가 약화됨

제3절 교육조사방법론

1. 교육조사연구

교육조사연구는 교육 현장에 대하여 의도적인 목적을 가지고 체계적으로 현장을 이해하고자 하는 실천적 조사활동을 의미한다. 그러므로 교육과 관련된 제반 사항이 연구의 대상이 되고, 과학적인 조사방법을 통해 도출된 결과를 현장에서 활용하고자 한다.

예를 들어, 교육이 이루어지는 현장의 주요 대상인 교사 · 강사 및 학습자, 교육 내용 및 프로그램, 교육 관련 정책, 교육이 이루어지는 다양한 장소 등과 같이 그 연구 대상은 매우 다양하다. 이러한 다양한 대상을 이해하고 분석하기 위해서 과학적인 조사방법을 적용하는 것이 필요하며, 과학적인 조사방법으로 도출된 결과는 교육 현장을 객관적으로 이해하고 현장에 반영될 수 있어야 한다. 이처럼 교육조사연구는 실제적 유용성을 가짐으로써 그 의의를 찾을 수 있다. 교육조사연구의 의의는 크게 다음의 네 가지를 들 수 있다.

첫째, 오늘날의 교육은 형식적 · 비형식적 · 무형식적 교육 등 그 형태가 다양하고, 교사, 학습자, 행정가, 학부모 등 많은 이해관계자가 존재하며, 개인학습, 집단학습, 원격학습 등 여러 가지 방법으로 이루어지고 있다. 이러한 상황에서 교육조사연구는 현장의 특수성을 이해하고 교육에 영향을 미치는 사회적 상황을 분석할 수 있도록 해준다.

둘째, 교육조사연구를 통해 도출된 결과는 실천 현장에서의 경험적 사실들로부터 학문적 개념들을 형성해 나가도록 돕는다. 즉, 교육조사연구라는 논리적이며 체계적인 방법을 통해 새로운 사실을 발견하고, 이를 토대로 기존의 사실을 검증함으로써 학문적 개념들을 구성해 나간다.

셋째, 교육조사연구를 통해 학습자 및 다양한 이해관계자의 요구를 분석할 수 있고, 교육의 과정 및 관련 프로그램의 효과성도 파악할 수 있다. 따라서 조사연구를 통해 도출된 결과는 교육 현장에서 이루어지는 실천을 위해 보다 나은 방법을 모색할 수 있도록 안내한다.

넷째, 교육전문가는 교육조사연구를 통해 현장에 대한 통찰력을 갖게 된다. 즉, 교육 현장에서 발생하고 있는 문제와 관련된 원인이 무엇이고, 개선을 위한 적절한 해결방안은 무엇이며, 보다 효율적으로 문제를 해결할 수 있는 인적 · 물적 자원의 활용방안이 무엇인지 등 교육과 관계된 다양한 현상에 대해 깊이 있게 이해할 수 있다. 이러한 통찰력은 다양한 문제상황에 적극적으로 대처할 수 있는 힘을 가질 수 있게 한다.

2. 교육조사방법론

교육조사방법론은 교육 현장과 관련된 다양한 현상을 조사연구의 과정을 통해 이해할 수 있도록 체계적으로 구성된 교과목이다. 교육 현장 속에서 조사연구의 필요성을 느꼈을 때, 타당한 연구문제를 설정하고 이를 해결할 수 있는 가장 효율적인 연구방법을 선택하여 체계적으로 결과를 도출해 나가는 과정을 담고 있다. 앞의 절에서 살펴보았듯이, 교육조사연구는 어떤 관점을 취하느냐에 따라 다양한 방식으로 이루어질 수 있다. 따라서 교육조사방법론은 교육조사연구의 관점에 따라 서로 다른 구성체계를 갖추게 된다.

이 교재에서는 교육이 실천되고 있는 현장에서 더 많이 활용되고 있는 양적연구를 통한 조사연구에 초점을 두었다. 따라서, 연구문제를 설정하고, 조사를 위한 설문지를 개발하며, 표본추출의 원리에 따라 자료를 수집하고, 다양한 통계분석을 통해 결과를 도출해 나가는 교육조사연구의 전반적인 과정 및 이와 관련된 방법을 주요 내용으로 설정하였다. 이 책의 구성체계는 〈표 1-4〉와 같다.

〈표 1-4〉 교육조사방법론의 구성체계

주요 영역	내용
교육조사방법의 이론	• 교육조사연구의 의미와 특성 • 연구의 유형 • 조사설계 • 측정 및 척도 • 타당도 및 신뢰도
교육조사의 과정	• 연구문제 설정 • 조사도구 개발 • 표본추출 • 자료수집 • 자료분석
교육조사의 결과 정리	• 조사 계획서 및 보고서 작성 • 참고문헌 작성
연구윤리	• 교육조사연구의 윤리

치밀한 조사를 위해 막대한 자원을 투자하고 노력을 기울였다 할지라도 그것이 연구 자체로만 그친다면 연구결과의 의의나 가치는 크지 않을 것이다. 연구의 결과를 통해 학문적 기초를 제공할 수 있어야 할 뿐 아니라 지적 오류를 방지하고 교육 현장으로의 적용이 활발하게 이루어져야 한다. 이러한 점에서 교육조사연구는 과학적으로 진행되어야 하며, 이를 위해서는 교육조사방법론의 내용이 체계적으로 구성되어 이론적 뒷받침을 해 줄 수 있어야 한다.

잘 안내된 교육조사방법론을 통해 체계적으로 조사연구를 수행하면 다음과 같은 긍정적인 가치가 발생할 것이라 기대할 수 있다.

첫째, 사회현상과 관련된 다양한 학문의 기초를 제공할 수 있다. 교육조사연구는 다양한 교육현상을 보다 객관적으로 정확하게 파악하며 그 속에 내재하는 법칙을 규명하기 위한 과학적 방법이라 할 수 있다. 즉, 연구자가 관심을 가지고 있는 교육현상을 이해하기 위해 과학적 방법을 적용하여 객관적으로 조사하고 그 결과를 계량적으로 표현하는 연구방법이다. 따라서 이러한 과정을 통해 도출된 결과는 교육현상뿐 아니라 교육에 관한 지식을 체계적이고 합리적으로 제공하여 궁극적으로는 사회현상과 관련된 다른 학문에도 기초를 제공할 수 있게 된다.

둘째, 교육조사방법론은 과학적 연구과정을 통해 논리적 결론에 이르게 하므로 지적 오류를 최소화할 수 있는 수단을 제공한다(한승준, 2006). 예를 들어, 부모의 학력수준이 자녀의 학력수준을 결정하는지에 대한 검증을 실시한다고 가정해 보자. 자녀의 학력수준이 과연 부모의 학력수준에 따른 결과인지를 과학적으로 검증하기 위해, 먼저 자녀의 학력수준에 영향을 미치는 다양한 원인에 대한 이론적 탐구와 심층적 조사를 실시할 것이다. 그 결과를 바탕으로 부모의 학력수준보다 더 결정적으로 영향을 미치는 다른 원인이 없는지를 조사하며, 부모의 학력수준이 자녀의 학력수준에 영향을 미친다면 어느 정도 미치는지 등에 대한 과학적 분석을 실시하게 된다. 이처럼 교육조사방법론을 통해 상식이나 허술한 연구방법으로 인해 생길 수 있는 지적 오류를 방지할 수 있다.

셋째, 교육조사방법론을 통해 조사연구에 관한 지식을 습득하고, 각종 교육현상을 이해하기 위해 정보를 수집하여 체계적으로 분석하는 능력을 갖게 된다면, 좀 더 실용적이고 응용적인 차원으로 결과를 활용할 수 있게 될 것이다. 즉, 다양한 통계분석 기법을 활용하여 미래에 발생할 일들을 예측하거나 사람들의 선호 경향을 파악하는 등 그 결과를 교육 현장에서 다양하게 적용하고 응용할 수 있게 된다. 따라서 교육조사방법론을 토대로 나온 연구결과는 교육과 관련된 현실세계를 객관적인 관점에서 이해하게 하며, 그 결과를 현장에 적용하여 새로운 정책의 수립이나 연구를 가능하게 한다.

용어 정리

- **연역적 방법**: 명제 또는 이론적 전제를 토대로 구체적·경험적 근거를 확인해 나감으로써 기본 명제를 더욱 강화해 나가는 논리적 전개과정
- **귀납적 방법**: 구체적인 관찰을 통해 일반적인 원리나 이론을 도출해 나가는 논리적 전개과정
- **교육조사연구**: 교육 현장에 대하여 의도적인 목적을 가지고 체계적으로 현장을 이해하고자 하는 실천적 조사활동
- **교육조사방법론**: 교육 현장과 관련한 다양한 현상을 조사연구의 과정을 통해 이해할 수 있도록 체계적으로 구성된 교과목

📖 학 / 습 / 문 / 제

1. 연역적 방법과 귀납적 방법의 전개과정을 비교하여 설명하세요.

2. 양적연구와 질적연구를 수행한 연구물을 찾아 읽어 보고, 차이점을 찾아보세요.

3. 종단적 연구와 횡단적 연구를 수행한 연구물을 찾아 읽어 보고, 차이점을 찾아보세요.

4. 교육조사방법론에 포함되는 주요 내용이 무엇인지 정리하세요.

제 **2** 장

연구문제 설정

제1절 연구문제의 인식
제2절 연구문제의 선정
제3절 연구제목의 진술

학습과제

1. 관심 있는 분야에서 연구문제를 발견한다.

2. 연구문제가 갖추어야 할 조건을 설명한다.

3. 연구의 내용과 방향이 잘 나타나도록 연구제목을 진술한다.

제1절 연구문제의 인식

과학적 연구는 연구하고자 하는 문제(problem) 또는 주제(topic)를 인식하는 것으로부터 시작된다. 관심 있는 분야, 원인을 분석해 보고 싶은 문제, 기존의 이론이나 사실을 검증해 보고 싶은 주제, 해결하고 싶은 문제가 있을 때 비로소 연구를 시작하게 되기 때문이다.

1. 연구문제의 발견

연구문제를 발견하는 과정은 쉽지 않다. 특히, 문제다운 연구문제를 발견하기 위해서는 연구자의 많은 노력과 시간이 요구된다. 연구문제를 정하는 데 일련의 법칙이 있는 것은 아니지만, 새로운 연구문제를 발견하고 선택하는 데 도움이 될 수 있는 자원은 많다.

▣ **연구문제의 자원**

- 개인의 관심과 흥미
- 사회적 요청
- 개인의 사회적 경험
- 기존 지식체계

---

1) 개인의 관심과 흥미

연구에 익숙한 사람이든 초보자든 연구문제를 결정하는 가장 기본적인 요령은 자기 자신이 평소에 관심을 갖고 있거나 흥미를 느끼는 분야에서부터 출발하는 것이다(이종승, 2011). 이는 아무리 특별한 주제라 할지라도 연구자 자신이 관심을 갖고 적극적으로 해결해 나갈 수 없다면 좋은 연구문제라 할 수 없기 때문이다.

예를 들어, 예전부터 평생교육사의 역할에 관심을 가지고 있었던 연구자는 평생교육사의 전문성이나 직무현장에서 보이는 여러 가지 현상에서 연구문제를 발견할 가능성이 높다. 또한, 평소에 대학생의 진로준비에 관심이 있었던 연구자는 대학생의 진로준비 의식이나 진로준비 행동 등과 같이 다른 분야보다 진로와 관련된 분야에서 연구문제를 찾고자 한다. 이처럼 특정한 분야에 대한 관심과 흥미는 연구문제로 연결되기가 쉽다.

따라서 연구자는 특정한 분야에 대한 자신의 관심과 흥미를 단지 그 수준에 머무르게 할 것이 아니라, 그것을 구체화하고 의문을 제기하며 답을 얻으려는 노력을 게을리하지 말아야 한다. 즉, 일반적 또는 상식적 수준에서의 흥미와 관심을 보다 구체화하고 체계화하는 과학적인 자세를 지녀야 한다(성태제, 시기자, 2014).

2) 개인의 사회적 경험

연구자는 한 사회의 구성원이므로 학문적 호기심뿐 아니라 사회 속에서의 관찰과 경험을 통해서도 연구문제를 발견할 수 있다. 예를 들어, 대학의 어떤 교수는 학생들의 좌석이 정해져 있지 않음에도 불구하고 대부분의 학생이 매주 비슷한 좌석에 앉는 것을 발견하고 호기심을 가지기 시작했는데, 몇 년의 강의를 통해 앉아 있는 위치에 따라 수업에 대한 적극성이 다르다는 것을 발견하게 되었다. 경험을 통해 얻은 정보를 과학적으로 검증해 보기 위해 '한국인 대학생의 강의실 좌석 선택과 학업 성적의 연관성 관계'(이성희, 강지영, 2012)와 같은 연구를 수행하기에 이르렀다.

이처럼 연구자가 활동하고 있는 현장 속에서 경험하고 있는 모든 것이 연구문제로 연계될 수 있는 좋은 자원이 된다. 따라서 연구자는 일상적으로 반복되는 현상이라도 그것이 왜 일어나며, 어느 경우에 두드러지며, 그 결과는 어떻게 되는가를 주의 깊게 관찰해야 할 것이다(이종승, 2011).

3) 사회적 요청

연구자는 자신이 속해 있는 사회의 규범이나 가치에 영향을 받으며, 지역에서 발생하는 다양한 문제로부터 영향을 받는다. 그러므로 연구자는 개인적 관심사뿐 아니라 사회적으로 해결을 요하는 문제에 대한 해답을 찾기 위해서도 노력해야 한다.

예를 들면, 우리나라는 입시위주의 교육으로 인해 많은 문제가 야기되고 있다. 이러한 현상이 지속적으로 일어나고 있는 근본적 원인은 무엇이며 어떻게 해결할 것인가, 정부가 정책적인 측면에서 교육의 수월성을 높이기 위한 정책을 펴는 것이 옳은가, 아니면 교육의 형평성을 높이기 위한 정책을 펴는 것이 옳은가 등 사회적 요청으로 제기되는 문제 하나하나가 연구자에게는 해결해야 할 연구문제로 인식될 수 있다.

4) 기존 지식체계

기존 지식체계란 학습이나 실천을 통해 얻은 명확한 인식 및 이해, 즉 이미 존재하는 연구결과를 말한다(오혜경, 1998; 이원욱, 2000). 이러한 기존 지식체계로부터 연구문제를 발견하는 과정은 이론 자체의 모순성, 이론 간의 모순성, 이론과 관찰 간의 모순성 등을 발견하는 것에서부터 시작된다.

첫째, 이론 자체의 모순성은 기존 지식체계 자체에 의문을 가지는 것이다. 우리는 흔히 기존의 지식체계를 통해 현상 및 이론에 대해 이해하게 되는데, 그러한 과정에서 모순성을 발견하고 의문을 제기할 수 있다. 제시된 의문은 곧 연구문제로 발전할 수 있으며, 연구문제의 해결을 통해 기존의 이론을 점검할 뿐 아니라 재형성할 수 있다.

둘째, 기존 지식체계에 존재하는 이론 간의 모순성을 찾아내어 연구문제를 제기할 수 있다. 때로는 학자들 간에 대립된 이론을 주장하는 경우가 있다. 이런 상황에서 서로 다른 주장 중 어떤 것이 옳은가에 대한 의문이 제기될 수 있고, 이를 위해 연구문제를 설정하여 연구를 수행할 수 있다.

셋째, 이론과 관찰 간에 드러나는 모순에 대해 문제점을 제기할 수 있다. 즉, 전통적으로 고수되어 온 기존 이론이 현재의 관찰이나 경험을 통해서 잘못되었다는 사실을 알게 되는 경우가 있다. 이를 과학적으로 확인해 보기 위해 연구문제를 설정하고 연구를 진행하여 기존의 이론을 보완해 나갈 수 있다.

이와 같이 새로운 연구문제를 발견하기 위해 전문서적, 학술지, 연구보고서 등을 탐색하여 기존 지식체계를 적극적으로 확인해 나가는 과정을 문헌연구라고 한다. 성실한 문헌연구를 통해 기존 지식체계뿐 아니라 새로운 이론과 주제에 대한 연구동향도 알 수 있으므로, 관심 있는 분야와 연계된 많은 문헌을 참고하는 것이 필요하다.

2. 연구문제의 구성

연구문제는 다양한 상황 속에서 발견할 수 있지만, 단순히 문제만 인식한다고 해서 연구가 이루어지는 것은 아니다. 연구문제가 제기되었다면 우리는 연구문제를 구성하는 작업을 실시해야 한다. 이는 연구문제의 개념화, 구체화 및 구성화 과정을 통해 이루어질 수 있다(윤성채, 최종후, 1999).

연구문제를 구성하기 위해서는 우선 문제상황을 인식하고, 기본적이고 일반적인 것으로 개념화하는 작업이 필요하다. 만약 관심 있는 문제상황이 교육적 현상, 특히 평생교육 분야 중의 하나로 개념화되었다면, 연구자는 평생교육 프로그램 개발, 평생교육상담, 학습자 만족도 등과 같은 구체적 분야와 관련시켜 문제를 분석하게 될 것이다. 이처럼 구체적으로 어떤 분야에 초점을 맞춰 연구를 진행하고 분석하고자 하는지에 대해 결정하는 것을 연구문제의 구체화라고 한다. 연구문제를 개념화하고 보다 구체적으로 분석한 후 공식적인 문제로 확정하게 되는데, 이 과정을 연구문제의 구성화 단계라 한다.

이 세 가지 단계는 단절된 과정이 아니라 연속적·순차적으로 이루어지는 과정이다. 문제의 개념화가 이루어지지 않은 상태에서 문제를 구체화하고 구성화하는 것은 한계가 있을 수밖에 없기 때문이다.

제2절 연구문제의 선정

앞서 제안한 바와 같이, 연구문제는 연구자가 문제상황을 인식하고 이를 구체적으로 구성함으로써 이루어진다. 그러나 이러한 절차로 제안된 연구문제 모두가 타당한 것은 아니므로, 연구문제로서 합리적인지를 사전에 검증해 보아야 한다.

▣ 연구문제 선정 시 고려사항
- 독창성
- 명확성
- 검증 가능성
- 윤리성
- 학술적 가치

---

1. 독창성

연구문제는 독창적인 것으로 선정해야 한다. 이는 기존에 연구되지 않았던 새로운 것을 연구문제로 선정해야 한다는 의미로서, 연구문제를 선정함에 있어서 타인의 연구결과를 이용하는 것을 제외한다는 뜻이기도 하다. 이를 위해서는 참고도서 목록이나 관련된 서적 및 논문에 자신의 연구문제와 동일한 것이 있는지를 찾아보는 작업을 반드시 거쳐야 한다.

연구문제를 독창적으로 선정하기 위해서는 다른 연구자들이 수행하지 않은 내용으로 문제를 구성해야 한다. 이전에 수행되었던 연구문제를 재검토하거나 다른 상황에 적용하여 새로운 결과를 얻고자 수행하는 연구가 아니라면 새로운 분야를 연구의 대상으로 해야 한다. 즉, 기존의 학문 분야에서 다루어지지 않은 주제를 연구문제로 선정하는 경우에 일반적으로 독창적이라 한다. 그러나 주제가 다루어지기는 했지만 새로운 연구 이론 또는 설명을 추가하는 경우도 독창적이라 할 수 있다.

연구의 내용적 측면뿐 아니라 연구의 방법적인 측면에서 새롭다면 이도 독창적이라 할 수 있다. 예를 들어, 이론적 수준에 그쳤던 것을 경험적으로 연구하는 경우, 기존의 경험적 연구에 대해서 새로운 연구방법을 사용하는 경우, 기존의 경험적 연구들을 새로이 종합하는 경우도 독창적으로 접근한 경우라 할 수 있다. 그 외에 기존의 경험적 연구를 다른 대상에 적용하는 경우도 독창적이라 할 수 있다. 이처럼 독창적인 연구문제를 선정하기 위해 고려해야 할 부분은 다양하다.

최근에는 연구의 과정에서 이 부분에 대한 중요성이 더욱 강조되고 있는데, 일례로 다음에 제시한 사례와 같이 연구 계획서를 토대로 연구를 지원하는 경우 가장 중요하게 보고 있는 것이 '연구가 독창적인가?' 하는 것이다.

연구문제의 독창성 평가 사례

한국연구재단은 학술·연구개발 활동 및 관련 인력의 양성·활용 등을 효율적이고 공정하게 지원하기 위해 다양한 노력을 기울이고 있다. 그 중 연구자가 제출한 신규 연구계획서를 엄밀하게 검토하여 학술 및 연구개발 활동을 지원하는 과정이 해마다 다양한 학문 분야별로 진행되고 있다. 이를 위해 연구계획서를 검토하여 평가할 때, '연구의 창의성' 영역에 100점 중 50점을 부여하고 있다.

〈표 2-1〉 신규과제 평가 항목 중 연구의 창의성 부분

평가항목	평가지표	평가 내용	배점
연구의 창의성	연구주제의 창의성	• 새로운 연구주제를 제안하고 있는가? • 선행연구의 문제점을 규명하고자 하는가? • 선행연구와의 차별성이 나타나고 있는가?	35
	연구방법의 적절성 및 도전성	• 연구목표 달성을 위한 연구방법이 적절한가? • 선행연구와 비교하여 연구방법이 차별화되고 혁신적인가?	15

출처: 한국연구재단(2015a).

2. 명확성

연구문제는 명확해야 한다. 명확하다는 것은 연구문제에 대한 이론적 배경을 소개하고, 연구자가 의도하는 바를 독자도 정확하게 이해할 수 있도록 분명히 밝혀야 함

을 의미한다. 만약 연구문제를 명확히 하지 않으면, 연구의 과정에서 불편과 새로운 난제가 지속적으로 드러나게 된다. 연구의 대상을 무엇으로 해야 할지 모호하거나 어떤 연구방법으로 해결해야 할지가 명확하지 않을 수 있으며, 연구의 방향이 기대한 것과 다른 방향으로 흘러갈 수도 있다.

예를 들어, '인문학은 학습자들에게 도움을 주는가?'라는 연구문제를 생각해 보자. 이는 단순한 표현으로 무리가 없는 듯 보이지만 여러 가지 의문이 생긴다. 우선, 인문학이 학문 차원의 인문학인지, 인문학 관련 사업인지, 인문학 교육 프로그램인지 등이 불명확하다. 또한 도움을 준다는 것도 경제적인 도움인지, 삶의 만족도와 같은 정서적인 측면의 도움인지 등에 대한 의문이 제기된다. 따라서 이를 '인문학 대중화사업이 소외계층 학습자들의 삶의 만족도에 영향을 미치는가?'라고 재구성한다면 보다 명확한 연구문제가 될 것이다.

3. 검증 가능성

연구문제는 검증 가능해야 한다. 이는 연구문제에 대한 해답을 얻는 것이 가능해야 연구문제로서 가치가 있음을 의미한다(김경우, 2008). 예를 들어, '오늘날의 경제적 위기는 근본적으로 인류의 욕망에서부터 시작한다.'와 같은 명제는 실증적으로 사실 여부를 판단하기가 어려워 명제를 검증하기 위한 자료의 수집, 관련 이론의 선택 및 적용, 적절한 연구방법의 적용 등이 거의 불가능하다. 또한 내포되어 있는 여러 개념과 그러한 개념들의 연결이 모호해서 과학적으로 어떠한 의미를 전달하기 어렵다. 이러한 형태의 명제는 과학적 연구를 위한 접근이 어려우므로 좋은 연구문제라 할 수 없다.

그러므로 연구문제 선정 시 실증적으로 검증 가능한, 다시 말해서 과학적으로 접근이 가능한 명제를 선정하는 것이 중요하다. 하지만 반드시 검증 가능한 문제만을 연구문제로 선정하지 않는다는 점을 기억해야 할 필요가 있다. 많은 신학적·윤리적·도덕적 문제 등은 검증이 쉽지 않지만, 인간의 삶과 직결되는 것으로서 연구의 가치가 충분히 있기 때문이다.

4. 윤리성

연구문제 선정 시에는 과학적 연구의 범위를 어디까지 확대할 수 있느냐를 고려해야 한다. 이는 윤리와 관련된 문제다. 특히 사회과학과 같이 인간의 행위와 관련된 내용을 연구하는 분야에서는 인간이 연구대상인 경우가 많으며, 인간이 연구를 위한 도구가 되기도 한다. 따라서 연구를 수행하는 전반적 과정, 특히 연구문제를 선정하는 연구의 초기과정에서부터 인간의 권리를 침해하지 않도록 유의해야 한다.

최근 의학기술이 발달하면서 유전병 치료나 멸종동물 복원에 활용하려는 노력의 일환으로 유전자 교정기술이 발달하고 있다. 그러나 이러한 연구가 유전자 치료 목적에 그치지 않고, 외모, 성격, 지능 등을 개선하는 데 남용될 수 있다는 우려도 지속적으로 제기되고 있다. 이처럼 연구행위가 인간의 근본 질서를 파괴할 수 있다면 엄격하게 그 연구를 규제해야 한다는 입장과 과학의 발전을 위해 연구의 범위를 제한해서는 안 된다는 입장이 여전히 대립하고 있다.

따라서 연구자는 연구문제를 선정하는 과정에 이러한 윤리적인 문제와 도덕적인 문제가 일어날 수 있음을 기억해야 한다. 윤리성에 위배되느냐 그렇지 않으냐는 시대에 따라 다르게 판단되지만, 윤성채와 최종후(1999)는 연구문제를 선정하는 과정에서 최소한 다음과 같은 윤리적 기준을 고려해야 한다고 제시하였다.

첫째, 인간의 근본 질서를 해칠 수 있는 영역이 연구문제로 선정되어서는 안 된다. 사람들이 가치 있는 것으로 인식하고 있는 사회윤리나 도덕의 기준을 뛰어넘고 인간의 근본 질서를 파괴하는 주제를 연구문제로 선정하는 것은 제한해야 한다. 둘째, 특정 개인이나 집단을 파괴하거나 해치려는 의도가 있는 연구문제는 지양해야 한다. 사회과학에서의 연구는 근본적으로 인간과 사회의 가치 및 삶의 질을 높이기 위한 것이므로 인간의 존엄성과 삶의 질을 낮추고 인간성을 파괴하는 차원의 연구문제를 선정하는 것은 피해야 한다.

5. 학술적 가치

연구자는 과학적 지식의 발전에 기여할 수 있는 문제를 선택해야 한다(김경우, 2008). 독창성, 명확성, 검증 가능성, 윤리성 등을 고려하여 문제를 선정하는 것도 중요하지만, 이러한 사항에만 집착하면 학문분야의 전체적인 맥락이나 학술적 의의를 등한시할 우려가 있다. 따라서 연구문제를 선정할 때는 후속 연구의 발전에 기여하는지, 관련 분야의 지식 증진 및 활성화에 기여하는지 등과 같은 학술적인 가치도 고려해야한다.

제3절 연구제목의 진술

선정된 연구문제를 토대로 하여 해당 연구의 내용과 방향이 잘 드러나도록 연구제목을 설정해야 한다. 따라서 연구제목은 간결하게 구성하되 연구의 내용과 깊이까지 보일 수 있도록 기술하는 것이 바람직하다. 일반적으로 연구제목을 결정할 때 다음과 같은 사항을 고려하는 것이 좋다.

첫째, 연구제목은 간결하면서도 명료한 것이 좋다. 예를 들어, '청소년지도사에 관한 연구'와 같은 제목은 지나치게 포괄적이어서 연구에서 다루고자 하는 내용이 구체적으로 무엇인지 짐작하기 어렵다. 반면에 '청소년문화의집에서 운영하는 방과후학교 담당 청소년지도사의 학습지도방법'과 같이 너무 지엽적이거나 특수하게 구성하면 연구결과의 일반화가 극히 제한되는 것으로 간주되거나 연구의 의의와 가치를 감소시키는 결과를 초래하기 쉽다(이종승, 2011).

둘째, 연구제목은 연구내용을 충분히 표현하고 있어야 한다. 대부분의 연구자는 일단 제목을 보고 연구 보고서나 논문을 읽어 볼 것인가의 여부를 결정한다. 이때 제목이 연구내용을 대변하지 못한다면 그 논문은 팔리지 않는 상품과 같은 신세가 된다. 그러므로 '전통적 교실과 열린교실이 학생의 학업성취도와 창의성에 주는 영향'과 같이 연구에서 관심을 가지고 있는 변수의 이름을 포함시켜 표현하는 것이 바람직하다(성태제, 시기자, 2014).

셋째, 연구목적에 도움이 되지 않는 단어는 피해야 한다. 예를 들어, APA(American Psychological Association, 2013)에서는 연구제목에 '방법(method)'이나 '결과(result)'와 같은 단어들을 포함시키지 않도록 권유하고 있다. 연구의 과정에 당연히 방법과 결과가 포함되므로 이러한 단어를 제목에 굳이 넣을 필요가 없다고 여기기 때문이다. 또한 '~에 관한 연구' '~에 관한 실험연구'와 같은 말들도 적절하지 않다고 제안한다. 연구가 체계적이고 과학적으로 진행되었다면 당연히 연구가 되는 것이기 때문이다. 그러나 때로는 '연구종합(research synthesis)' '메타분석' '~에 관한 실행연구'와 같이 독자들에게 중요한 정보를 전달하는 특정 단어는 제목에 포함시켜야 한다(강진령, 2013; 성태제, 시기자, 2014).

이상에서 제시한 바와 같이, 연구의 내용이 무엇인지를 구체적으로 알려 주고 어느 분야와 관련된 연구인지를 짐작할 수 있도록 구성한 좋은 연구제목의 예로는 다음과 같은 것들이 있다.

- 여대생의 성격유형 및 진로의사결정 유형이 진로준비 행동에 미치는 영향
- 중소기업 근로자의 조직학습과 조직문화가 조직몰입에 미치는 영향
- 노인의 평생교육 만족도에 영향을 미치는 변인들에 대한 메타분석
- 정보격차 해소교육이 중장년층의 평생학습 역량에 미치는 영향
- 한국 평생교육사 양성과정에 관한 제도적 규정의 변천과정

용어 정리

- **연구문제**: 연구하고자 하는 문제 또는 주제
- **연구제목**: 연구의 내용과 방향이 잘 드러나도록 구성한 연구의 제목

📖 학 / 습 / 문 / 제

1. 연구의 과정을 통해 탐색해 보고 싶은 연구주제를 찾아보세요.

2. 자신이 탐색해 보고 싶은 연구주제를 연구제목으로 서술하세요.

3. 앞에서 서술한 연구제목이 적절하게 표현되었는지를 연구제목 서술 시 고려해야 할 사항을 근거로 판단해 보세요.

제 **3** 장

교육조사의 기본 요소

제1절 개념과 정의
제2절 변수와 가설
제3절 이론과 모형

제1절 개념과 정의

연구의 논리를 구성해 나가기 위해서는 과학적 언어의 기본 단위인 개념을 인지해야 한다. 또한, 그러한 개념들을 명확하고 정확하며 동의된 것으로 정의하는 과정이 필요하다. 이 절에서는 교육조사의 기본 요소 중 개념과 정의를 설명하고자 한다.

1. 개 념

1) 개념의 의미

연구자는 객관적이고 원활한 의사소통을 위해 개념에 대한 명확한 인식을 해야 한다. 일반적으로 개념(concept)이란 주위에 산재해 있는 일정한 현상들을 보다 일반화함으로써 그들을 대표할 수 있는 추상화된 표현 또는 용어로 도출한 것을 의미한다.

예를 들어, 성인들의 학습과정에서 보이는 특성을 살펴보았더니 성인은 아동·청소년에 비해 자기주도성이 높고, 개인의 경험을 학습의 자원으로 활용하고자 하며, 생활 속에서 필요를 느낄 때 학습에 참여하려는 경향이 있는 것으로 나타났다. 연구자들은 아동·청소년의 학습 특성을 설명하는 페다고지(Pedagogy)와는 다른 성인들의 이와 같은 특성을 안드라고지(Andragogy)라는 개념으로 명명하였다(Knowles, 1970).

이와 같이 특정 현상들을 일반화하여 추상화된 언어로 표현한 것을 개념이라 하며, 구성된 개념들은 의사소통을 가능하도록 지원한다.

2) 개념의 기능

개념은 과학적 조사에서 몇 가지 중요한 기능을 한다.

첫째, 앞에서도 언급했듯이 가장 중요한 기능은 의사소통의 기초가 된다는 점이다. 이는 서로 동의하는 개념이 없으면 의사소통이 어려워진다는 의미와도 같다. 예를 들어, '빈곤'이란 개념에 대해 어떤 이는 육체적 생존에 필요한 최소한의 수준 이하로, 어떤 이는 평균의 생활수준에 못 미치는 상태로 여기기도 한다. 또한 과거에는 빈곤으로 인식하지 않았던 것을 오늘날에는 빈곤으로 인식하기도 한다. 이처럼 시간과 공간을 초월하여 대다수의 사람이 동의하는 개념이 없으면 사람들 간의 의사소통이 어렵고, 결국 과학적 조사가 어려워진다(김태성 외, 2005). 따라서 다양하게 이해될 수 있는 개념에 대해 동일한 관점을 가지도록 명료화하여 의사소통이 가능하도록 하는 작업을 하게 되는데, 이를 '정의'라 한다. 이에 대해서는 이후 절에서 구체적으로 살펴본다.

둘째, 개념은 경험적인 사실에 대해서 그것을 바라볼 수 있는 관점을 만들어 낸다. 사람들은 살아가면서 저마다 독특한 경험을 많이 하게 되는데, 이러한 경험들은 개념을 통해 합의가 되고 의미 있는 수준으로 인식될 수 있다. 만일 개인이 경험한 현상들을 대표할 수 있는 개념이 없다면 무수히 많은 개인의 독특한 경험들만 혼란스럽게 존재할 것이다. 이처럼 개념은 일정한 질서와 일관성을 가진 상태에서 사물이나 현상에 대해 인식할 수 있도록 해 준다.

셋째, 개념은 분류와 일반화를 위한 수단이 된다. 즉, 개념을 통해 사람들의 경험을 분류하고, 구조화하고, 일반화하는 것이 가능하다는 것이다. 인간의 삶 속에서 보이는 모든 현상은 각각의 입장에서 보면 모두 독특하고 다르다. 그러나 개념을 통해 이러한 독특성을 무시하거나 동일화할 수 있다(윤성채, 최종후, 1999). 예를 들어, 사과, 배, 귤, 메론, 수박 등은 세부적으로 서로 다르지만, 과일이라는 개념을 통해 일반적인 속성을 이해할 수 있다. 이처럼 개념화는 독특하고 다양한 경험적 현상의 숫자를 줄여 나감으로써 세부적인 차이를 무시하고 일반적 속성을 중심으로 이해하는 일반화를 가능하게 한다.

넷째, 개념은 이론을 형성하는 기능을 한다. 개념을 통하여 이론의 형태와 내용이 결정되기 때문에 다양한 개념은 모든 이론에서 가장 중요한 요소다. 수요와 공급이 경제이론에서 핵심적 개념인 것처럼 개념들이 체계적인 방법으로 연결될 때 이론이 성립된다(김태성 외, 2005).

3) 개념의 조건

하나의 개념이 제 기능을 다하기 위해서는 다음과 같은 조건을 갖추어야 한다.

첫째, 개념은 명확해야 한다. 이는 어떤 개념이라도 그것이 나타내는 사실 또는 현상이 명백하고 한정적이어야 함을 의미한다. 만약 개념의 경계가 모호하여 그것이 내포하고 있는 특성을 나타낼 수 없으면 과학적인 접근이 어렵게 된다.

둘째, 일정한 개념은 누구에게나 통일적으로 사용되어야 한다. 동일한 현상을 각기 다른 개념으로 사용하면 의사소통에 많은 혼란이 발생되기 때문이다(강종수, 2009).

셋째, 개념은 그것이 포함하고 있는 범위가 적절해야 한다. 개념의 범위가 너무 넓으면 실제의 사실이나 현상과 동떨어질 수 있다. 반면, 범위가 너무 좁으면 사실이나 현상을 보다 직접적으로 설명할 수는 있으나 일반화 정도가 낮아지기 때문에 이론 형성에 제한을 받게 된다. 결국 사실을 설명하기에 너무 빈약한 개념이 될 것이다.

넷째, 개념은 체계적으로 구성되어야 한다. 일반적으로 한 연구에는 여러 가지 개념이 사용되는데, 각 개념들이 논리적인 연관성 속에서 체계적으로 구성되어야 함을 의미한다.

2. 정 의

1) 정의의 의미 및 특성

개념이 의사소통을 원활하게 하고, 관점을 형성하며, 일반화와 이론 형성에 도움을 줄 수 있으려면 개념에 대한 명확한 합의가 이루어져야 한다. 이는 개념에 대한 정의 (definition)를 통해서 가능하다. 즉, 정의는 개념이 가진 의미를 모호하지 않게 명확히 규정하는 것이며, 사용자 상호 간에 합의를 이루도록 개념이 무엇을 지칭하고 있는지를 밝히는 것이다.

따라서 정의는 개념의 특성이나 성질을 분명하게 나타낼 수 있어야 하므로 되도록 간단·명료해야 한다. 예를 들어, 정사각형에 대한 개념적 정의를 '사각형을 구성하고 있는 4개의 변의 길이와 4개의 내각 크기가 90°로 모두 같은 사각형'이라고 서술

하는 것보다 '변의 길이와 내각의 크기가 모두 같은 사각형'으로 서술하는 것이 간
단·명료하다.

또한 흰색을 '눈과 같은 것'이라고 표현한 것처럼 비유적인 표현은 지양해야 하며,
'여성'을 '여성적 특질을 가지고 있는 사람'으로 정의하는 것처럼 정의하고자 하는
용어를 순환하여 사용해서도 안 된다. 그리고 가급적 긍정적 용어를 사용하는 것이
바람직하다.

2) 정의의 종류

사회과학에서는 흔히 개념적 정의(conceptual definition)와 조작적 정의(operational
definition)를 구분하여 사용한다.

개념적 정의는 어떤 용어가 가진 가장 일반적인 속성을 사전적으로 규정하는 정의
방식이며, 조작적 정의는 추상적인 개념이나 용어를 가시적으로 측정할 수 있도록 구
체화하여 정의하는 방식을 의미한다. 예를 들어, 지능은 '어떤 문제에 대해 합리적으
로 사고하고 해결하는 인지적인 능력과 학습 능력을 포함하는 개인의 총체적인 능력
(한국심리학회, 2014)'이라고 개념적으로 정의할 수 있다. 그러나 이러한 정의는 내용
이 추상적이고 보편적인 경향이 있어서 어떻게 검증할 것인지에 대한 문제가 발생한
다. 따라서 '지능검사를 통해 점수로 나타내는 것'과 같이 연구를 구체화하기 위한
조작적 정의가 필요하다.

이와 같이 조작적으로 정의내리는 과정을 통해 이론적 개념은 측정 가능하고 조작
가능한 형태로 변환되어 과학적 연구가 가능해진다.

개념적 정의와 조작적 정의 사례

• 연구주제: 실업 실태조사

우리나라의 실업(unemployment) 실태를 조사하는 연구를 수행할 때, 먼저 실업에 대한
개념적 정의를 내린 후 실업상태에 있는 사람에 대한 자료를 실증적으로 조사할 수 있도록
조작적 정의를 내렸다.

〈표 3-1〉 실업에 대한 개념적 정의와 조작적 정의

정의방식	정의
개념적 정의	근로할 의사와 능력이 있음에도 불구하고 취업의 기회가 주어지지 아니한 상태
조작적 정의	조사대상 기간에 수입 있는 일을 하지 않았고, 지난 4주간 일자리를 찾아 적극적으로 구직활동을 하였던 사람으로서 일자리가 주어지면 즉시 취업이 가능한 상태

출처: 강종수(2009).

제2절 변수와 가설

개념적 정의와 조작적 정의의 관계에서 볼 수 있듯이, 연구를 통해서 해결하려는 문제는 추상화된 개념을 통해서 경험적인 것으로 전환이 된다. 추상적인 개념을 경험적 수준으로 전환하기 위해 개념은 변수의 형태로 표현되며(손병덕 외, 2006), 가설의 설정을 통해 변수 간의 관계가 검증 가능한 형태로 서술된다.

1. 변 수

1) 변수의 의미

변수(variable)는 하나 이상의 수치를 포함하는 것으로 측정할 수 있는 특성을 말한다. 예를 들어, 성별, 연령 등을 변수라 할 수 있으며, 교육학에서는 오래전부터 변인이라고도 하였다. 우리는 막연한 개념을 경험적인 것으로 전환하기 위해 조작적 정의를 사용하게 되는데, 이러한 조작적 정의를 더욱 구체화시키는 작업이 곧 변수를 찾아내는 것이다(윤성채, 최종후, 1999).

변수는 변화하는 값을 가진 것으로서 적어도 두 개 이상의 값을 갖는 경험적 속성을 가지고 있어야 한다(김태성 외, 2005). 앞에서 제시한 성별이나 연령의 경우, 성별은

남성과 여성으로, 연령은 다양한 연령대로 변화 가능하고 구분되기 때문에 각각 변수
가 될 수 있는 것이다.

2) 변수의 유형

변수는 일반적으로 인과관계에 따라 독립변수와 종속변수로, 속성에 따라 질적변
수와 양적변수로 구분된다(성태제, 2011).

(1) 인과관계에 따른 분류

독립변수(independent variable)는 다른 변수에 영향을 주는 변수로서, 인과적 조사
연구에서는 원인이 되는 변수를 말하며 실험설계 연구에서는 연구자에 의해 조작되
는 변수다(강종수, 2009). 따라서 독립변수를 원인변수, 설명변수, 예측변수, 실험변수
라고도 한다. 반면, 종속변수(dependent variable)는 영향을 받는 변수, 즉 독립변수에
의하여 변화되는 변수를 말하며, 독립변수의 영향을 받아 변화된 효과를 나타내는 변
수라는 면에서 결과변수, 효과변수 혹은 반응변수라고도 한다. 예를 들어, 부모의 교
육수준이 자녀의 학업성취도에 미치는 효과를 연구한다면, 부모의 교육수준은 독립
변수이고 자녀의 학업성취도는 종속변수가 될 것이다.

[그림 3-1] 독립변수와 종속변수의 관계

또한 부모의 교육수준이 자녀의 학업성취도에 직접적으로 영향을 미치기보다는 부모
의 교육수준에 따라 양육 태도가 달라지고 이것이 자녀의 학업성취도에 영향을 미치는
경우도 있다. 이러한 경우에 부모의 양육 태도를 매개변수(intervening variable)라 한다.
즉, 매개변수는 원인(독립변수)과 결과(종속변수) 사이에 위치하여 연결고리 역할을 하

는 변수로서 독립변수의 결과(종속변수)이면서 동시에 종속변수의 원인(독립변수)이 되는 변수다(류방, 2012).

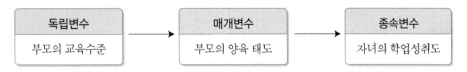

[그림 3-2] 독립변수, 매개변수, 종속변수의 관계

만약, 연구를 통해 부모의 교육수준이 자녀의 학업성취도에 영향을 미치는 것으로 결과가 확인되었다면, 부모의 교육수준이 자녀의 학업성취도를 설명하는 유일한 원인변수라고 생각해도 될까? 이는 그렇지 않다. 사회과학 분야에서 연구되는 대부분의 현상은 설명하려고 하는 종속변수에 영향을 주는 독립변수가 다양할 수 있으므로, 하나의 독립변수는 종속변수의 일부분을 설명한다는 의미로 이해해야 한다(김태성 외, 2005). 실제로, 자녀의 학업성취도는 부모의 교육수준뿐 아니라 부모와 자녀의 의사소통 정도, 자녀의 지능 및 교우관계 등과 같이 다양한 변수에 의해서도 많은 부분이 설명될 수 있다.

연구자가 설정한 독립변수 외에 종속변수에 영향을 미칠 수 있는 이러한 변수를 혼재변수 또는 제3의 변수라 한다. 다시 말해서, 혼재변수는 연구자가 미처 통제하지 못했거나 생각지 못했던 변수가 존재하여 독립변수와 종속변수 간의 관계를 혼동시키는 변수를 의미한다. 동일한 관점으로 독립변수, 매개변수, 종속변수의 관계로 설계된 연구과정에서는 연구자가 사전에 설정한 독립변수 및 매개변수 외에 종속변수에 영향을 미치는 변수를 혼재변수 또는 제3의 변수라 할 수 있다.

독립변수, 매개변수, 종속변수를 활용한 연구 사례

• 연구주제: 노년기 교육참여가 생활만족도에 미치는 영향

본 연구에서는 노년기 교육참여가 심리적 임파워먼트에 미치는 영향과 심리적 임파워먼트가 생활만족도에 미치는 영향을 분석하였다. 동시에 심리적 임파워먼트는 노년기 교육과 생활만족도 간의 관계에서 매개효과를 보여 주고 있는가에 대하여 알아보고자 한다. 이때 심리적 임파워먼트는 자기긍정, 공동체 정신, 긍정적 미래관이라는 하위영역으로, 생활만족도는 신체적 영역, 사회적 영역, 교육적 영역이라는 하위영역으로 구성하였다.

연구를 위해 설정된 연구모형은 [그림 3-3]과 같다.

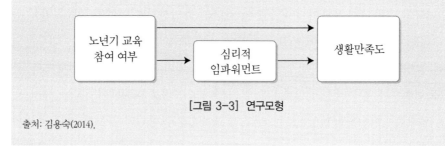

[그림 3-3] 연구모형

출처: 김용숙(2014).

(2) 속성에 따른 분류

변수는 독립변수와 종속변수에 대한 이해와 더불어 각 변수의 속성도 파악해야 한다. 일반적으로 변수가 지닌 속성에 따라 질적변수(qualitative variable)와 양적변수(quantitative variable)로 구분한다.

질적변수는 성별이나 인종과 같이 단지 분류를 위하여 용어로 정의되는 변수를 말한다. 질적변수 중 성별, 인종, 직업, 전공과 같이 서열이 정해질 수 없는 것을 비서열질적변수(unordered-qualitative variable)라 하고, 학력, 계급, 직급과 같이 서열적으로 구분할 수 있는 변수를 서열 질적변수(ordered-qualitative variable)라 한다.

양적변수는 양의 크기를 나타내기 위하여 수량으로 표시되는 변수로서, 연속성에 따라 연속변수(continuous variable)와 비연속변수(uncontinuous variable)로 나뉜다. 연

속변수는 체중, 키, 나이 등과 같이 주어진 범위 내에서 어떤 값도 가질 수 있는 변수이고, 비연속변수는 지능점수나 자동차 수 등과 같이 특정 수치만을 가질 수 있는 변수를 말한다.

연구문제에 포함된 변수가 질적변수인지 양적변수인지에 따라 수집된 자료를 분석할 때의 통계적 방법이 달라지기 때문에 교육조사연구 과정에서 변수의 속성을 파악하는 것은 중요하다.

2. 가 설

1) 가설의 의미 및 특성

가설(hypothesis)이란 두 개 이상의 변수 또는 현상 간의 관계를 검증 가능한 형태로 서술한 문장이며 연구문제에 대한 잠재적 설명을 의미한다. 예를 들어, '교육수준이 높을수록 소득이 높은가?'에 대한 연구를 수행하는 과정에서 가설은 '교육수준이 높을수록 소득이 높다.'로 설정할 수 있다. 이처럼 가설은 독립변수와 종속변수의 관계가 어떠하다는 형태로 표현된다.

또한 '연구문제에 대한 잠재적 설명'이라는 말은 경험적으로 조사를 한 후에야 가설의 진실 여부를 판단할 수 있다는 의미다(김태성 외, 2005). 그러므로 가설은 연구문제에 의해 제안되었지만 아직은 검증되지 않은 연구자 나름대로의 잠정적인 해답이라고 할 수 있다(한국교육심리학회, 2000).

일반적으로 좋은 가설이 되기 위해서는 다음과 같은 요건을 갖추어야 한다.

첫째, 가설은 명백하고 구체적으로 표현해야 한다. 따라서 가설을 경험적으로 조사할 수 있도록 가설에 포함된 모든 변수에 대해 조작적 정의를 내려야 한다. 예를 들면, '산업화된 국가일수록 사회복지가 확대된다.'라는 가설은 명확성이 떨어진다. 여기서 산업화를 '1인당 GDP'로, 사회복지의 확대를 'GDP 대비 사회복지 지출'과 같은 형태로 조작적 정의를 내린다면, '1인당 GDP가 높은 국가일수록 GDP 대비 사회복지 지출이 높다.'라는 보다 명확한 가설을 설정할 수 있게 된다(김태성 외, 2005). 이와 같이 변수들에 대한 조작적 정의를 내리는 과정에서 측정과 계량화가 가능한 상태로 변화된다.

둘째, 가설은 서술된 관계를 경험적으로 검증할 수 있어야 한다. 이는 '인간의 능력이 환경에 의해 결정되는가, 유전에 의해 결정되는가?'와 같은 경우, '인간의 능력' '환경' '유전'과 같은 변수의 의미가 지나치게 광범위하여 경험적인 연구를 손쉽게 할 수가 없다. 즉, 이론적으로 완벽하게 도출된 가설이라도 경험적으로 검증이 불가능하다면 가설로서 채택할 수 없다는 것이다(윤성채, 최종후, 1999).

셋째, 가설은 가치중립적으로 제시되어야 한다. 이는 가설을 설정할 때 연구자의 가치나 주관적인 편견이 반영되지 말아야 함을 의미한다. 예를 들어, 특정 교육 정책의 확대를 강력하게 지지하는 연구자는 의도적으로 긍정적인 측면만을 부각하여 가설을 만들 수도 있을 것이다. 연구자가 자신의 사회문화적 환경으로부터 자유로울 수는 없지만, 과학적 연구를 수행하기 위해서는 연구자의 주관적인 편견이 배제되어야 한다.

2) 가설의 종류

가설은 연구목적에 따라 기술적 가설과 설명적 가설로 구분되며, 통계적 검증에 따라 연구가설(대립가설)과 영가설(귀무가설)로 구분된다.

(1) 연구목적에 따른 분류

기술적 가설은 어떤 변수의 크기나 성질과 같이 현상의 정확한 기술, 즉 사실을 밝히는 것에 관한 가설이다. 예를 들면, 'A 프로그램에 대한 만족도가 높다.'와 같이 '~은 ~이다.'로 표현된다. 그리고 설명적 가설은 인과관계를 규명하기 위한 가설로서 '만약 ~이면 ~하다.' 또는 '~일수록 ~하다.'와 같이 변수 간에 실제적으로 일어날 수 있는 관계를 나타내는 문장의 형식으로 표현된다. 일반적으로 가설은 연구문제나 변수를 발견하려는 예비조사의 성격이 강한 탐색적 연구에서는 꼭 필요하지 않다.

(2) 통계적 검증에 따른 분류

가설검증이 이루어지는 과정에 따라 연구가설(research hypothesis)과 영가설(null hypothesis)로 나눌 수 있다. 연구가설은 연구문제에 대한 잠정적 해답으로, 두 변수나 집단 간에 관계가 존재한다거나 차이가 있다고 나타내는 가설이다. H_1으로 표현되며, 영가설이 부정되었을 때 진리로 남는 잠정적 진술로서 대립가설이라고도 한다. 영가설은 연구가설과는 반대로 연구자가 부정하고자 하는 사실, 다시 말해서 연구가설을 부정하는 가설로서, '~효과가 없다' '~차이가 없다' 등의 형태로 표현된 가설을 말한다. 일반적으로 H_0로 표현하며, 흔히 귀무가설이라고도 한다.

만약, 고등학교 내신 성적이 대학수학능력시험 점수에 영향을 미치는지에 대해 연구한다면, 영가설(귀무가설)과 연구가설(대립가설)은 다음과 같이 표현될 수 있다.

H_0: 고등학교 내신 성적이 대학수학능력시험 점수에 영향을 미치지 않는다.
H_1: 고등학교 내신 성적이 대학수학능력시험 점수에 영향을 미친다.

제3절 이론과 모형

이 절에서는 과학적 연구를 통해 검증된 사실들을 논리적이고 경험적으로 설명하고 있는 이론과 모형에 대해 살펴보고자 한다.

1. 이 론

1) 이론의 의미

사회과학에서 이론(theory)은 사실들 간의 논리적이고 경험적인 설명을 말하는 것으로, 과학적 연구를 거쳐서 생성되었거나 혹은 생성될 수 있는 설명들을 모두 포함한다. 즉, 사회과학에서 이론은 논리성과 경험성에 대한 가능성을 함께 갖춘 어떤 사실들 간의 설명이라고 보는 것이 타당하다(강종수, 2009). 또한 이론은 단 한 번의 검증으로 완성되는 것이 아니기 때문에 앞에서 살펴본 가설의 경험적 검증과정을 통한 지속적 검증과 수정을 통해 정교화되어 가는 특성이 있다.

예를 들어, 심리학의 고전적 이론이라 할 수 있는 Freud의 정신분석학 이론은 의식, 무의식, 전의식으로 구분된 인간의 의식세계, 성격발달단계, 자아방어기제 등 매우 광범위한 내용을 포함하고 있다. 그러나 정신분석학 이론이 소개된 초창기부터 지금의 형태를 지닌 것은 아니다. 특히, 성격발달단계에 대한 이론은 초기에 구강기-항문기-남근기-잠복기에 이르는 발달과정이 소개되었으나, 다양한 이론적 검증과 실증적 연구가 거듭되면서 성인에게 해당하는 성기기가 추가되어 오늘날과 같은 5단계의 성격발달단계를 확립하기에 이르렀다.

이처럼 모든 이론은 논리와 경험에 기초한다. 논리가 허술하면 경험적인 검증도 필요 없이 이론에서 탈락되며, 아무리 훌륭한 논리라도 과학적인 이론으로 인정받기 위해서는 경험적인 검증을 거쳐야 한다. 실제로, 과학의 역사가 증명하듯이 그럴듯하게 보이는 많은 이론도 경험적인 검증을 거치면서 부정되기도 했다. 따라서 과학적 이론에서는 논리와 함께 경험요소가 필수적인 것이다(강종수, 2009).

2) 이론의 특성

이론에 대해 학자들마다 조금씩 다른 주장을 펼치지만, Kerlinger(1992)는 일반적으로 다음과 같은 특성을 가진다고 하였다.

첫째, 이론은 과학적 연구를 통해 검증된 개념들로 구성된 집합체다. 즉, 현상을 설명하고 예측할 수 있도록 변수들 간의 상호관련성을 구체적으로 나타냄으로써, 현상의 체계적인 모습을 제시해 주는 개념들과 정의로 이루어진 구성체라 할 수 있다.

둘째, 이론은 잠정적이다. 따라서 이론을 형성하고 있는 어떤 진술, 명제, 가설, 개념 등이 불변하는 것이 아니라 시대와 상황에 따라 변화할 수도 있다. 일부 개념의 의미가 변화함에 따라 개념 간의 관계성에 대한 특성도 변화할 수 있기 때문이다.

셋째, 이론은 검증된 관계를 말한다. 다시 말하면, 경험적으로 증명, 재증명, 반증

될 수 있으며 적용될 수도 있어야 한다는 뜻이다. 만약 특정 이론이 부적절하다고 판단되거나 다른 방향이 제기되었다면, 그 이론은 재정립이 필요하게 된다. 이러한 과정을 통해 기존의 이론이 한 단계 더 발전할 수 있다.

모든 과학적인 지식은 과학적 이론으로 구성된다. 과학의 기본적 목적은 이론에 있으며, 이론은 현상에 대한 설명을 담고 있다(강종수, 2009). 따라서 우리는 이론에 대한 깊이 있는 이해를 통해 과학적 연구로 한 단계 더 나아갈 수 있으며, 연구자는 현상들을 예측하거나 통제하는 데 이론을 사용할 수 있다.

2. 모 형

사회과학에서 모형(model)은 대부분의 경우 이론(theory)과 교환 가능한 용어로 사용된다. 영역에 따라 어느 용어가 더 자주 사용되느냐의 차이가 있지만 두 가지의 용어를 구분해서 쓸 필요가 없는 경우가 많고, 실제로 동일한 것으로 이해하고 연구하는 경우도 많다.

그러나 이론이 과학적 연구를 통해 확인한 사실들로 논리적이고 경험적인 설명을 하고 있는 반면, 모형은 이론을 토대로 한 현상 또는 체제를 표현하고 있다(김정권, 김혜경, 2001). 따라서 하나의 이론은 이를 토대로 구축되어 있는 하나 또는 여러 모형의 집합이라 할 수 있다.

예를 들어, 성인학습자의 교육참여에 영향을 주는 요인과 방해하는 요인에 대해 체계적으로 정리하고 있는 '성인학습자의 교육참여 이론'은 교육참여의 원인이 무엇인지에 관심을 가진 '동기지향 모형'과 교육참여 행위에 영향을 미치는 상황에 관심을 가지고 있는 '의사결정 모형'으로 이루어져 있다. 동기지향 모형에는 Houle(1961), Morstein & Smart(1976)의 동기모형이 포함되어 있으며, 의사결정 모형에는 Rubenson (1977)의 기대-유인가 모형, Boshier(1977)의 자아환경일치모형, Cross(1981)의 반응연쇄모형이 포함되어 있다. 이들 모형은 '성인학습자의 교육참여 이론'을 설명하기에 충분하지만, 각각의 모형은 서로 다른 내용과 관점을 포함하고 있다.

또한, 모형은 주장하고 있는 내용의 전반적인 체계를 한눈에 확인할 수 있도록 도식화하여 표현하는 경향이 있다. 한 예로, Rubenson의 기대-유인가 모형에서 성인학습자의 교육참여를 설명하기 위해 도식화한 [그림 3-4]를 제시하였다. 이 그림을 통해 다음과 같은 정보를 알 수 있다.

성인학습자는 교육에 대한 기대와 가치의 상호작용에 따라 참여가 결정된다. 즉, 교육이 바람직한 결과를 가져올 것이며 교육에 참여하여 끝마칠 수 있을 것이라는 기대가 크면 클수록, 교육에 참여함으로써 주어질 가치가 크다고 기대할수록 참여하려는 힘은 강해질 것이다. 이때, 기대에 영향을 미치는 것은 성인학습자의 이전 경험과 선천적 기질 및 환경적 요인이며, 가치에 영향을 미치는 것은 개인의 현재 요구 상태다.

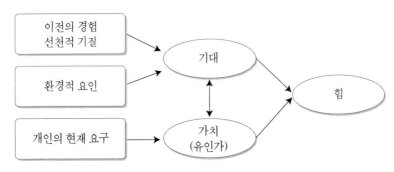

[그림 3-4] Rubenson의 기대-유인가 모형
출처: 권두승, 조아미(2009), 재구성.

이처럼 모형은 이론을 토대로 구성되어 있으므로 각 모형의 체계적인 설명을 통해 동일한 이론에 대한 서로 다른 관점을 이해할 수 있을 뿐 아니라 이론에 대한 이해가 더욱 명확해질 수 있다. 따라서 이론과 모형을 구분하여 이해하는 것이 사회과학에 있는 문제를 보다 명료하게 이해하는 데 큰 도움이 될 것이다.

용어 정리

- **개념**: 특정 현상을 일반화하여 이를 대표할 수 있는 추상화된 표현 또는 용어로 도출한 것

- **개념적 정의**: 어떤 용어가 가진 가장 일반적인 속성을 사전적으로 규정한 정의

- **조작적 정의**: 추상적인 개념이나 용어를 가시적으로 측정할 수 있도록 구체화한 정의

- **변수**: 변화하는 값을 가진 것으로서 적어도 두 개 이상의 값을 갖는 경험적 속성

- **가설**: 두 개 이상의 변수나 현상 간의 관계를 검증 가능한 형태로 서술한 문장

- **이론**: 과학적 연구를 통해 확인한 사실들 간의 논리적이고 경험적인 설명의 집합

- **모형**: 이론을 토대로 구축되어 있는 현상 또는 체제

📖 학 / 습 / 문 / 제

1. 다양한 자료를 탐색하여 아래 개념에 대한 개념적 정의와 조작적 정의를 내리세요.
   ① 스트레스

   ② 천재

2. 다음의 연구제목에서 변수를 찾아 어떤 유형인지 확인하세요.
   1) 여대생의 성격유형 및 진로의사결정 유형이 진로준비 행동에 미치는 영향

   2) 중소기업 근로자의 조직학습과 조직문화가 조직몰입에 미치는 영향

   3) 정보격차 해소교육이 중장년층의 평생학습역량에 미치는 영향

3. '여대생의 성격유형 및 진로의사결정 유형이 진로준비 행동에 미치는 영향'의 연구에 대한 영가설과 연구가설을 서술하세요.

4. 자신의 전공과 관련된 학문 분야에서 활용되고 있는 이론과 모형을 찾아보세요.

제**4**장

조사설계

제1절 조사설계의 이해
제2절 조사설계의 타당도

학습과제

1. 교육조사연구의 일반적 절차를 안다.

2. 내적타당도를 저해하는 요인을 안다.

3. 외적타당도를 저해하는 요인을 안다.

4. 내적타당도와 외적타당도의 관련성을 이해한다.

제1절 조사설계의 이해

자연과학과 달리 사회 및 교육 현상을 대상으로 한 교육조사연구에는 종속변수에 영향을 미치는 독립변수가 많다. 따라서 교육조사를 진행하기에 앞서 철저하게 조사설계를 하여 독립변수 외 다른 변수를 통제할 수 있도록 노력해야 한다. 이 절에서는 대부분의 조사연구가 따르고 있는 공통적인 절차를 통해 조사설계의 위치를 확인하고, 조사설계 과정에서 구체적으로 고려해야 할 주요 내용을 정리하여 과학적 연구를 수행할 수 있는 기반을 구축하도록 하였다.

1. 조사연구의 일반적 절차

모든 연구는 나름대로의 고유성이 있고 연구마다 문제가 복잡하므로 거쳐야 할 과정도 다양하다. 특히, 어떤 연구유형인가에 따라, 혹은 동일한 연구유형을 선택했다 하더라도 구체적인 연구의 목적이나 성격에 따라 다양한 절차와 과정으로 진행될 수 있다(김석우, 최태진, 2011).

그러나 일반적으로 조사연구는 문제제기, 조사설계, 자료수집, 자료분석, 결과해석 및 보고의 과정을 거친다([그림 4-1] 참조). 하나의 조사연구는 이와 같은 5단계로 마무리되지만, 이 과정을 통해 도출된 결과들은 다시 이론형성과 문제제기의 과정에 영향을 미친다는 점에서 순환적이라 할 수 있다(강종수, 2009).

1) 문제제기

조사연구의 첫 번째 과정은 어떤 연구를 진행할 것인지를 명확히 하는 것이다. 즉, 연구의 주제를 선정하고, 연구를 위한 문제를 선정하는 것이 가장 먼저 선행되어야 한다. 이때 연구문제는 명확하고 구체적으로 진술해야 하며, 사용된 용어는 조작적으로

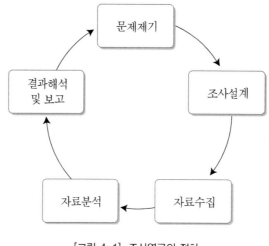

[그림 4-1] 조사연구의 절차

정의내려야 한다. 또한 현실적으로 해결 가능한 것을 연구문제로 선정해야 할 것이다.

2) 조사설계

조사설계란 설정된 연구문제에 대한 해답을 이끌어 내기 위해 필요로 하는 모든 전략과 전술을 표출해 내는 것을 의미한다. 다시 말해, 효율적으로 연구를 실시할 수 있도록 연구의 목적이나 상황에 가장 적합한 연구방법을 선택하며, 예산 및 시간을 고려하여 사전에 계획을 세우는 것을 의미한다고 볼 수 있다. 따라서 조사설계는 논리적이고 질서정연하게 이루어져야 한다.

실제로, 조사연구의 질적 수준은 조사설계 단계에서 결정된다고 볼 수 있을 만큼 연구의 과정에서 중요한 역할을 한다. 즉, 질적 수준이 높은 연구는 연구문제가 명확하고 타당해야 할 뿐만 아니라 연구문제를 해결하기에 적합한 표본추출이 이루어지고, 적절한 분석절차와 방법이 적용되어야 한다.

이와 같이 조사설계 단계에서는 앞으로 수행할 연구의 전반적인 틀, 즉 표본추출법, 자료의 수집 및 분석 방법에 이르기까지 모든 활동과 수단이 계획되어 연구의 전체적인 윤곽을 확인할 수 있다.

3) 자료수집

자료수집 단계에서는 관찰, 면접, 설문, 실험 등과 같이 자료를 수집하는 방법에 대해 결정을 내린 후 직접적으로 자료를 수집해 나간다. 일반적으로 양적연구에서는 조사설계에 따라 선정된 도구나 실험처치 방안을 사용하여 조사를 한다. 또한 질적연구에서는 면접이나 관찰자료를 얻거나 기록물을 수집하여 축적하는 과정을 통해 자료를 확보한다(김석우, 최태진, 2011).

4) 자료분석

수집된 원자료 자체로는 연구문제에 대한 해답을 얻기 어렵다. 따라서 연구자는 수집된 자료를 조사설계에 따라 편집·분류·코딩하여 입력하고, 입력된 자료들을 의미 있게 재조직하고 분석하는 작업을 하게 된다. 이를 자료분석이라 한다. 즉, 자료분석은 다양한 방법으로 수집한 정리되지 않은 상태의 원자료에 어떤 질서를 주는 일이다(김석우, 최태진, 2011). 이를 통해 연구자는 경험적 자료가 연구문제 및 가설과 부합하는지를 확인할 수 있게 된다(강종수, 2009).

5) 결과해석 및 보고

이 단계는 연구의 결과를 정리하여 보고서, 학술논문, 혹은 석사·박사 학위논문으로 결과보고서를 작성하는 과정이다. 이때 연구자는 독자의 성격, 제출할 기관의 특성 등을 고려하여 일정한 양식에 따라 조사 결과를 효과적으로 전달할 수 있도록 작성해야 한다. 특히, 지금까지 진행된 조사연구의 전 과정, 예를 들어 연구의 문제와 목적, 연구문제와 관련된 이론적 배경, 연구방법과 절차, 결과 및 해석 그리고 참고문헌 등을 빠짐없이 포함시켜 논리적이고 체계적으로 진술한다.

2. 조사설계의 주요 내용

조사설계는 조사연구를 수행하는 데 있어 설계도면과 같은 역할을 한다. 설정된 연구문제를 과학적으로 해결해 나갈 수 있도록 계획적·체계적이고 질서 있는 지침을 마련해 준다는 측면에서 의의가 있다. 따라서 연구의 과정 중에 필요한 제반 계획이 최대한 구체적이고 종합적으로 수행되도록 조사설계가 이루어져야 한다. 조사설계를 통해 고민하고 결정해야 할 주요 내용은 다음과 같다.

1) 조사연구방법

조사연구방법이란 관찰, 면접, 설문, 실험 등과 같이 자료를 수집하는 방법에 대해 결정을 내리는 것을 의미한다. 자료수집의 방법을 결정하기 위해서는 연구의 범위, 조사대상 집단의 성격이나 규모, 조사의 비용, 시간, 용이성 등을 종합적으로 고려할 필요가 있다(한승준, 2006). 예를 들어, 사람을 대상으로 조사하는 경우 관찰, 면접, 설문, 실험 등과 같은 조사방법이 적절할 것이며, 문헌을 통한 연구라면 사례조사나 내용분석 등과 같은 조사방법이 더 적절할 것이다. 이와 같이 다양한 연구방법 중에서 어떤 방법을 적용할 것인지 결정해야 한다.

2) 표본설계

연구문제를 해결하기 위해 연구의 대상이 되는 모집단(population)을 결정하고, 이를 잘 대표할 수 있는 표본(sample)의 크기 및 표집방법을 결정해야 한다. 실제로 모집단으로부터 표본의 표집이 제대로 이루어진다면, 표본으로부터 얻은 정보를 모집단 내의 모든 사람이 가지는 특성으로 일반화할 수 있다. 따라서 모집단의 특성을 가장 잘 대표하고, 주요 변수의 동질성을 유지할 수 있도록 표본 선정의 기준이 엄격하게 마련되어야 한다. 일반적으로 이질성이 크면 클수록 표본의 크기는 커야 하고, 동질성이 크면 클수록 표본의 크기는 작아도 된다. 특히, 실험연구에서와 같이 표본 수가 적으면 적을수록 동질성은 더욱 철저히 지켜져야 한다. 이와 같이 표본설계는 표본추출의 과정에 대한 전체 계획을 의미한다.

3) 자료분석의 계획

자료분석의 계획은 수집할 자료를 어떤 방법으로 분석할 것인지 결정하는 것이다. 일반적으로 연구목적과 연구방법, 수집될 자료의 특성 등에 따라 자료분석의 방법이 달라진다. 예를 들어, 양적연구에서는 주로 통계적 분석방법을 사용하여 자료를 분석하는 것이 일반적인 반면, 질적연구에서는 내용분석의 방법을 적용하는 것이 더 적절하다.

4) 조사일정의 수립

조사설계에는 연구를 시작하는 순간부터 보고서를 쓸 때까지의 전체 과정이 체계적으로 나타나야 할 뿐 아니라 수행 가능한 연구 일정이 구체적으로 수립되어 있어야 한다. 조사일정을 구체적으로 수립하면 전체적인 연구가 체계적으로 차질 없이 진행될 수 있기 때문이다.

제2절 조사설계의 타당도

과학적인 조사설계가 되기 위해서는 타당도가 높아야 한다. 특히, 실험을 통한 조사연구에서는 원인과 결과 사이의 인과관계에 대해 얼마나 정확한 정보를 제공하는가와 관련 있는 개념이라 할 수 있다(강종수, 2009). 이는 제7장에 등장하는 측정상의 타당도와는 다른 개념으로, 조사설계에서의 타당성은 내적타당도와 외적타당도에 의해 평가된다.

1. 내적타당도

1) 내적타당도의 의미

내적타당도(internal validity)란 종속변수에서 나타나는 변화의 차이가 독립변수에 의한 것임을 확신할 수 있는 정도라 할 수 있다. 즉, 종속변수(결과)에 영향을 주는 독립변수(원인) 이외의 다른 변수의 통제가 얼마만큼 이루어졌는가를 말한다(한국교육평가학회, 2004). 따라서 종속변수의 변화가 순수하게 독립변수의 영향에 의해 일어난 것이라면, 그 연구는 내적타당도가 높다고 할 수 있다.

내적타당도를 높이려면 제3의 변수를 철저히 통제하여 순수하게 독립변수에 의한 효과만을 도출할 수 있는 조사설계가 이루어져야 한다.

2) 내적타당도 저해요인

내적타당도를 저해하는 요인은 다음과 같이 다양하다.

◾ **내적타당도 저해요인**

- 우발적 사건
- 대상자 탈락
- 측정도구
- 확산 또는 모방 효과

- 성숙
- 시험효과
- 통계적 회귀

---

(1) 우발적 사건

독립변수 이외의 어떤 특정변수가 독립변수와 함께 종속변수에 작용하여 연구결과에 영향을 미치는 경우가 있다. 이러한 경우를 우발적 사건(history)이라고 한다. 이럴 때, 제3의 변수에 의한 영향이 마치 독립변수의 영향인 것으로 착각하기도 하여 내적타당도가 낮아진다.

예를 들어, 광고비가 많이 들어가면 광고효과(종속변수)가 높은지에 대해 연구를 진행하였다고 가정해 보자. 연구과정 중 우연히 방송된 어떤 요리 프로그램으로 인해 광고효과가 높아졌을 때 순수하게 광고비의 효과(독립변수)라고 보기 어렵다. 이 경우, 우발적 사건으로 인해 광고효과가 나타났으므로 광고비와 광고효과 간의 관계를 분석하는 데 내적타당도가 낮아졌다고 볼 수 있다.

(2) 성 숙

성숙(maturation)은 연구를 위한 처치와는 무관하게 시간의 경과에 따라 나타나는 연구대상자의 생리적·심리적·지적 변화로 인해 연구결과가 달라지는 것이다. 이러한 현상은 장기간의 연구를 진행하거나 대상자의 내부에 급격한 변화가 일어날 가능성이 높은 시기에 연구를 수행한 경우 발생할 수 있다.

예를 들어, 유아를 대상으로 한 어휘력 향상 프로그램의 효과성을 연구할 때, 그 결과가 순수하게 어휘력 향상 프로그램에 기인한 것일 수도 있으나 시간의 흐름에 따른 자연적인 성숙에 의해 어휘력이 향상되었을 수도 있다. 이처럼 시간이 흐름으로써 나타나는 자연적인 성장들이 마치 프로그램의 효과인 것처럼 여겨지는 경우에 내적타당도는 낮아진다고 할 수 있다.

(3) 대상자 탈락

대상자 탈락(experimental mortality)이란 연구의 과정에서 어떤 사정에 의해 연구대상자를 잃어버리는 것으로, 연구대상자가 도중에 탈락하는 것이다. 이 문제는 간격을 두고 2회 이상의 반복측정으로 자료를 수집하는 경우나 프로그램의 수행 전후로 사전검사와 사후검사를 실시할 때, 처음 대상자 중에서 많은 수가 탈락하는 경우에 해당된다.

예를 들어, 100명의 대상자를 통해 연구를 진행하다가 20명이 도중에 탈락하는 것은 연구결과의 내적타당도에 영향을 미치게 된다. 탈락한 20명이 공통적으로 자존감이 낮았다거나 적응과 관련된 문제를 가지고 있다는 등의 독특한 특성이 있는 경우, 이것은 단순히 표본 수가 감소한 것 이상의 문제가 발생할 수 있다. 즉, 남아 있는 실험대상과 처음의 실험대상이 서로 다른 특징을 가질 수 있는데, 이를 배제하고 남아 있는 사람들만을 포함한 채 반복측정한 결과를 비교하는 것은 문제가 있다.

(4) 시험효과

시험효과(testing effect)란 두 번 이상의 검사를 실시하는 조사연구에서 흔히 나타나는 현상으로, 검사를 실시하는 자체만으로 후에 실시되는 검사결과에 영향을 미칠 수 있다는 것이다. 예를 들어, 특정 프로그램의 효과를 알아보기 위해 동일한 검사를 두 번 실시하는 경우, 연구대상자들의 검사에 대한 기억 또는 연습으로 인해 두 번째 검사점수가 첫 번째 검사점수에 비해 높아질 수 있다. 따라서 순수한 프로그램의 효과라 단정짓기 어려우므로 내적타당도에 영향을 미쳤는지를 고려해야 한다.

(5) 측정도구

두 번 이상의 검사를 실시하는 조사연구 진행 시, 처음에 사용된 측정도구(instrumentation)와 이후에 사용된 측정도구가 달라서 연구에 영향을 미치기도 한다. 간혹 이전에 제시한 시험효과를 줄이기 위해 측정도구를 다른 종류로 선택하기도 하는데, 이럴 경우 두 검사 간의 결과 차이가 측정도구에 의한 것인지 프로그램의 효과 때문인지를 구분하기 어렵게 되어 내적타당도가 낮아진다.

(6) 통계적 회귀

여러 번 검사를 실시하면 검사결과는 평균값으로 수렴하는 경향이 있다. 통계적 회귀(statistical regression)는 극단적인 점수를 지닌 대상자를 선정했을 때 나타나는 현상으로, 사전검사에서 극단적인 점수를 얻은 경우에 사후검사에서 독립변수의 효과와 관계없이 평균값으로 수렴하려는 경향을 보이는 것이다.

예를 들어, 〈표 4-1〉과 같이 사전검사의 결과가 평균보다 지나치게 낮거나 높은 점수를 보인 피험자는 프로그램의 효과와 관계없이 일반적으로 사후검사 점수가 상승하거나 하강할 수 있다는 것이다.

〈표 4-1〉 진로불안에 대한 사전점수와 사후점수 예시

연구 대상자	사전점수	사후점수
A	95	92
B	65	70
C	70	74
D	72	74
E	35	40
F	68	75
평균	68	71

(7) 확산 또는 모방 효과

확산 또는 모방 효과(diffusion or imitation effect of treatment)란 실험집단과 통제집단 간의 상호작용이나 모방으로 인해 의도했던 차이가 뚜렷하게 나타나지 않는 것을 의미한다. 이는 실험집단과 통제집단이 적절하게 통제되지 않았을 때 나타나는 문제로서, 실험집단과 통제집단의 연구대상자들이 물리적으로 근접해 있거나 심리적으로 경쟁적인 관계에 있을 때 발생하기 쉽다.

예를 들어, 집단 프로그램의 효과를 보기 위해 사회복지시설에서 일부 노인을 대상으로 매일 오전에 집단 프로그램을 실시하였는데, 프로그램에 참여하지 않은 통제집단도 매일 오후에 오전 참여자들과 함께 프로그램 내용을 즐긴 경우가 있었다. 이러한 상황에서는 두 집단 간에 별다른 차이가 발생하지 않을 수 있다(강종수, 2009).

2. 외적타당도

1) 외적타당도의 의미

외적타당도(external validity)란 연구결과의 일반화 가능성 정도를 말한다. 즉, 얻어진 연구결과를 표집, 연구장면 등을 고려하여 현재의 연구조건과 다른 대상이나 상황에 어느 정도 일반화할 수 있는가를 나타내므로, 현실과 유사한 연구일수록 외적타당

도는 높아질 것이다(한국교육평가학회, 2004).

외적타당도와 유사한 개념으로 생태학적 타당도(ecological validity)가 있다. 이는 표본자료에서 발견된 사실들이 다른 일반적인 환경에도 적용될 수 있는지 여부를 검토하는 것이다.

2) 외적타당도 저해요인

외적타당도를 약화시키는 대표적인 요인들을 소개하면 다음과 같다.

▣ 외적타당도 저해요인

- 선발과 처치의 상호작용
- 실험처치의 반응적 효과
- 검사 경험의 반응적 효과
- 처치 간 간섭

---

(1) 선발과 처치의 상호작용

연구대상자의 특성에 따라 실험변수의 영향이 다르게 작용하기도 한다. 예를 들어, 어떤 특정 교육 프로그램은 기초실력이 낮은 학생들에게는 유리하지만, 기초실력이 높은 학생들에게는 효과가 없는 경우가 있다. 이런 경우 선발과 처치의 상호작용 때문에 모든 학생에게 일률적으로 적용하기 어렵다. 즉, 일반화에 제약이 있으며, 외적타당도가 낮은 경우라고 할 수 있다.

(2) 검사 경험의 반응적 효과

사전검사를 받은 경험이 연구결과를 일반화하는 데 영향을 미치기도 한다. 이를 검사 경험의 반응적 효과라고 한다. 예를 들어, 사전검사와 사후검사를 실시하는 연구에 참여한 어떤 대상자는 사전검사를 받은 후, 평소에는 별로 관심을 기울이지 않았던 문제나 사건에 관심이 생기기도 한다. 이것이 사후검사의 점수에 영향을 미쳐서 점수가 향상될 가능성이 있다. 이러한 경우 연구결과를 일반화하는 데 제한이 있을 수밖에 없다.

(3) 실험처치의 반응적 효과

연구대상자들 스스로 자신이 특정한 연구에 참여하고 있다는 것을 의식하여 평소와 다르게 반응하고 노력함으로써 의외로 결과가 높아지거나 낮아지는 결과를 가져오기도 한다. 예를 들어, 어떤 교육 프로그램의 효과성을 분석하려는 연구를 실시할 때, 연구대상자들이 의식적으로 평소와는 달리 행동하기도 한다. 이러한 현상이 연구 결과에 영향을 미쳤을 경우 일반화에 제약을 두어야 한다.

실험처치의 반응적 효과에 대한 대표적인 예로 실험집단에 나타나는 호손 효과(Hawthorne effect)와 통제집단에 나타나는 존 헨리 효과(John Henry effect)가 있다.

Hawthorne이라는 미국 서부지역의 전기회사에서 실시한 '작업환경의 변화가 생산성에 미치는 영향에 대한 연구'에서 호손 효과(Hawthorne effect)라는 용어가 유래되었다. 이 연구의 최초 목적은 일련의 작업환경(급여, 조명, 습도, 휴식 등)에 따른 직원들의 사기와 작업효율성의 관계를 밝혀 최적의 작업환경 조건을 찾는 것이었다. 첫 실험은 조명의 밝기와 생산성의 관계를 찾기 위해 노동자 집단을 나누어 한 작업장에는 매우 밝은 조명을, 다른 작업장에는 어두운 조명을 설치했다. 그러나 어느 조건에서나 작업의 효율성이 올라갔다. 당시 근로자들은 실험 중임을 알고 평상시보다 더욱 열심히 일을 해 밝기와는 무관하게 예상과 다른 결과를 나타낸 것이었다.

존 헨리 효과(John Henry effect)는 호손 효과와 반대되는 것으로 통제집단에 있는 연구대상자들이 실험집단에 있는 연구대상자들보다 더 나은 결과가 나타나도록 노력함으로써 연구결과에 영향을 미치는 것을 의미한다. 통제집단에 속한 대상자들이 연구결과에 따라 어떤 불이익을 받게 된다는 것을 알게 되면, 실험집단에 속한 연구대상자들보다 더 많은 노력을 하게 되므로 기대와 다른 결과가 나타나기도 한다.

이와 같이 실험집단 참여자의 특별한 행동으로 인한 영향을 호손효과라 하고, 통제집단 참여자의 고의적 행동으로 인한 영향을 존 헨리 효과라 한다. 이러한 과정에 의해 나타난 결과는 처치변수의 효과라기보다 연구대상자들의 노력에 기인한 것으로 연구의 외적타당도에 영향을 미친다.

(4) 처치 간 간섭

한 대상자가 여러 가지 처치를 받는 경우, 이전의 처치에 의한 경험이 이후의 처치를 받을 때까지 계속 남아 있음으로써 일어나는 효과를 말한다(김석우, 최태진, 2011). 즉, 먼저 받은 A 처치가 B 처치에, B 처치는 C 처치에 작용하여 처치 순서가 연구결과에 영향을 주는 것을 처치 간 간섭이라고 한다.

이 경우, 새로운 처치를 할 때 이전에 받은 처치효과를 완전히 제거할 수 없으므로 그 처치의 효과는 단지 일정한 순서로 처치를 받았던 사람에게만 기대할 수 있는 독특한 것이 될 가능성이 있다. 따라서 연구결과를 똑같은 순서대로 처치를 받은 집단에게만 일반화해야 연구의 결과가 왜곡되지 않는다.

3. 내적타당도와 외적타당도의 관계

엄격히 통제된 실험실에서 이루어진 연구를 생각해 보면, 실험실이라는 특수한 상황 때문에 독립변수 이외의 제3의 변수를 엄격히 통제할 수 있다. 따라서 연구결과가 독립변수에 의한 것이라 확신할 수 있으며, 이는 내적타당도가 높은 연구라고 할 수 있다. 그러나 그 결과를 일상생활에 적용하고자 할 때는 문제가 발생할 수 있다. 왜냐하면, 일상적인 환경은 실험실 상황과는 달리 제3의 변수를 엄격히 통제하기 어렵기 때문이다. 이처럼 실험실에서 이루어진 연구는 내적타당도는 높지만 외적타당도는 낮다고 할 수 있다.

반면, 연구대상자가 있는 현장을 중심으로 이루어지는 조사연구의 경우 연구자가 조사상황을 통제하지 않은 상태에서 진행되므로 내적타당도는 낮다. 그러나 다른 대상이나 상황에 적용하거나 일반화할 수 있는 가능성이 높아지므로 외적타당도가 높다고 할 수 있다.

이와 같이 내적타당도와 외적타당도는 둘 중 어느 하나가 높으면 나머지 하나가 낮아지는 경향이 있다. 가능하면 두 가지 모두를 높일 수 있는 방안을 고려해야 하지만, 연구자가 자신의 연구를 위해 이를 유도하거나 조작해서는 안 된다. 연구자는 연구의 내적타당도와 외적타당도가 적정 수준을 유지할 수 있도록 연구의 진행과정과 보고서의 작성에 이르는 전반적인 부분에서 연구자의 윤리를 준수해야 한다.

용어 정리

- **조사설계**: 연구문제에 대한 해답을 이끌어 내기 위해 가장 적합한 연구방법을 선택하여 사전에 계획을 세우는 것
- **내적타당도**: 종속변수(결과)에 영향을 주는 독립변수(원인) 이외의 다른 변수에 대한 통제가 얼마만큼 이루어졌는지를 확신할 수 있는 정도
- **외적타당도**: 연구결과의 일반화 가능성 정도
- **호손 효과**: 연구가 진행 중임을 인식한 실험집단 연구대상자의 의도적인 노력이 연구결과에 영향을 미치는 것
- **존 헨리 효과**: 통제집단 연구대상자들이 실험집단 연구대상자들보다 더 나은 결과가 나타나도록 노력함으로써 연구결과에 영향을 미치는 것

📖 학 / 습 / 문 / 제

1. 조사연구를 수행해 나가는 구체적인 절차를 소개하세요.

2. 연구의 과정에서 내적타당도를 확보하기 위해 어떤 노력을 해야 하는지 정리하세요.

3. 호손 효과(Hawthorne effect)와 존 헨리 효과(John Henry effect)가 주는 시사점이 무엇인지 생각해 보세요.

제**5**장

측정 및 척도

제1절 측정
제2절 척도

제1절 측 정

조사연구를 수행하는 과정에서 조사대상이 가지는 특성을 파악하는 것은 매우 중요하다. 조사연구가 아무리 과학적이고 체계적으로 수행되었다 하더라도 분석하려는 변수에 대한 명확한 이해 없이 측정하였다면 제대로 된 결과를 얻을 수 없기 때문이다. 따라서 이 절에서는 사회과학에서의 측정이란 어떤 것이며, 어떠한 절차를 통해 이루어 지는지 알아보고자 한다.

1. 측정의 의미

측정(measurement)은 개념적이고 추상적 · 이론적인 세계와 관찰 가능한 경험적 세계를 연결시켜 주는 과정이라 할 수 있다. 즉, 어떤 추상성이 높은 개념을 구체적이며 측정 가능한 변수 형태로 설명하기 위해서 일정한 규칙에 의거해서 숫자나 기호를 배정하는 것이다.

이때 측정 대상은 사람이나 사물이 아니라 그 대상이 갖고 있는 속성이 된다. 예를 들어, 비문해 학습자를 대상으로 한 문해교육 프로그램의 학습성과에 대해 연구한다고 하자. 이 경우에 측정하려는 대상은 '학습성과'가 되는데, 이는 측정하기 어려운 추상적이고 복합적인 개념이다. 따라서 '학습성과'의 개념을 구체적인 속성인 읽기 또는 쓰기 능력검사 등의 점수를 통해 측정 가능하게 해야 한다.

또한, 측정은 가설검증에 매우 중요한 역할을 한다. 측정을 통해서 숫자 또는 기호 형태의 자료를 얻게 되면 객관적인 표현이 가능하고, 언어적 표현에 따르는 모호성과 막연함을 배제하고, 주관적 판단으로 인한 실수를 감소시킬 수 있기 때문이다. 예를 들어, 어떤 사람에 대하여 머리가 좋거나 영리하다는 말은 그것을 관찰한 사람의 주관적 기준에 의한 판단이다. 사물의 특성이 언어적으로 표현될 때는 측정의 주체에

[그림 5-1] 측정의 의미

따라 그리고 측정의 대상에 따라 그 사물의 속성은 다르게 표현될 수 있다. 이 경우, IQ 검사로 측정을 통해 수량화된 지능점수 'IQ 115'와 같이 제시함으로써 언어적으로 표현되는 추상적 개념들이 다양하게 해석되는 것을 막을 수 있다.

2. 측정의 일반적 절차

측정은 측정 대상의 개념화, 개념적 정의, 조작적 정의, 측정의 과정을 거치게 되는데, 측정의 절차가 과학적이고 체계적일수록 수집된 자료는 보다 타당하고 신뢰할 수 있다(최성재, 2005).

성태제와 시기자(2014)는 측정의 일반적인 절차를 다음과 같이 기술하였다.

첫째, 무엇을 측정할 것인지 측정하고자 하는 대상을 결정한다. 측정의 대상은 길이, 무게 등과 같이 직접 측정이 가능한 것과 지능, 성격, 흥미 등 인간이 지니고 있는 잠재적 특성처럼 간접 측정이 가능한 것으로 구분된다. 예를 들면, 국민의 '평생교육 의식'이나 평생교육사의 '전문성 수준' 등은 직접 측정보다는 간접 측정을 하여야 한다.

둘째, 어떤 방법으로 측정할 것인지를 결정한다. 즉, 설문지나 검사도구를 사용할 것인지 혹은 관찰을 할 것인지를 결정한다. 만약 관심의 대상이 되는 속성을 측정하는 도구가 없다면 연구자가 직접 도구를 제작해야 한다.

셋째, 어떻게 수를 부여할 것인지, 수를 부여하는 원칙을 결정한다. 측정에 기계를 사용할 수 있다면 주어진 측정단위가 존재하므로 수를 부여하는 데 문제가 되지 않지만 설문지나 검사도구를 사용하거나 관찰을 할 경우에는 수를 부여하는 원칙을 결정하는 것이 필요하다. 이는 일정한 규칙에 따라 수치나 숫자를 부여함으로써 구체적인 지표로 나타낼 수 있으며, 이를 통해 드디어 사물의 속성에 대한 측정과 분석이 가능하게 되기 때문이다.

측정하고자 하는 개념이나 변수의 속성을 숫자나 기호로 대치시켜 나타내는 그 자체를 부여라고 한다. 예를 들면 〈표 5-1〉과 같이 IQ 지능점수를 110으로 표현한 것은 셈을 할 수 있는 숫자를 부여한 것이며, '남성'은 1, '여성'은 2로 표현한 것은 상징적 기호를 부여한 것이다.

〈표 5-1〉 측정의 예시 1

내 용	측정값	내 용		측정값
IQ 지능점수	110	성별	남	1
			여	2

이처럼 숫자나 기호를 부여할 때는 규칙에 의거해서 수를 부여해야 한다. 즉, 규칙은 측정대상 개념(변수)의 속성에 맞게 구별하거나 순서, 정도 또는 양을 나타내는 숫자를 측정값으로 상호 대응하도록 부여해야 함을 말한다. 예를 들어, 〈표 5-2〉와 같이 학력을 구분하기 위해서 '초졸'은 1, '중졸'은 2, '고졸'은 3, '대졸'은 4, '대학원졸'은 5로 대응하여 나타내거나, 변수의 정도에 따라 '전혀 아니다'는 1, '아니다'는 2, '그저 그렇다'는 3, '그렇다'는 4, '매우 그렇다'는 5로 규칙에 의해 수치를 측정값으로 대응되게 표시하는 것이다.

〈표 5-2〉 측정의 예시 2

내 용	측정값	내 용	측정값
초졸	1	전혀 아니다	1
중졸	2	아니다	2
고졸	3	그저 그렇다	3
대졸	4	그렇다	4
대학원졸	5	매우 그렇다	5

한편, 지표(indicator)는 측정 대상이 되는 개념(변수) 속에 내재된 속성들을 실제로 직접 관찰하거나 측정하여 경험적으로 관찰이 가능한 어떤 특별한 행동이나 생각으로 나타낸 결과를 의미한다. 예를 들어, '평생교육 참여 정도'라는 개념은 추상적이므로 이를 측정하기 위해 평생교육 참여 정도의 지표를 '지난 1년간 수강 강좌 수' 또는 '지난 1년간 평생교육 프로그램 수강비' 등으로 제시하는 것이 바람직하다.

제2절 척 도

척도(scale)란 두 가지 의미로 사용되고 있다. 그중 하나는 사물의 속성을 구체화하기 위한 측정단위를 의미하는 것이고, 다른 하나는 측정을 위해 논리적 또는 경험적으로 서로 연관되는 여러 개 문항이나 지표로 구성된 복합적 측정도구를 말한다.

1. 측정단위로서의 척도

앞 절에서 언급한 바와 같이, 측정은 사물을 구분하기 위해 이름을 부여하거나 사물의 속성을 구체화하기 위해 수를 부여하는 절차이며, 일정한 기준에 따라 대상의 속성에 질적 혹은 양적인 값을 매기는 과정이다. 이는 측정의 수준에 따라 명목적, 서열적, 등간적, 비율적인 네 가지 수준으로 분류할 수 있는데, 이를 측정단위 혹은 척도라고 한다.

1) 명목척도

명목척도(nominal scale)란 부여된 숫자의 의미가 사물이나 측정대상의 속성을 질적으로 단순히 구분·분류하거나 서로 다르다는 것을 확인할 목적으로 수치를 부여하는 것이다. 부여된 수치는 단지 측정대상의 특성을 종류별로 구분만 하고, 특성 간의 우열이나 크고 작은 것은 구분할 수 없다(성태제, 시기자, 2014).

질적변수에 속하는 성별, 인종, 거주지, 색깔 등이 이에 해당된다. 예를 들어, 성별을 측정할 때에 성별의 속성을 구별하기 위해 '남성'은 1, '여성'은 2라는 수치를 부여하였다면, 숫자 1과 2는 숫자로서의 의미가 아니라 남성과 여성을 분류하는 의미일 뿐이다.

따라서 명목척도의 측정에서 사칙연산은 의미가 없다. 즉, 명목척도의 측정을 통해 얻은 변수값의 경우 빈도분석은 할 수 있지만 평균을 계산하는 것은 불필요하고 의미 없는 행위다.

2) 서열척도

서열척도(ordinal scale)는 측정대상을 그 속성에 따라 상대적 서열이나 순서를 표시하기 위하여 사용되며, 순위척도 또는 순서척도라고도 한다. 서열척도는 측정대상의 속성에 따라 범주로 분류한 다음, 범주들 간의 상대적 순서 또는 서열을 부여한 것이다(강종수, 2009). 서열척도의 예로는 상표에 대한 선호도, 직급, 계급, 석차 등이 있다.

즉, 서열척도는 명목척도가 갖는 속성 이외에 크기의 크고 작은 순서나 양의 많고 적은 순서에 따라 여러 개의 범주로 나누어 서열화할 수 있다. 예를 들어, 학력의 경우 '초등학교 졸업 이하'를 1, '중학교 졸업'을 2, '고등학교 졸업'을 3, '대학교 졸업'을 4, '대학원 재학 이상'을 5라고 했다면, 1부터 5까지는 서로 다른 학력수준을 순서대로 나타낸 것이다. 1보다 2가, 2보다 3의 학력이 높다는 것을 알 수 있으나 각 학력 간의 간격이 같다고는 말할 수 없다.

이처럼 서열척도는 분류와 서열 매기기는 가능하지만 서열 간의 간격이 같지 않으므로 동간성의 의미는 없고, 명목척도와 같이 사칙연산도 의미가 없다.

3) 등간척도

등간척도(interval scale)는 측정대상을 속성에 따라 서열화함은 물론 서열 사이의 간격이 동일하도록 수치를 부여하는 척도로 동간척도, 구간척도라고도 한다(강종수, 2009). 예를 들면, 섭씨나 화씨 온도, 학업성취도 점수, IQ, 서기 연도, 물가지수 등이 등간척도에 해당된다.

등간척도에는 임의영점이 존재하며, 이것을 활용해 측정을 한다. 임의영점이란 임의적으로 어떤 수준을 정하여 0이라 합의한 것으로 아무것도 없는 절대적인 의미가 아니라 임의로 어떤 수준을 0으로 정한 것을 의미한다.

예를 들어, 학업성취도를 검사했을 때 어떤 학생의 영어점수가 0점이라고 하여 영어 능력이 전혀 없는 것이 아니다. 단지 학업성취도 검사의 영어 과목에서 모든 문제를 틀려 0점을 얻은 것을 의미하므로, 이때의 0점은 절대영점이 아니라 임의로 합의한 영점에 해당된다. 또 다른 예로 섭씨온도에서 0℃란 얼음이 물이 되는 기점으로 합의한 것이다. 이 경우도 0℃라고 해서 열이 절대적으로 없다는 의미가 아니며 0℃를 임의로 합의한 것이다.

그러므로 등간척도의 측정에서는 덧셈이나 뺄셈은 가능하나 곱셈이나 나눗셈은 의미가 없다. 그것은 학업성취도 검사에서 수학점수를 80점 받은 사람이 40점 받은 사람보다 40점이 높다고 말할 수 있으나 2배의 수학 실력이 있다고 볼 수 없는 것과 같은 의미다.

4) 비율척도

비율척도(ratio scale)는 사물이나 현상을 분류하고(명목적 수준), 서열을 정할 수 있으며(서열적 수준), 측정단위 간의 간격을 동일하게 하여 측정(등간적 수준)할 뿐 아니라 현실과 일치하는 절대영점이 존재하는 것이다(성태제, 시기자, 2014). 길이, 소득, 무게 혹은 나이 등과 같이 비율척도의 측정에서는 덧셈과 뺄셈, 곱셈과 나눗셈이 모두 가능하다.

비율척도에는 절대영점이 존재하며, 임의영점처럼 측정에 활용한다. 길이가 0cm라는 것은 현실에서 길이가 존재하지 않음을 의미하므로, 이는 절대영점이다. 또한, 1cm와 2cm 사이의 간격이나 49cm와 50cm 사이의 측정단위 간격은 동일하다. 20cm는 10cm에 10cm를 더한 것과 같으므로 덧셈법칙이 적용될 수 있고, 20cm는 10cm의 두 배 비율이므로 곱셈이나 나눗셈이 적용될 수 있다.

각 척도를 비교하여 정리하면 〈표 5-3〉과 같다.

〈표 5-3〉 척도의 비교

척도	분류	서열	등간성	영점	가감승제	예시
명목척도	○	×	×	×	×	성별, 인종, 거주지, 색깔 등
서열척도	○	○	×	×	×	석차, 직급, 계급 등
등간척도	○	○	○	임의영점	가감	점수, 온도, 연도 등
비율척도	○	○	○	절대영점	가감승제	길이, 시간, 무게 등

2. 측정도구로서의 척도

이 절에서는 측정을 위해 논리적·경험적으로 구성한 여러 개 문항이나 지표로 작성된 측정도구로서의 척도에 대해 알아보고자 한다. 다양한 척도 중 리커트 척도, 거트만 척도, 서스턴 척도, 어의차 척도, 사회적 거리 척도를 중심으로 살펴보고자 한다.

1) 리커트 척도

(1) 의미 및 특징

리커트 척도(Likert scaling)는 조사연구에서 가장 실용성이 높고 많이 사용되는 척도로서 Likert(1932)가 개발하였다. 이 척도는 측정하고자 하는 하나의 개념을 여러 개의 문항으로 나타내어 응답자의 특성을 평정하게 한 후 해당 항목에 대한 측정값을 합산하여 점수를 얻어 내는 방법으로, 총합평정척도 또는 총화평정척도(summated rating scale)라고도 부른다(강종수, 2009). 일반적으로 리커트 척도는 개인의 태도와 같은 정의적 특성을 연속선상에 배치하였을 때 어느 위치에 있는지를 파악하기 위한 것이므로 측정하려는 정의적 특성을 '전혀 아니다-아니다-보통이다-그렇다-매우 그렇다'와 같이 여러 단계로 분류하여 척도를 구성한다.

리커트 척도의 특징은 다음과 같다.

첫째, 하나의 척도에 포함되는 문항은 반드시 단일 차원을 설명하는 개념이 되도록 구성해야 한다. 왜냐하면 서로 다른 특성을 설명하는 문항을 합산하여 분석하는 것은 그 결과에 대해 어떠한 의미도 부여할 수 없기 때문이다.

둘째, 리커트 척도는 보통 5점 평정을 많이 사용하지만, 3점 또는 7점 등으로 다양하게 적용할 수 있다. 일반적으로 전문가를 대상으로 하는 척도는 평정단계를 세밀하게 구성해도 좋으나, 일반인을 대상으로 할 때는 3점이나 5점 평정이 적절하다.

셋째, 중간 정도를 표현하는(예: '보통이다') 반응의 경우, 연구의 특성에 따라 포함하기도 하고 제외하기도 한다.

넷째, 문항이 역문항일 경우는 분석 시에 반드시 역코드 처리를 해야 한다. 예를 들어, 〈표 5-4〉에 제시된 '감정조절기술' 척도에서 다른 문항들은 점수가 높을수록 감정조절기술이 좋은 것을 의미하지만, 1번 문항은 점수가 높을수록 오히려 감정조절기술이 낮음을 의미한다. 따라서 합산을 할 때는 5점을 1점으로 바꾸고, 1점을 5점으로 바꾸어야 한다.

〈표 5-4〉리커트 척도 활용 예시

내 용	1 전혀 아니다	2 아니다	3 보통 이다	4 그렇다	5 매우 그렇다
1. 주변 사람들은 나에게 감정 기복이 심하다고 말한다.					
2. 나는 나의 요구가 즉시 성취되지 않더라도 조르지 않고 기다린다.					
3. 나는 나 자신의 감정이나 행동의 이유를 알고 있다.					
4. 나는 기쁘거나 슬플 때 내 감정을 적절하게 조절한다.					
5. 나는 화가 나거나 슬플 때 다른 일을 떠올리거나 다른 일에 집중한다.					
6. 나는 화가 날 때 마음을 가라앉히는 나만의 방법이 있다.					

출처: 윤명희, 서희정(2013).

(2) 구성방법

리커트 척도를 구성하는 절차는 다음과 같다(Nachmias & Nachmias, 1981).

첫째, 조사하고 싶은 어떤 문제에 관한 의견을 수집하여 문항들을 선정한다.

둘째, 각 문항에 대한 평정 내용에 따라 응답범주를 작성하는데, 응답범주로 흔히 쓰이는 형식은 '전혀 아니다' '아니다' '보통이다' '그렇다' '매우 그렇다' 등이 있다.

셋째, 모집단으로부터 대표성이 있다고 판단되는 표본을 뽑아 응답을 받아 낸다.

넷째, 각 문항에 대한 응답자의 반응을 점수로 환산한다. 이때 응답범주에 대한 점수는 가장 우호적인 것을 높은 점수로 매기고 비우호적일수록 낮은 점수로 매기는 것이 보편적이다.

다섯째, 문항 간의 내적 일관성 및 상관성을 알아보기 위해 문항분석을 시도한다. 이를 통해 일관성이 낮은 문항은 제거하고 응답자의 특성을 잘 차별화하는 문항, 즉 판별력있는 문항만을 선택한다.

여섯째, 선택된 문항으로 구성된 척도를 완성한다.

(3) 평가

리커트 척도는 제작과 응답자료 처리가 비교적 수월하며 응답자도 이해하기 쉽기 때문에 만족도조사, 인식조사, 수요조사 등 다양한 분야에서 사용되고 있다.

이 척도의 장점은 다음과 같다. 첫째, 척도의 구성이 간단하고 편리하여 평가자의 주관이 개입되는 것을 배제할 수 있다. 둘째, 한 문항에 대한 응답의 범위에 따라 측정의 정밀성을 확보할 수 있다. 즉, 각 문항의 응답을 5개에서 7개, 9개, 11개 등으로 늘려 가면 그 문항에 대한 응답의 정밀성을 높이게 되어 이를 합산한 측정값은 더욱 정밀해진다.

반면에 리커트 척도의 단점은 다음과 같다. 첫째, 각 문항에 대한 응답자가 인식하는 강도가 주관적이어서 정확히 일치하지 않는 것이다. 둘째, 총점이 뜻하는 바가 무엇인지 명확하지 않다. 왜냐하면 점수의 단순한 합계에는 각 문항이 표현하고 있는 응답자 태도의 강도가 묻혀 버리기 때문에 동일한 점수를 받은 응답자라 할지라도 동일한 특성의 사람들로 보기 어렵기 때문이다.

2) 거트만 척도

(1) 의미 및 특징

Guttman(1944)에 의해 개발된 거트만 척도(Guttman scaling)는 반응 중심 접근 방법으로, 문항과 응답자를 동시에 척도화하여 응답자의 반응 강도에 대해 연속적 증가 유형을 측정하고자 하는 것이다. 즉, 리커트 척도가 개별 항목들에 동일한 가중치를 부여하여 단순 합산한 뒤 그 결과를 서열화하는 것이라면, 거트만 척도는 일련의 동질적 문항을 갖는 단일 차원의 개별 문항들을 서열화하여 누적하는 것이 특징이다(Kerlinger, 1986).

따라서 문항을 작성할 때는 누적적 문항을 위계적으로 구성하여야 한다. 여기서 누적적 문항의 위계적 구성이란 강한 태도를 갖는 문항에 긍정적으로 표명한 사람은 약한 태도를 나타내는 문항에 대해서는 당연히 긍정적이라는 논리를 적용하여 문항을 배열하는 것을 의미한다.

예를 들어, 거트만 척도에 따라 혐오시설의 설치에 대한 문항을 구성하면 〈표 5-5〉와 같다.

〈표 5-5〉 거트만 척도 활용 예시

번호	문항 내용	찬성	반대
1	우리나라에 혐오시설 건립을 찬성한다.		
2	우리 광역 시·도에 혐오시설 건립을 찬성한다.		
3	우리 지역 시·군·구에 혐오시설 건립을 찬성한다.		
4	우리 지역 읍·면·동에 혐오시설 건립을 찬성한다.		
5	우리 집 옆에 혐오시설 건립을 찬성한다.		

이때 문항을 배열하는 원칙은 강도가 약한 질문부터 강한 것으로 하였기 때문에, 마지막 단계의 강도가 강한 문항에서 찬성이 나왔을 경우, 이전 단계 수준의 문항에서 반대가 나와서는 안 된다(〈표 5-6〉 참조). 만약에 그러한 응답이 나왔을 때는 문항을 재구성해야 한다.

〈표 5-6〉 거트만 척도 결과 예시

문항＼응답자	A	B	C	D	E	F
1	찬성	찬성	찬성	찬성	찬성	반대
2	찬성	찬성	찬성	찬성	반대	반대
3	찬성	찬성	찬성	반대	반대	반대
4	찬성	찬성	반대	반대	반대	반대
5	찬성	반대	반대	반대	반대	반대
총점	5	4	3	2	1	0

(2) 구성방법

거트만 척도의 구성절차는 다음과 같다(윤성채, 최종후, 1999; 한승준, 2006).

첫째, 척도화가 가능한 개념을 결정한다. 이때 개념이 적용되는 모집단에 대한 정의도 있어야 한다.

둘째, 척도항목을 선정한다. 개념을 측정할 척도의 구성항목을 설정하고, 내용의 강도에 따라 일정한 순서로 배열한다.

셋째, 각 개인에 대한 반응을 스캘로그램(scalogram)에 기록하여 합계를 낸다.

넷째, 재생계수(Coefficient of Reproducibility: CR)를 구한다. 재생계수는 단일 차원성, 누적성의 가정에 얼마나 부합하는가를 검증하는 것으로서, 응답자의 대답을 누적성에 맞추어 오차의 수를 파악하는 것이다. 재생계수가 1.0일 때 완벽한 척도 구성 가능성(scalability)을 갖는데, 일반적으로 최소한 0.90은 되어야 바람직한 거트만 척도라고 할 수 있다.

$$\text{재생계수} = 1 - \frac{\text{응답의 오차}}{\text{문항 수} \times \text{응답자 수}}$$

다섯째, 구성항목을 조정하여 척도를 구성한다. 오차의 수가 많은 척도 구성항목은 제외시키고 새로운 척도를 만든다.

(3) 평가

거트만 척도는 개별 문항 자체에 미리 서열성이 부여되었다는 것을 전제로 하기 때문에 문항을 배열할 때도 어떤 질문에 우호적으로 응답한 사람은 그 질문에 대하여 비우호적으로 응답한 사람보다 등위가 높도록 배열한다. 따라서 응답자의 등위나 평점에서 어떤 문항에 찬성하였는지 알 수 있으므로 응답자가 몇 문항에 응답했는지를 파악하면 응답자가 어느 정도 긍정적인지를 알 수 있다. 그리고 점수에 기초하여 단일 차원의 순위 결정이 가능해지므로 개인 간의 인식의 차이뿐 아니라 집단 간의 인식의 차이도 쉽게 비교할 수 있다는 장점이 있다. 그러나 단일 차원성을 갖는 문항들을 찾기가 어렵기 때문에 조사연구에서 자주 적용되지는 않는다(성태제, 시기자, 2014).

3) 서스틴 척도

(1) 의미 및 특징

Thurstone과 Chave(1929)가 정신물리학의 방법을 태도측정에 적용하면서 유래된 서스틴 척도(Thurstone scaling)는 연구자가 100여 개의 많은 문항을 한 평정자 집단에게 나누어 준 뒤 각 문항이 얼마나 강한 지표인가 하는 평가에 근거하여 최종적으로 척도에 사용할 문항들을 선정하는 방식이다(성태제, 시기자, 2014). 이때 주어진 진술문을 판단하는 평정자가 선정된 문항들 간의 간격이 같다고 간주하므로 유사등간척도라고도 한다.

이처럼 서스틴 척도는 개인의 태도를 부정과 긍정 사이에 놓여 있는 심리적 연속체로 보고 이들 연속체의 길이를 척도화하여 측정하려고 한 것이다. 따라서 태도를 나타내는 연속선상에서 사람들이 어디에 위치하고 있는지를 파악하게 되므로 사람들의 태도를 순위나 거리로 비교할 수 있다.

(2) 구성방법

서스틴 척도의 구성절차는 다음과 같다(성태제, 시기자, 2014).

첫째, 특정 문제에 대한 의견을 가능한 한 많이 수집한다. 진술문은 긍정적 · 중립적 · 부정적 의견을 모두 포함해야 하며, 100~150개 정도의 진술문을 수집하는 것이 좋다.

둘째, 평정 경험이 있는 대학원생, 교수, 연구원들로 구성된 평정자 집단을 선정한다. 평정자 집단의 규모는 30~50명 정도가 적절하다.

셋째, 평정자로 하여금 객관적인 입장에서 각 진술문이 11단계(부정–긍정) 가운데 어느 단계에 해당되는지 판단하도록 한다.

넷째, 척도값으로 사용할 중앙값과 사분위편차를 계산한다.

다섯째, 최종 진술문을 선택한다. 이때 중앙값이 높은 것부터 낮은 것의 순서로 배열한 후 중앙값의 간격이 비슷하고 사분편차의 범위가 작으면서 유사한 진술문을 최종 진술문으로 선택한다. 평가자 간에 이견이 큰 문항은 제외하고 최종 척도에 포함되는 20~30개 정도의 진술문을 선정한다.

(3) 평가

서스톤 척도에 의해 측정된 각 개인의 태도 점수는 심리적 연속선상에서의 위치에 따라 긍정적인지, 중립적인지, 부정적인지에 대한 절대적 해석을 제공해 준다. 이와 같이 서스톤 척도는 인간의 태도를 체계적으로 측정하는 데 많은 기여를 하였다.

그러나 등간격성의 가정이 비현실적이고, 평정자의 주관이 개입될 여지가 있다. 또한 많은 수의 평정자들의 판단을 기초로 각 문항에 대한 척도값을 계산해야 하므로 비용과 시간, 노력이 지나치게 많이 소요된다는 단점 때문에 오늘날 조사연구에는 자주 사용되지 않는다.

4) 어의차 척도

(1) 의미 및 특징

Osgood(1957)이 제안한 어의차 척도(Semantic differential scaling)는 일직선으로 도표

화된 척도의 양극단에 서로 상반되는 형용사를 배열하여 양극단 사이에서 해당 속성에 대해 평가하는 척도다(이준형, 2004). 이 척도는 응답자에게 2개의 상반된 입장을 보여 주는 형용사를 선택하여 설문지에 응답하도록 한다. 이러한 어의차 척도는 주로 7점 척도를 사용하며 문항별 평균이나 중앙값을 계산하여 비교한다.

예를 들어, '학교 건물에 대해 어떻게 생각하십니까?'라는 질문에 대한 응답을 얻기 위해 어의차 척도법을 구성하면 〈표 5-7〉과 같이 표현할 수 있다. 이는 학교 건물에 대한 이용자들의 느낌을 네 가지 의미차원에서 측정하기 위하여 각각의 적절한 양극 형용사 척도를 선정하여 위치시키고, 이를 7단계로 나누어 해당하는 칸에 표시하도록 하는 형태로 구성된다.

〈표 5-7〉 어의차 척도 활용 예시

학교 건물에 대한 인식							
더럽다	←						→ 깨끗하다
고전적이다	←						→ 현대적이다
불편하다	←						→ 편리하다

(2) 구성방법

어의차 척도의 개발과정은 다음과 같다(이준형, 2004).

첫째, 평가 개념을 정의하고 평가 기준을 선정한다.

둘째, 평가 개념을 적절히 평정할 수 있는 양극 형용사의 각 쌍을 선정한다.

셋째, 척도의 양 끝에 서로 반대가 되는 한 쌍의 형용사를 배치한다.

이 척도를 제안한 Osgood(1957)은 평가차원, 능력차원, 활동차원 등 3차원의 적절한 양극 형용사를 〈표 5-8〉과 같이 제시하였다.

〈표 5-8〉 어의차 척도에 사용되는 형용사군 예시

의미공간	평가차원	능력차원	활동차원
형용사군	좋은-나쁜 깨끗한-더러운 밝은-어두운 귀한-천한 중요한-하찮은 진실된-거짓된 친절한-불친절한 새로운-낡은 유쾌한-불쾌한	큰-작은 강인한-허약한 높은-낮은 유능한-무능한 무거운-가벼운 깊은-얕은 굵은-가는 똑똑한-어리석은	빠른-느린 능동적-수동적 적극적-소극적 예민한-둔감한 뜨거운-차가운 복잡한-단순한 진취적-보수적

(3) 평 가

어의차 척도는 대상들 간의 차이점이나 유사성을 파악하는 목적으로 유용하게 사용할 수 있고, 신속성과 경제성이 있으며, 특히 가치와 태도를 측정하는 데 효과적이다.

반면에 어의차라는 것이 실제로 애매한 경우가 많아 엄격하게 평정하는 것이 쉽지 않다. 또한 적절한 개념 및 판단기준을 선정할 때의 문제와 부여한 수치 간의 등간격성이 엄밀하게 보장되는지에 대한 의문이 지속적으로 제기되고 있다.

5) 사회적 거리 척도

사회적 거리란 사회적 관계를 전반적으로 특징짓는 이해와 친밀의 단계나 정도를 연속체로 나타내는 범주를 말한다. 이와 같은 범주를 가지고 하나의 대상이나 집단이 다른 대상 또는 집단에 대해 얼마나 거리감을 느끼는가 하는 사회적 거리를 측정하려는 것이 사회적 거리 척도다. 이 척도에는 보가더스 사회적 거리 척도(Bogardus social distance scales)와 소시오메트리(sociometry)가 있다.

(1) 보가더스 사회적 거리 척도

보가더스 사회적 거리 척도는 사회학자인 Bogardus(1928)가 최초로 개발하였기 때문에 그의 이름을 따서 만든 척도다. 이 척도는 소수민족, 사회계급, 직업과 같은 여러 형태의 사회집단 및 추상적인 사회적 가치 등과 관련된 여론과 태도를 연구하는데 주로 적용되었다(박용치, 오승석, 송재석, 2009).

예를 들어, 보가더스는 인종적 편견의 강도를 측정하기 위해 1,725명의 미국인들을 대상으로 응답자들의 각 인종에 대한 사회적 거리가 어떻게 나타나는가를 조사하였다. 이때 각 소수민족에 대한 사회적 거리를 일곱 개의 문항으로 측정하고 있는데, 이들 문항은 결혼을 통한 가족 구성원으로의 수용적 태도부터 친구, 이웃, 직장동료, 자국민, 방문객, 국외 추방이라는 부정적 태도까지 사회적 거리의 연속성에 따라 배열하여 응답자가 서열적인 선택을 할 수 있도록 하였다(천성수, 박종순, 2000).

보가더스 사회적 거리 척도는 연속체상에서 항목들 간의 동일한 간격을 강조하지만, 실제적으로 각 점 간의 등간격을 경험적으로 입증할 수 없고, 척도점들이 명백하게 구분되지 않는 경우가 많다는 단점이 있다.

(2) 소시오메트리

소시오메트리는 정신과 의사 Moreno에 의해 만들어졌는데, 인간관계 그래프나 조직 안에서 사회적 거리를 측정하는 것이다(김병진, 2005). 보가더스 사회적 거리 척도가 단순히 집단 상호 간의 거리를 측정하는 데 비해서 소시오메트리는 소집단 내의 구성원 간에 가지는 호감과 반감을 측정하거나 또는 이러한 감정에 의해서 나타나는 집단의 구조를 알고자 한다.

소시오메트리에서 자주 사용하는 질문 유형은 단순하게 하나의 상대방만을 선택하게 하는 단순선택형 질문과 집단 안의 모든 구성원에 대해서 우선순위를 정하는 복잡한 우선순위 결정형 질문으로 나눌 수 있다. 이들을 통해 집단 구성원 사이의 연결망 구성을 [그림 5-2]와 같이 소시오그램(sociogram)으로 나타낼 수도 있다.

소시오메트리는 응답자들에게 집단(특히 소집단) 내에서 〈표 5-9〉와 같은 질문을 통하여 구성원들이 상대방에 대해 가지는 호감과 반감의 감정을 측정하여 집단 구성원 간의 비공식적인 인간관계를 파악할 수 있다. 즉, 다른 구성원들로부터 호감도 지

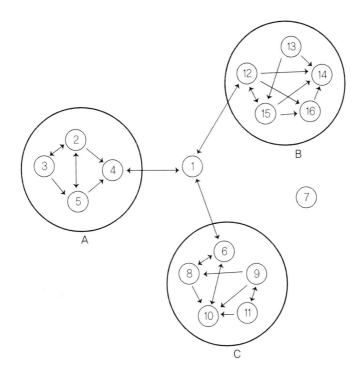

[그림 5-2] 소시오그램 예시

〈표 5-9〉 소시오메트리 질문 유형 예시

유 형	질 문
단순 선택형	1. 이 집단의 구성원들 가운데 당신은 누구를 가장 좋아합니까?
	2. 이 집단의 구성원들 가운데 당신은 누구를 가장 싫어합니까?
	3. 당신의 학급에서 옆자리에 앉히고 싶은 사람은 누구입니까?
	4. 당신의 학급에서 함께 놀고 싶은 사람은 누구입니까?
	5. 당신의 직장동료들 가운데 당신의 고충을 상의하고 싶은 사람은 누구입니까?
우선순위 결정형	6. 당신의 직장에서 함께 파트너로 일하고 싶은 사람을 우선순위대로 고르시오.
	7. 당신의 직장동료들에 관해서 당신이 지닌 호감의 정도를 0%(가장 싫어함)부터 100% (가장 좋아함)까지로 표시하시오.

명을 많이 받은 인기형, 구성원으로부터 호감이나 반감의 지명이 되지 않은 고립형, 대다수의 구성원들이 싫어하는 거부형 등을 구체적으로 확인할 수 있는 방법으로 유용하다. 그러나 시간적 · 공간적 제약으로 집단의 크기에 제한이 있고, 집단 내 상호 간에 어느 정도 접촉이 있는 대상들을 선택해야 하는 한계점이 있다.

최근 공식적 혹은 비공식적 사회적 관계에 대해 사회학에서는 사회 연결망 분석 (social network analysis)의 방법을 이용하여 다양한 연구가 수행되고 있다(Krackhardt & Hanson, 1993). 사회 연결망 분석은 사회를 구성하고 있는 행위자를 정의하고, 이들 간의 관계들이 어떻게 조직되어 있는지의 형태를 밝혀내고, 이들 관계에서 행위자들의 위치, 권력관계, 상호작용 정도를 이해하고 설명하는 데 사용되는 방법이다(박성용, 전명규, 김건하, 2014). 이 방법은 조직 내에서 움직이는 실제적인 소조직의 특성을 분석하는 데 매우 효과적인 것으로 알려져 있으며, 최근에는 교육 관련 연구에서 소시오메트리를 활용한 사회 연결망 분석을 적용하고 있다.

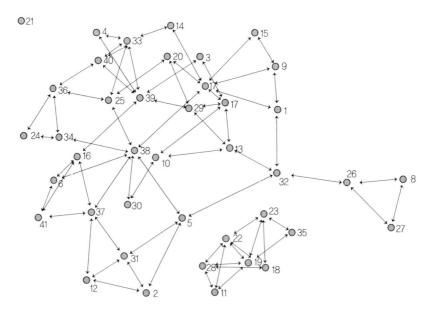

[그림 5-3] 사회 연결망 예시

출처: 노자은(2009).

완성된 사회적 연결망을 통해 사회적 관계의 폭과 위계로 구분하여 분석할 수 있다. 예를 들어, 사회적 관계의 '폭'을 통해 조직 구성원들과 얼마나 넓은 관계를 맺고 있는가 여부를 살펴볼 수 있다. 관계의 폭이 넓은 사람은 좁은 사람보다 정보의 종류와 양에서 앞서게 되며 이러한 사회적 관계를 통하여 또 다른 사람을 알게 되는 등 계속적인 사회적 연결망의 확장이 용이하다. 반면 관계의 폭이 좁은 경우는 계속 폐쇄적인 울타리 속에 있게 될 가능성이 높다고 할 수 있다.

용어 정리

- **측정**: 일정한 규칙에 따라서 어떤 대상이나 사건에 숫자나 기호 등의 값을 부여하는 작업
- **척도**
  - 사물의 속성을 구체화하기 위한 측정단위
  - 여러 개의 문항이나 지표로 이루어진 복합적 측정도구
- **명목척도**: 사물이나 측정대상의 속성을 단순히 질적으로 구분·분류하기 위하여 수치를 부여한 척도
- **서열척도**: 측정대상의 속성에 따라 상대적 서열이나 순서를 표시하기 위하여 수치를 부여한 척도
- **등간척도**: 측정대상의 속성에 따라 서열화하고 서열 사이의 간격이 동일하도록 수치를 부여한 척도
- **비율척도**: 사물이나 현상을 분류하고, 서열을 정할 수 있으며, 측정단위 간의 간격을 동일하게 하여 측정할 뿐 아니라 현실과 일치하는 절대영점이 존재하는 척도
- **리커트 척도**: 하나의 개념을 여러 개의 문항으로 나타내어 응답자의 특성을 평정하게 한 후, 측정값을 합산하여 점수로 얻어 내는 척도

척도 구성의 예

	청소년 인터넷중독 자가진단 척도

_____년 _____월 _____일 _____학교 _____학년 (남, 여) 성명: _____

번호	항목	전혀 그렇지 않다	그렇지 않다	그렇다	매우 그렇다
1	인터넷 사용으로 건강이 이전보다 나빠진 것 같다.				
2	오프라인에서보다 온라인에서 나를 인정해 주는 사람이 더 많다.				
3	인터넷을 하지 못하면 생활이 지루하고 재미가 없다.				
4	인터넷을 하다가 그만두면 또 하고 싶다.				
5	인터넷을 너무 사용해서 머리가 아프다.				
6	실제에서 보다 인터넷에서 만난 사람들을 더 잘 이해하게 된다.				
7	인터넷을 하지 못하면 안절부절못하고 초조해진다.				
8	인터넷 사용 시간을 줄이려고 해 보았지만 실패한다.				
9	인터넷을 하다가 계획한 일들을 제대로 못한 적이 있다.				
10	인터넷을 하지 못해도 불안하지 않다.				
11	인터넷 사용을 줄여야 한다는 생각이 끊임없이 들곤 한다.				
12	인터넷 사용시간을 속이려고 한 적이 있다.				
13	인터넷을 하고 있지 않을 때는 인터넷이 생각나지 않는다.				
14	주위 사람들이 내가 인터넷을 너무 많이 한다고 지적한다.				
15	인터넷 때문에 돈을 더 많이 쓰게 된다.				

출처: 한국정보화진흥원(2011).

청소년 인터넷중독 자가진단 척도 해석

채점 방법	[1단계] 문항별	전혀 그렇지 않다: 1점, 그렇지 않다: 2점, 그렇다: 3점, 매우 그렇다: 4점 ※ 단, 문항 10번, 13번은 다음과 같이 역채점 실시 −전혀 그렇지 않다: 4점, 그렇지 않다: 3점, 그렇다: 2점, 매우 그렇다: 1점
	[2단계] 총점 및 요인별	총 점 ▶ ① 1~15번 합계 ※ 하위요인 구성: 일상생활장애, 가상세계지향성(2), 금단, 내성 요인별▶ ② 1요인: 일상생활장애(1, 5, 9, 12, 15번) 합계 ③ 3요인: 금단(3, 7, 10, 13번) 합계 ④ 4요인: 내성(4, 8, 11, 14번) 합계
고위험 사용자군	중·고등 학생	총 점 ▶ ① 44점 이상 요인별▶ ② 1요인 15점 이상 ③ 3요인 13점 이상 ④ 4요인 14점 이상
	초등학생	총 점 ▶ ① 42점 이상 요인별▶ ② 1요인 14점 이상 ③ 3요인 13점 이상 ④ 4요인 13점 이상
	판정: ①에 해당하거나, ②~④ 모두 해당되는 경우	
	인터넷 사용으로 인하여 일상생활에서 심각한 장애를 보이면서 내성 및 금단 현상이 나타난다. 대인관계는 사이버 공간에서 대부분 이루어지며, 오프라인에서 만남보다는 온라인에서 만남을 더 편하게 여긴다. 인터넷 접속시간은 중·고등학생의 경우 1일 약 4시간 이상, 초등학생 약 3시간 이상이며, 중·고등학생은 수면시간도 5시간 내외로 줄어든다. 대개 자신이 인터넷중독이라고 느끼며, 학업에 곤란을 겪는다. 또한 심리적으로 불안정감 및 우울한 기분을 느끼는 경우가 흔하며, 성격적으로 충동성, 공격성도 높은 편이다. 현실세계에서 대인관계에 문제를 겪거나, 외로움을 느끼는 경우도 많다. ▷ 인터넷중독 성향이 매우 높으므로 관련 기관의 전문적인 지원과 도움이 요청된다.	
잠재적 위험 사용자군	중·고등 학생	총 점 ▶ ① 41점 이상~43점 이하 요인별▶ ② 1요인 14점 이상 ③ 3요인 12점 이상 ④ 4요인 12점 이상
	초등학생	총 점 ▶ ① 39점 이상~41점 이하 요인별▶ ② 1요인 13점 이상 ③ 3요인 12점 이상 ④ 4요인 12점 이상
	판정: ①~④ 중 한 가지라도 해당되는 경우	
	고위험 사용자에 비해 보다 경미한 수준이지만, 일상생활에서 장애를 보이며, 인터넷 사용시간이 늘어나고 집착을 하게 된다. 학업에 어려움이 나타날 수 있으며, 심리적 불안정감을 보이지만 절반 정도의 학생은 자신이 아무 문제가 없다고 느낀다. 대체로 중·고등학생은 1일 약 3시간 정도, 초등학생은 2시간 정도의 접속시간을 보이며, 다분히 계획적이지 못하고 자기조절에 어려움을 보이며, 자신감도 낮은 경향이 있다. ▷ 인터넷 과다 사용의 위험을 깨닫고 스스로 조절하고 계획적으로 사용하도록 노력한다. 인터넷중독에 대한 주의가 요망되며, 학교 및 관련 기관에서 제공하는 건전한 인터넷 활용 지침을 따른다.	
일반 사용자군	중·고등 학생	총 점 ▶ ① 40점 이하 요인별▶ ② 1요인 13점 이하 ③ 3요인 11점 이하 ④ 4요인 11점 이하
	초등학생	총 점 ▶ ① 38점 이하 요인별▶ ② 1요인 12점 이하 ③ 3요인 11점 이하 ④ 4요인 11점 이하
	판정: ①~④ 모두 해당되는 경우	
	중·고등학생의 경우 1일 약 2시간, 초등학생 약 1시간 정도의 접속시간을 보이며, 대부분 인터넷중독 문제가 없다고 느낀다. 심리적 정서문제나 성격적 특성에서도 특이한 문제를 보이지 않으며, 자기행동을 잘 관리한다고 생각한다. 주변 사람들과의 대인관계에서도 충분한 지원을 얻을 수 있다고 느끼며, 심각한 외로움이나 곤란함을 느끼지 않는다. ▷ 인터넷의 건전한 활용에 대하여 자기 점검을 지속적으로 수행한다.	

출처: 한국정보화진흥원(2011).

📖 학 / 습 / 문 / 제

1. '국민의 평생교육 의식'을 측정하는 과정을 예로 들어 측정의 일반적 절차를 설명하세요.

2. 명목척도, 서열척도, 등간척도, 비율척도의 의미를 설명하고, 척도별로 적합한 예시를 3개 이상 제시하세요.

   ① 명목척도

   ② 서열척도

   ③ 등간척도

   ④ 비율척도

3. '대학생의 전공 만족도'를 측정하기 위한 도구를 리커트 척도로 구성해 보세요.

제**6**장

설문지 개발

제1절 설문지 작성의 기초
제2절 설문지 개발과정
제3절 질문 유형 및 형태
제4절 개별문항 작성의 유의사항

학습과제

1. 설문지의 구성요소를 설명한다.

2. 설문지를 개발하는 체계적인 절차를 안다.

3. 설문지의 개별문항 작성 시 유의사항을 설명한다.

4. 질문의 유형 및 형태를 구분한다.

제1절 설문지 작성의 기초

1. 설문지의 의미

　설문지(questionnaire)는 연구자가 알고자 하는 어떤 문제에 대하여 작성한 일련의 질문에 응답자가 대답을 기술하도록 하는 문서형식의 도구다. 조사연구에서 설문지는 개인의 생각, 태도, 감정 등 관찰하기 힘든 구성개념(construct)에 대한 정보를 얻기 위해 사용되며, 특히 많은 사람의 생각이나 의견 등에 대한 정보를 수집하여 의사결정을 내려야 할 때 유용하게 활용된다. 따라서 조사연구에서 설문지를 개발하는 것은 설문지를 통해 얻은 자료의 분석을 통해 연구의 결과와 결론에 도달되므로 매우 중요한 비중을 가진다(한국교육평가학회, 2004).

　설문지는 조사연구의 문제 해결을 위하여 상호 연관된 다수의 문항으로 구성되며 설문의 형식은 문항에 따라 다를 수 있다. 따라서 설문지를 만들 때에는 철저한 사전준비가 필요하다. 필요한 정보의 종류와 질문내용, 측정방법과 분석방법까지 사전에 고려하지 않으면 조사연구 결과의 타당성과 신뢰성을 확보하기 어렵기 때문이다. 특히, 조사연구에서는 일단 설문지가 작성되어 조사가 시작되면 잘못된 부분을 발견하더라도 수정이나 교정이 어렵다. 만약 그 잘못이 조사 결과에 치명적인 영향을 미친다고 판단되어 수정해야 할 경우는 설문지 작성을 처음부터 다시 시작할 수밖에 없다. 그러므로 설문지의 작성은 상당한 시간과 노력을 기울여 신중하게 이루어져야 하며, 좋은 설문지를 만들기 위한 일반적인 원리와 기준을 준수해야 한다.

2. 설문지의 구성요소

　일반적으로 설문지는 응답상의 오류를 방지하고 필요한 정보를 포괄적으로 획득하기 위해 다음과 같이 다섯 가지 요소로 구성되어야 한다(강종수, 2009).

▣ 설문지의 구성요소

- 협조문   • 식별자료
- 지시사항   • 개별문항
- 인구학적 특성

---

1) 협조문

협조문은 설문지의 제목과 조사자나 조사기관의 소개, 조사의 취지, 개인적인 응답에 대한 비밀보장을 확신시켜 주는 내용으로 구성한다. 이 부분은 조사의 응답률을 높이고 보다 신뢰성 있는 응답을 얻기 위해서 성의 있게 작성해야 한다.

이때 제목은 응답자들이 조사의 내용이나 목적을 한눈에 파악할 수 있고 흥미와 탐구심을 가질 수 있는 긍정적인 표현을 사용하는 것이 좋다. 협조요청을 위한 인사말은 너무 길어서도 안 되고, 응답자가 쉽게 이해할 수 있는 말로 작성해야 하며, 진지하면서도 중립적인 표현을 사용해야 한다.

일반적으로 협조문에 포함해야 할 사항은 다음과 같다.

- 조사연구의 목적을 간결하게 설명한다.
- 응답자의 솔직한 응답이 매우 중요함을 강조한다.
- 응답 자료에 대한 비밀이 보장된다는 사실을 꼭 밝힌다.
- 응답에 소요되는 예상시간을 밝힌다.
- 우편조사라면 회수 마감일을 명확하게 표시한다.
- 안내문의 앞부분과 끝부분에 정중한 감사의 표시를 한다.
- 조사자의 소속이나 이름, 연락처를 밝힌다.

2) 식별자료

식별자료(identification data)는 각 설문지를 구분하기 위한 것으로 일련번호나 추후 확인조사를 위한 응답자의 이름, 조사를 실시한 담당자(면접자)의 이름과 조사일시(면접일시)를 기록할 수 있도록 구성한다. 인구조사나 사회조사에서는 필수적으로 사용하나 일반연구에서는 사용하지 않는다. 대부분 설문지의 첫 장에 작성한다.

3) 지시사항

우편조사처럼 응답자가 혼자서 전체 설문지를 읽고 응답을 해야 한다면, 각 질문 문항마다 응답 방법이나 응답 순서 등 응답자가 설문지의 모든 문항을 어려움 없이 완성할 수 있도록 하고 이를 회수하기까지 모든 과정에 대한 상세한 지시사항이 담겨져 있어야 한다. 지시사항은 설문의 맨 앞부분에서 설문 전반에 걸쳐 지켜야 할 일반적 지시문(general instruction)과 문항별로 응답 요령을 제시한 구체적 지시문(specific instruction)이 있다.

일반적 지시문은 설문 전반에 걸쳐 준수해야 할 사항을 제시한 것으로 설문의 맨 앞에 기술한다. 예를 들어, '다음 문항을 읽고, 자신과 가장 일치하는 정도에 따라 ✓표 하세요.' 또는 '다음 문항들에 대하여 자신이 이상적으로 바라는 것에 답하지 마시고, 자신의 습관처럼 편안하고 자연스럽게 자주 느끼고 행동하는 경향에 ✓표 하세요.'와 같이 설문지 전반의 응답 요령과 주의사항에 대해 간단히 설명하는 것이다.

구체적 지시문은 문항별로 다수의 응답인지, 최적의 응답인지, 순위 응답인지에 따라 선택표시 기호와 방법을, 자유응답형일 때는 단어 또는 문장의 수를 제한하는 등 문항별로 구체적인 지시사항을 기술하는 것이다. 특히, 일부 응답자에게만 해당하는 여과 질문(contingency question)의 경우 순서에 따라 답변 항목을 찾을 수 있도록 안내하는 것이 반드시 필요하다.

4) 개별문항

설문지에서 가장 중요한 부분으로 조사의 의도를 충실하게 반영하는 다수의 문항

들로 구성하며, 각 문항은 타당도와 신뢰도를 지니고 있어야 한다. 이 부분에서 고려
하여야 할 사항은 다음과 같다.

- 필요한 내용만 선별하여 문항을 줄인다.
- 사전에 응답자의 입장에서 응답이 가능한지 여부를 평가한다.
- 응답에 필요한 시간과 노력, 응답자의 응답능력을 고려한다.

5) 인구학적 특성

응답자의 인구학적 특성을 파악하고 분류하기 위한 자료로 성별, 학력, 연령, 직업
등이 있다. 이 부분은 특히 응답자의 사생활을 침해하지 않는 범위에서 꼭 필요한 항
목만을 질문해야 한다. 조사 결과의 분석과 해석에 있어 매우 중요한 자료들로, 이 부
분을 설문지 앞부분에 배치할 것인지, 뒷부분에 배치할 것인지, 또는 중간중간에 자
연스럽게 조사 내용과 관련지어 묻는 것이 좋을지에 대해서는 여러 이견이 있다. 그
렇지만 응답자들이 자신을 드러내는 데 부담을 가지는 설문지일 경우에는 앞부분보
다 뒷부분에 배열할 것을 권장한다.

제2절 설문지 개발과정

설문지를 만들 때 필요한 구성요소만 잘 포함된다고 해서 좋은 설문지를 개발할 수
있는 것은 아니며, 필요한 구성요소가 체계적인 절차에 따라 구성될 때 좋은 설문지
를 개발할 수 있다. 그러므로 설문지 작성에 필요한 절차와 작성법에 따라 설문지를
만드는 것이 중요하다.

설문지 개발과정은 먼저, 설문조사를 통해 얻어야 할 필요한 정보의 결정, 자료수
집 방법의 결정, 질문내용의 결정, 질문형태의 결정, 개별문항의 작성, 질문순서의 결
정, 설문지의 외형 결정, 예비조사, 설문지 완성의 순으로 이루어진다.

1. 필요한 정보의 결정

설문지를 개발하는 과정에서 가장 먼저 결정해야 할 사항은 설문조사를 통해 얻어야 할 정보의 종류를 결정하고, 그 정보를 어느 수준까지 측정해야 조사목적을 달성할 수 있는지 판단하는 일이다(강종수, 2009). 이는 선정된 연구문제 또는 가설을 꼼꼼히 살펴봄으로써 가능하다.

무엇보다 설문지 작성 목적이 무엇인지, 즉 응답자에게 알고자 하는 정보가 무엇인지 명확히 해야 한다. 설문지를 통해서 알고자 하는 정보는 사실적 정보와 개인의 내재적 정보 두 가지로 구분할 수 있다. 사실적 정보는 사람들의 행동이나 그들이 갖고 있는 상태 등을 의미하고, 개인의 내재적 정보는 사람들의 신념이나 태도에 대한 것을 말한다.

같은 내용이라도 설문지 작성의 목적에 따라 그 정보에 대해 묻는 진술방식이 달라질 수 있다(Salant & Dillman, 1994). 다음에 제시된 두 가지 질문을 살펴보면, 비슷한 주제에 대해 묻고 있지만 서로 다른 정보를 묻고 있음을 알 수 있다.

- 당신의 자녀는 어린이집을 이용하고 있습니까?
  ① 이용하고 있다   ② 이용하고 있지 않다
- 당신의 자녀가 어린이집을 이용하기에 주변에 어린이집이 충분히 있습니까?
  ① 충분하다   ② 충분하지 않다

전자가 별도 어린이집의 보살핌을 받고 있는지 현재 개인의 사실적 상태에 대해 알고자 하는 질문이라면, 후자는 현재 자녀 양육에 대한 정부의 서비스가 적절한지에 대한 개인의 의견, 즉 개인이 갖고 있는 내재적 정보를 묻는 질문이다.

이와 같이 설문조사를 통해 얻어야 할 정보의 종류를 명확하게 결정해야 조사의 목적이나 의도를 충실하게 반영한 설문지 설계가 가능하다.

2. 자료수집 방법의 결정

설문조사를 통해 얻어야 할 정보를 결정하고 나면 자료수집 방법을 결정해야 한다. 어떤 자료수집 방법을 선택하느냐에 따라 조사에 요구되는 시간과 비용 등이 고려되고, 이로 인하여 조사할 수 있는 정보의 양과 내용, 질문의 형태가 달라질 수 있다. 따라서 조사자의 상황이나 여건에 적합한 방식을 통해 자료수집이 이루어지게 되며, 결정된 자료수집 방법에 따라 구체적인 설문지의 내용이나 형식이 결정된다.

흔히 사용되는 조사방법에는 개별조사법, 집단조사법, 우편조사법, 전화조사법, 인터넷조사법 등이 있다. 먼저 개별조사법은 조사자가 직접 개별 조사대상자를 만나서 설문지의 질문에 응답하도록 하는 자료수집 방법이다. 그리고 집단조사법은 일정한 장소에 응답자들을 모아 놓고 설문지를 배포하여 조사하는 방법으로, 주로 집단이나 조직에 속한 대상으로부터 자료를 얻을 때 사용하는 방법이다. 우편조사법은 설문지를 피조사자에게 우송하여 기록하게 한 후 우편으로 회수하는 방법이며, 전화조사법은 긴급하게 조사를 실시하거나 질문내용이 짧을 때 전화를 이용해 질문하고 면접원이 그 내용을 기록하는 방식이다. 인터넷조사법은 설문조사를 인터넷을 통해 진행하는 방법으로 파일 형태의 전자우편(e-mail)을 발송해 응답 후 회송하는 방법과 응답자가 홈페이지를 방문해 응답을 남기도록 하는 홈페이지 활용방법이 있다. 각 조사방법에 대한 보다 자세한 내용은 '제9장 자료수집 방법'을 참조하기 바란다.

〈표 6-1〉 자료수집 방법

구 분	내 용
개별조사법	조사자가 직접 개별 조사대상자를 만나서 질문에 응답하도록 하는 방법
집단조사법	일정한 장소에 조사대상자들을 모아 놓고 설문지를 배포하여 조사하는 방법
우편조사법	설문지를 조사대상자에게 우송하여 설문을 작성하게 한 후 우편으로 회수하는 방법
전화조사법	전화를 이용해 조사대상자에게 질문하고 조사자가 그 내용을 기록하는 방법
인터넷조사법	인터넷을 통해 설문조사를 진행하는 방법

3. 질문내용의 결정

설문지 개발과정에서 필요한 정보를 결정하여 자료수집 방법을 결정한 후에는 문항의 질문내용을 결정해야 한다. 즉, 설문지를 어떤 내용으로 만들어야 할지를 판단하는 과정이라 할 수 있다. 이를 위해서는 사실에 관한 질문, 행동에 관한 질문, 의견이나 태도에 관한 질문 등과 같이 질문내용의 종류를 미리 이해하고 어떤 측면의 정보를 얻을 것인지 구체화하는 것이 필요하다.

1) 질문내용의 종류

(1) 사실에 관한 질문

사실에 관한 질문(factual question)은 응답자의 배경, 환경, 습관 등 단순히 객관적인 정보를 수집하기 위한 질문을 말한다. 이것은 인구학적 질문과 사회경제적 질문으로 구분하기도 하는데, 인구학적 질문은 성별이나 연령, 결혼상태 등을 묻는 것이고, 사회경제적 질문은 교육수준, 직업, 수입 등에 대해 묻는 것이다.

(2) 행동에 관한 질문

행동에 관한 질문(behavior question)은 인간의 행동을 예측하기 위한 근거의 하나로, 응답자에게 과거에 한 적이 있는 행동이나 현재 하고 있는 행동에 대해 묻는 것이다. 그 사람이 과거에 그런 상황에서 어떻게 행동했느냐가 미래에 같은 상황이 생겼을 때 그 사람이 어떻게 할 것인가를 예측할 수 있는 지표가 되기 때문이다. 예를 들어, 대학생의 진로준비 정도에 대한 정보를 얻기 위해 '진로상담을 받은 적이 있습니까?' 또는 '관련된 책을 구입해서 읽고 있습니까?'와 같이 현재와 과거의 행위를 묻는다면 미래행위에 대한 예측을 이끌어 낼 수 있다.

(3) 의견이나 태도에 관한 질문

의견이나 태도에 관한 질문(opinion and attitude question)은 특정 주제에 대해 응답자가 가지고 있는 의견이나 태도 등의 정보를 얻고자 하는 것이다. 의견이나 태도는 개인의 성향, 편견, 이념 등을 다양한 형태의 척도로 구성된 문항을 통해 측정한다. 다음에 제시된 예시처럼 '수학과목의 선호도'를 파악하기 위해 여러 문항으로 구성된 척도를 만들어 응답하게 할 수 있다.

〈표 6-2〉 의견이나 태도에 관한 질문 예시

문 항	전혀 그렇지 않다	아니다	보통 이다	그렇다	매우 그렇다
1. 나는 숫자 다루는 일을 좋아한다.					
2. 수학 문제는 매력적이다.					
3. 나는 수학을 싫어한다.					
4. 만약 한 과목을 더 선택해야 된다면, 나는 수학 과목을 택하겠다.					

2) 질문내용 결정 시 고려사항

이와 같은 다양한 측면의 질문내용 중에서 어떤 정보가 필요한지, 그리고 이러한 정보들을 확인하기 위해 개별문항들을 어떻게 구성할 것인지를 결정하게 되는데, 이 과정에서 고려할 사항은 다음과 같다(김범종, 2005; 채서일, 1999).

첫째, 연구목적을 달성하기 위해 꼭 필요한 내용만을 질문문항으로 결정해야 한다. 불필요한 내용은 시간과 비용의 낭비를 가져오고, 응답자에게 부담을 주어 중요한 내용에 대한 응답의 신뢰도를 떨어뜨릴 수 있다. 따라서 가능한 꼭 필요한 내용만을 선별하여 문항을 구성해야 한다.

둘째, 응답자가 필요한 정보를 알고 있어 정확히 응답을 할 수 있을지 살펴보아야 한다. 예를 들어, 대학생을 대상으로 한 설문에서 '당신은 한 달에 몇 번씩 진로에 대해 생각합니까?'라는 문항이 있을 경우, 연구자는 대학생 본인이 직접 행하는 것이므로 잘 알고 있을 것이라 생각하지만, 이를 정확하게 기억하는 경우는 흔치 않다. 이와 같이 응답자가 응답할 수 있는 정보를 갖고 있지 못하거나 정보나 경험이 있어도 기억이 잘 나지 않는 경우에는 무응답 또는 불명확한 응답을 할 우려가 높으므로 피해야 한다.

셋째, 질문내용을 결정할 때 개인정보와 관련된 응답이 필요할 경우 주의하여야 한다. 예를 들어, 혼인 관계나 개인의 총소득 등 개인정보와 관련된 내용을 개별문항으로 작성할 때에는 이 문항이 연구의 목적을 위하여 반드시 필요한지를 검토하여야 한다. 만약 연구에 꼭 필요한 경우가 아닐 때는 삭제하거나 문항 작성의 주의가 필요하다.

넷째, 응답자가 응답을 하는 데 노력이 많이 들지는 않는지 살펴보아야 한다. 응답자가 정보를 가지고 있더라도 응답을 하려면 시간적 · 정신적으로 노력이 많이 필요한 경우에는 응답을 회피하거나 엉터리로 답할 가능성이 높다. 그러므로 응답하는 데 부담이 되지 않도록 개별문항 내용을 결정해야 한다.

다섯째, 질문내용을 결정할 때 그 질문을 통해 얻는 정보를 얼마나 자세히 측정할 것인지도 세심하게 검토해야 한다. 예를 들어, 학력의 경우 초등학교, 중학교, 고등학교, 대학교 이상으로 구분하여 측정할 것인지, 또는 대학교 3년, 중학교 2년과 같이 교육받은 기간까지 자세히 알아야 하는지 등을 검토하여 결정해야 한다. 즉, 질문내용을 결정할 뿐만 아니라 그 질문을 통해 얻을 응답의 측정 수준까지도 고려하는 것이 필요하다.

4. 질문형태의 결정

필요한 질문내용을 결정한 다음에는 이러한 내용을 가장 신뢰할 수 있고 타당하게 측정할 수 있는 질문의 유형과 형태를 결정해야 한다. 질문의 유형은 일반적으로 개방형 질문과 폐쇄형 질문으로 나눌 수 있다. 개방형 질문은 응답자가 직접 답을 기입하도록 하는 형태이며, 폐쇄형 질문은 제시된 문항 내에 제시된 응답항목 중에서 적절한 것을 선택하는 형태다. 개방형 질문의 형태는 단답형과 자유응답형이 대표적이며, 폐쇄형 질문의 형태는 양자택일형, 다지선다형, 평정척도형, 서열형 등 다양한 형태가 존재한다. 질문형태의 구체적인 내용에 대해서는 '제3절 질문 유형 및 형태'에서 설명한다.

〈표 6-3〉 질문의 형태

유 형	형 태
개방형 질문	단답형, 자유응답형 등
폐쇄형 질문	양자택일형, 다지선다형, 평정척도형, 서열형 등

5. 개별문항의 작성

필요한 질문내용과 이에 따른 질문형태가 결정되었다면 이를 구체적으로 어떻게 표현하느냐가 중요하다. 같은 내용의 정보를 얻기 위한 질문에서도 단어의 선정이나 사소한 의미의 변화로 인해 응답의 결과가 달라지기 때문이다. 그러므로 자료를 제대로 얻기 위한 개별문항에 따른 구체적이고 적절한 질문을 작성해야 한다. 개별문항을 작성함에 있어 유의해야 할 사항들을 질문과 응답항목 구성에 따라 정리하면 다음과 같다(강종수, 2009). 구체적인 내용은 '제4절 개별문항 작성의 유의사항'을 참고하기 바란다.

▣ 개별문항 작성 시 유의사항

1. 질문에 관한 유의사항
  • 쉬운 단어와 문장 사용
  • 간단명료하게 작성
  • 구체적으로 표현
  • 명시적으로 표현
  • 질문과 설명은 구별함
  • 이중질문을 피함

- 유도질문은 피하여 가치중립적으로 작성
- 임의로 응답자에 대해 가정하여 질문하지 않음
- 부정문 진술은 지양함
- 응답하기 곤란한 질문은 지양함

2. 응답항목에 관한 유의사항
- 가능한 모든 응답을 제시
- 응답항목 간 내용이 중복되면 안 됨
- 응답항목 간 논리성, 길이 등을 고려하여 배열
- 가능한 응답의 범위를 균등하게 배분

6. 질문순서의 결정

개별질문 문항들이 완성된 이후에는 질문순서를 결정해야 한다. 질문의 배치 순서는 응답의 성격에 영향을 줄 뿐만 아니라 자료수집 과정을 좌우할 수도 있다. 설문지 작성과정에서 질문순서를 유의하지 않으면 잘못된 결과나 편파적인 결과의 자료를 얻을 수 있는데, 이러한 상태를 질문의 오염(contamination of question)이라고 한다 (Duverger, 1964). 따라서 응답을 할 때 질문의 오염을 방지하기 위해 다음과 같은 원칙을 고려하여 배열하도록 한다.

1) 질문을 논리적으로 배열

질문의 배열은 일반적인 것에서 구체적인 것으로, 과거에서 현재로, 친근한 것에서 친근하지 않은 것으로, 가까운 것에서 먼 순으로 하는 것이 좋다. 질문을 논리적으로 배열하지 않을 경우, 응답자가 조사의 의도를 잘 파악하지 못하여 제대로 된 응답을 할 수 없게 될 것이다. 예를 들어, 응답자의 생활사를 알아보고자 하는 경우는 시간순으로 질문을 하거나 하나의 내용이 끝난 후에 그다음으로 넘어가도록 배열하는 것이 적절하다.

또한, 질문 간의 관계를 고려해야 한다. 앞의 질문이 다음 질문에 어떠한 연상 작용을 일으켜 응답에 영향을 미칠 수 있는 경우는 질문들 사이의 간격을 멀리 떨어뜨려 독립적으로 배열하는 것이 바람직하다. 그리고 응답자의 시간을 낭비하지 않도록 응답자 본인에게 해당되지 않는 질문, 즉 건너뛰어도 되는 여과식 질문일 경우는 화살표나 표식을 통해 응답자가 쉽게 응답할 수 있도록 안내하는 것도 필요하다.

2) 질문들의 성격에 따라 배열

질문의 성격이 어떠한가에 따라 깔때기형 또는 역깔때기형으로 배열한다. 깔때기형으로 질문을 배열하는 것은 일반적이고 포괄적인 내용을 먼저 질문하여 알고자 하는 내용의 전체적인 윤곽을 설정한 이후에 보다 특수한 질문을 하는 것으로, 나중에는 세부적이고 특수한 질문을 배열하여 질문의 범위를 차츰 좁혀 나가는 방법이다 (Duverger, 1964). 예를 들어, 면접법을 실시할 경우 지속적으로 알고 있어야 할 사항에 대해서 먼저 질문하고, 이에 대한 정보를 바탕으로 다른 질문을 이어나가게 되는 것과 같은 원리다.

반면, 역깔때기형의 경우는 개별적이고 구체적인 질문을 먼저 시작하고 나중에 포괄적이고 광범위한 질문을 배열하는 방법으로, 특정한 상황에 대해 전반적인 정보를 얻는 것을 목적으로 할 때 사용한다.

3) 쉽고 흥미를 유발할 수 있는 질문은 앞부분에 배열

설문지의 앞부분에는 실문의 취지와 내용을 대략적으로 전달할 수 있고 응답자가 답하기 쉽고 흥미와 관심을 유발할 수 있는 질문들을 배열하여 설문지에 대한 거부감이 들지 않도록 하는 것이 좋다. 처음부터 어려운 내용이나 무관심한 질문이 제시될 경우, 응답을 거부할 가능성이 높아진다. 그러므로 응답자가 자연스럽고 쉽게 응답할 수 있으며, 관심거리가 될 만한 질문을 앞부분에 제시해 줌으로써 쉽게 협조할 수 있도록 해야 한다. 일반적으로 의견이나 믿음에 대한 것보다는 사실에 관한 것, 깊은 생각을 요구하지 않는 것 등이 쉽게 응답할 수 있는 문항이다.

4) 조사의 핵심적인 질문은 중간 부분에 배열

조사의 목적과 관련 있는 핵심적인 질문은 주로 중간 부분에 배열하며, 서로 다른 주제인 경우는 영역을 구분하여 응답자의 혼동을 줄일 수 있도록 한다. 이 경우에 영역마다 간단한 소개나 지시사항, 응답 요령을 제시함으로써 응답자에게 도움을 주도록 한다.

5) 민감한 질문이나 개방형 질문은 뒷부분에 배열

아주 민감하거나 예민한 질문의 경우, 응답자는 이 부분의 응답을 거부하게 될 뿐만 아니라 그로 인해 다른 질문에도 응답을 거부할 수 있다. 또한 개방형 질문도 응답하는 데 많은 시간과 노력이 필요하므로 응답자가 부담을 느껴 응답을 거부하거나 이후 질문 전체를 거부할 가능성이 발생한다. 그러므로 민감한 질문이나 개방형 질문은 뒤로 배열함으로써 다른 질문들에 영향을 미치지 않도록 하는 것이 좋으며, 가능하면 개인의 신상과 관련한 인구 및 사회경제적 배경에 대한 질문도 뒷부분에 배열하는 것이 좋다.

질문의 순서는 이와 같은 방식으로 결정되는데, 그밖에 부가적으로 유의해야 할 몇 가지를 더 제시하면 다음과 같다.

첫째, 응답의 신뢰도를 확인하기 위해 동일한 문항이나 비슷한 내용의 문항을 두 번 제시하는 경우가 있는데, 이때 질문은 분리하여 배치함으로써 응답자가 알아차리지 못하도록 해야 한다.

둘째, 동일한 척도의 문항을 모아서 배열하면 척도에 대한 설명을 한 번으로 끝낼 수 있어 설문지의 분량이 늘어나지 않는다는 장점이 있다. 그러나 동일한 척도문항들을 한군데 모아 놓을 경우, 응답자가 척도에 익숙해져 각 문항이 측정하고자 하는 바를 미리 추측하고 이에 맞추어 응답할 수도 있으므로 주의해야 한다(김병진, 2005; Bailey, 1982).

셋째, 문항들을 질문양식, 답변양식, 질문의 길이, 개방형 질문 또는 폐쇄형 질문 등에 의거하여 변화 있게 배열함으로써 응답자가 설문지에 흥미를 갖도록 할 필요가

있다. 그러나 이렇게 함으로써 설문지가 어려워질 수도 있으므로 주의해야 한다(김병
진, 2005; Bailey, 1982).

무엇보다 응답자가 피로를 느끼지 않도록 질문을 배열하는 것이 가장 중요하다.

7. 설문지의 외형 결정

설문지의 내용뿐만 아니라 응답자의 관심을 끌 수 있도록 읽고 보기 쉽게 편집하는
외형적인 측면도 중요하다. 이는 설문지 외형에 대한 인상에 따라 응답자의 협조나
조사의 진행에서 많은 차이가 발생하기 때문이다. 설문지의 외형을 결정할 때 고려해
야 할 사항을 제시하면 다음과 같다.

첫째, 응답자들이 설문지를 중요한 것으로 인지하여 자발적으로 협조할 수 있도록
설문지의 외형을 디자인해야 한다. 이를 위해 연구를 실시하는 기관의 이름과 연구의
취지를 첫 장에서 협조문을 통해 밝히고, 설문지의 종이 질과 인쇄에도 신경을 써야
한다.

둘째, 설문지의 분량을 고려해야 한다. 일반적으로 설문지의 분량이 적을수록 응답
자에게 설문 작성이 쉬울 것이라는 인상을 주게 되므로 응답자가 설문에 적극적으로
협조하는 경향이 있다. 그러나 의도적으로 분량을 적게 설정하다 보면 문항이 너무
빽빽하게 배열되어 외관상 보기가 좋지 않을 수 있으므로 조심해야 하며, 분량이 많
으면 사전에 양해를 구하고 시작해야 한다.

셋째, 설문지의 글자 크기 및 글씨체를 고려해야 한다. 응답대상자를 고려하여 글
자 크기를 결정해야 하는데, 보통 나이 어린 대상이나 노년층의 경우는 글자 크기를
크게 하는 것이 좋다. 한편, 설문지에 너무 다양한 글씨체를 제시하는 것은 복잡한 느
낌을 주어 오히려 역효과를 내기 쉬우므로 깔끔하며 전체적으로 읽기 편한 느낌의 글
씨체를 선택해서 설문지를 작성해야 한다.

이와 같이 설문지의 외형은 지나치게 딱딱한 형태도 곤란하지만 광고지처럼 너무
화려해도 문제가 된다. 응답자가 매력을 느낄 수 있는 깨끗한 용지와 설문지 체계로

구성하는 것이 좋다.

8. 예비조사

설문지의 초안이 완성되면 오류를 없애기 위해서 응답자들을 대상으로 예비조사를 실시해야 한다. 예비조사는 일부 응답자를 선정하여 예정된 본조사와 동일한 절차와 방법으로 질문의 내용, 용어 및 문장 구성, 반응형식, 질문순서 등을 사전 검증하는 것이다. 이를 통해 설문지의 내용에 문제가 없는지, 응답자가 질문의 내용을 제대로 이해하고 있는지 등을 확인할 수 있다. 그리고 본조사에서 나타날 수 있는 여러 가지 상황, 즉 응답에 필요한 시간, 응답 장소, 조사 분위기, 조사 중에 나타날 수 있는 문제점에 대해 자료를 수집하여 예방할 수 있고 개선점을 확인할 수 있다. 이러한 점에서 예비조사는 매우 중요한 과정이라 할 수 있다.

따라서 예비조사를 실시할 때는 모집단과 유사하다고 판단되는 집단을 대상으로 조사를 실시하고, 그 결과를 토대로 문항을 수정·보완해야 한다. 구체적으로 예비조사를 통해 연구자가 검토해야 할 사항은 다음과 같다(한승준, 2006).

첫째, 질문의 내용이 모순되지 않고, 일관성을 가지고 있는가를 검토한다.

둘째, 질문에 대한 답변이 일방적으로 한쪽에 치우쳐 있을 경우 수정하거나 제외한다.

셋째, '모름' '무응답' 혹은 '기타'에 대한 답변이 많은 경우에는 질문의 내용을 수정한다.

넷째, 조사시간, 문항별로 소요되는 시간, 조사의 어려움 등에 대한 정보를 얻는다.

9. 설문지의 완성

설문지 예비조사의 결과를 토대로 질문 문항을 수정·보완하면 타당도와 신뢰도를 갖춘 설문지가 완성된다. 그리고 설문지를 인쇄 또는 복사함으로써 설문지의 개발

과정이 마무리된다.

지금까지 살펴본 설문지 개발과정을 요약하여 제시하면 〈표 6-4〉와 같다.

〈표 6-4〉 설문지 개발과정

개발 과정	내 용
1. 필요한 정보의 결정	설문조사를 통해 얻어야 할 정보 결정
2. 자료수집 방법의 결정	조사연구 목적과 방법에 적합한 자료수집 방법 결정
3. 질문내용의 결정	어떤 내용으로 질문을 만들어야 할지 문항별 결정
4. 질문형태의 결정	문항별 질문의 형태 결정
5. 개별문항의 작성	개별문항 작성
6. 질문순서의 결정	질문문항의 유사성, 연계성 등을 고려하여 순서 결정
7. 설문지의 외형 결정	설문지의 디자인, 분량, 글씨 크기 및 글씨체 등 결정
8. 예비조사	일부 응답자들을 대상으로 예비조사 실시
9. 설문지 완성	예비조사 결과를 토대로 수정 · 보완하여 설문지 완성

제3절 질문 유형 및 형태

설문지는 연구문제 해결을 위하여 상호 연관된 다수의 문항으로 구성하여 작성한다. 이때 신뢰할 수 있고 타당하게 측정할 수 있는 질문의 유형과 형태를 지니고 있어야 한다. 질문의 유형은 크게 개방형 질문과 폐쇄형 질문으로 나눌 수 있고, 개방형 질문에는 단답형과 자유응답형이, 폐쇄형 질문에는 양자택일형, 다지선다형, 평정척도형, 서열형이 있다.

1. 개방형 질문

개방형 질문(open-ended response question)은 응답자가 할 수 있는 응답의 형태에 제한 없이 자유롭게 표현하는 질문 유형이며, 단답형과 자유응답형이 대표적이다.

다음에 제시된 예시처럼 자유응답형 질문은 다른 형태의 응답에 비해 응답자가 자유롭게 답할 수 있도록 함으로써 응답자의 의견을 존중하는 느낌을 주며, 응답자의 다양한 의견을 얻어 낼 수 있어서 연구자가 미처 생각하지 못했던 정보나 문제점을 발견할 수 있다. 따라서 탐색적 연구나 연구의 의사결정 초기 단계에서 유용하게 사용할 수 있는 질문형태다.

반면에 응답자 입장에서는 부담을 느껴 응답하지 않을 가능성이 높다. 그리고 응답을 표현하는 방법에 제한이나 강제성이 없기 때문에 다양한 응답 자료가 수집된다. 따라서 이 자료를 객관화하고 범주화, 부호화(coding)하는 자료 처리가 번거롭기 때문에 수집된 자료를 분석에서 제외하는 경우도 발생하여 유실될 가능성도 높다. 또한 응답의 표현상 차이로 전혀 다른 해석이 가능하고, 분석자의 편견이 개입될 수 있으며, 표현능력이 부족한 응답자에게는 사용하기 어려운 질문형태다.

- 귀하가 가장 최근에 참여한 평생학습기관은 어디입니까?

- 평생학습이 왜 중요하다고 생각하십니까?

2. 폐쇄형 질문

폐쇄형 질문(close-ended response question)은 개별문항을 작성할 때 응답할 항목을 제시해 주고 그중에서 선택하게 하는 질문 유형이다. 따라서 질문뿐 아니라 응답항목도 잘 작성하여야 한다. 폐쇄형 질문 유형의 대표적 형태인 양자택일형, 다지선다형, 평정척도형, 서열형 등을 살펴보면 다음과 같다.

1) 양자택일형

일반적으로 양자택일형(dichotomy question)은 다음에 제시된 예시와 같이 진술문에 응답자가 동의하는지 아닌지 또는 옳은지 그른지를 ○/×로 응답하게 하는 형태와 '예/아니요' 혹은 '찬성/반대'에 표시하도록 응답하게 하는 형태가 있다.

• 평생교육사의 직무에 교수업무가 포함되어 있다.	○_____	×_____
• 귀하는 평생학습축제에 참석하신 적이 있습니까?	예_____	아니요_____

양자택일형의 경우는 문항 제작이 비교적 용이하고 대답하기도 쉽고, 주어진 시간 안에 다수의 문항으로 많은 내용을 측정할 수 있다는 장점이 있다. 그러나 '옳다/그르다' 혹은 '예/아니요'로 표현해야 하므로 질문에 대한 이해가 부족하거나 중립적인 입장에 있을 경우 응답하기 곤란하다는 단점도 있다.

한편, 양자택일형 질문과 연계하여 해당 일부 응답자에게만 연결되는 특수한 질문 형태인 해당자 부수 질문(contingency question, 여과 질문)이 있다. 이는 제시된 예시처럼 앞 질문 문항과 관련하여 해당되는 응답자만 선별하여 질문할 때 사용되므로 다음 문항에 대한 안내가 제대로 제시되지 않을 때는 혼동을 일으킬 염려가 있으니 구체적 지시문을 통해 잘 안내해야 한다.

5. 귀하는 현재 청소년지도 관련 자격증을 가지고 있습니까?

_____ ① 있음(☞ 5-1번으로)   _____ ② 없음(☞ 6번으로)

5-1. 귀하가 보유하고 있는 자격증에 모두 ✔ 표 하여 주세요(중복체크 가능).

자격증	1급	2급	3급
청소년지도사			
청소년상담사			
평생교육사			
사회복지사			
기타자격증			

2) 다지선다형

다지선다형(multiple choice question)은 다음의 예시와 같이 응답 가능한 항목들을 미리 제시해 놓고 그중에서 선택하게 하는 형태다. 다지선다형은 연구자가 충분한 사전 검토를 통해 가능한 모든 응답 항목을 포괄할 수 있도록 제시해 주어야 하며, 기타 항목을 포함시켜 제시된 응답 이외의 다른 내용도 기입할 수 있도록 해야 한다. 또한 각 응답항목들은 응답자가 하나의 항목만 선택할 수 있도록 내용이나 범위가 중복되지 않고 상호배타적이어야 한다.

중복응답이 허용된 경우는 응답항목 선택의 폭을 넓혀 응답 내용을 깊이 있게 파악할 수 있지만 별도의 자료 처리 절차를 거쳐야 하는 번거로움이 있다.

- 귀하의 최종 학력은 무엇입니까?
  ① 초등학교 졸업 이하   ② 중학교 졸업
  ③ 고등학교 졸업   ④ 전문대학 졸업
  ⑤ 대학교 졸업   ⑥ 대학원 졸업

- 귀하가 평생교육에 참여하는 이유는 무엇입니까?
  ① 학력을 높이기 위해 　　　　　　　 ② 직업능력을 높이기 위해
  ③ 일상생활에 도움을 얻기 위해 　　　 ④ 사람 사귀는 것이 좋아서
  ⑤ 배우는 것이 좋아서 　　　　　　　 ⑥ 기타(　　　　　　)
- 귀하가 이용해 본 평생교육기관에 모두 ✓표시해 주십시오(중복응답 가능).
  ① 시·도 평생교육진흥원 　　　　　　 ② 시·군·구 평생학습관
  ③ 성인문해교육기관 　　　　　　　　 ④ 대학부설 평생교육원
  ⑤ 평생직업훈련학원 　　　　　　　　 ⑥ 주민자치센터
  ⑦ 여성인력개발센터 　　　　　　　　 ⑧ 시민사회단체부설 평생교육원
  ⑨ 사업장부설 평생교육원 　　　　　　 ⑩ 언론기관부설 평생교육원
  ⑪ 기타(　　　　　　)

3) 평정척도형

　평정척도형(rating question)은 주로 응답자 의견의 강도를 표시하도록 하는 방식이다. 리커트 척도가 대표적이며 3점, 5점, 7점 척도 등이 주로 사용된다. 다음 제시된 예시와 같은 문항 형태의 경우, 제작하기 쉽다는 장점은 있으나 응답자가 정확한 의견이 없을 경우 중간(예: '보통이다') 항목에 응답할 확률이 높아 신뢰성 있는 자료를 얻기 어려울 수 있다. 이와 같은 문제점을 보완하기 위해 연구주제나 대상에 따라 '보통이다'라는 응답항목을 삭제하고 4점 또는 6점 척도의 형태로 제시하기도 한다.

- 보수교육 내용은 본인의 업무수행에 도움이 되었습니까?
  ① 전혀 아니다　　② 아니다　　③ 보통이다　　④ 그렇다　　⑤ 매우 그렇다

〈표 6-5〉 평정척도형 예시

문 항	전혀 그렇지 않다	아니다	보통 이다	그렇다	매우 그렇다
1. 나는 내가 어떤 일에 흥미가 있는지 알고 있다.					
2. 나는 내 성격의 장단점을 알고 있다.					
3. 나는 장래 대학에서 하고 싶은 전공이 있다.					
4. 나는 나의 적성과 소질에 적합한 직업이 무엇인지 안다.					
5. 나의 적성을 살리기 위해 다양한 외부활동에 참여한다.					
6. 나는 적성검사와 흥미검사 등에 적극적으로 참여한다.					

4) 서열형

서열형(ranking question)은 가능한 응답을 나열해 작성하고 중요한 순서나 좋아하는 순서, 싫어하는 순서 등에 따라 서열대로 번호를 매기거나 선택하게 하는 방식의 질문 형태다. 이 경우는 응답항목이 너무 많으면 응답자가 판단하기 어렵기 때문에 최대 8~10개 내외의 항목으로 제한하는 것이 좋다.

- 대학부설 평생교육원에서 근무하는 평생교육사의 직무 가운데 가장 중요하다고 생각하는 직무의 순서에 따라 1, 2, 3위를 선택해 주세요.
  (1위: 2위: 3위:)

  ① 평생교육 사업 및 프로그램 기획 개발
  ② 평생교육 프로그램 운영 관리
  ③ 평생학습상담
  ④ 평생교육 교수–학습
  ⑤ 평생교육 네트워킹 및 지원
  ⑥ 평생교육 평가 및 컨설팅

제4절 개별문항 작성의 유의사항

설문지에서 적절하게 기술되지 않은 문항은 부정확하여 불필요한 정보를 수집하게 되거나 편중된 응답자들의 반응을 얻게 되어 잘못된 결론을 도출하게 한다. 따라서 설문지의 목적에 맞게 응답자의 특성을 고려하여 적절한 개별문항을 작성하는 것은 매우 중요하다. 이 절에서는 개별문항을 작성함에 있어 유의해야 할 사항들을 질문, 응답항목에 따라 살펴보고자 한다.

1. 질문에 관한 유의사항

1) 쉬운 단어와 문장 사용

개별문항은 응답자가 정확하게 내용을 이해하고 파악할 수 있도록 쉬운 단어와 문장으로 작성해야 한다. 설문지가 전문가를 대상으로 한 것이 아니라면 보통 사람이 이해할 수 있는 쉽고 평범한 수준의 단어와 문장으로 작성하는 것이 바람직하다. 특히, 조사 대상자가 다양하다면 가장 낮은 학력 집단이나 연령대에서도 이해할 수 있도록 작성할 필요가 있다.

예를 들어, '오이디푸스 콤플렉스'라는 용어는 심리학이나 교육학 전공자들은 잘 알고 있지만, 이와 같은 전문 용어를 설문지에 사용하여 일반인들을 대상으로 조사한다면 제대로 응답할 수 있는 사람은 많지 않을 것이다. 만약 부득이하게 어려운 용어나 개념을 사용하여 문항을 작성해야 한다면 용어나 개념에 대한 설명을 따로 제시하는 것이 좋다.

2) 간단명료하게 작성

질문이 길고 복잡하면 응답자는 쉽게 흥미를 잃고 질문을 회피하거나 응답을 거부하는 경향이 있다. 응답자는 질문을 이해하기 위해 문항의 의미를 깊이 따지려 하지 않기 때문에 응답자가 집중하지 않고 빨리 읽어 갈 경우에는 문항에 대한 이해도가 떨어질 수 있다.

예를 들어, '성인학습자를 대상으로 고용의 기회를 높이고 생활 속에서 삶의 질을 높이기 위해 대학이 지역사회와 연계하여 제공해야 하는 평생학습 서비스는 어떤 것이 있습니까?'라는 질문의 경우는 길고 복잡하여 응답자가 내용을 이해하기가 쉽지 않다. 이렇게 되면 응답자는 질문을 회피할 가능성이 커진다.

따라서 응답자들이 문항을 빨리 읽고 질문의 취지를 쉽게 이해할 수 있도록 가급적이면 간단명료하게 작성하는 것이 바람직하다. 비록 연구자는 질문을 분명하게 제시하고, 주제와의 연관성을 강조하기 위해 가끔 길고 복잡한 문항을 만들기도 하지만 이는 바람직하지 않다.

3) 구체적으로 표현

질문이 추상적이고 애매모호하다면 응답자마다 여러 가지 의미로 해석할 것이므로 개별문항은 구체적인 표현으로 작성해야 한다. 예를 들어, '귀하의 소득은 얼마나 됩니까?'라는 질문을 했을 경우, 소득의 종류는 아주 다양하기 때문에 응답자에 따라 다르게 해석하여 답할 수 있다. 즉, 연간 소득을 질문한 것인지, 월간 소득만을 질문한 것인지 혹은 본인의 소득만을 의미한 것인지, 가족의 다른 소득까지도 포함시켜야 하는지, 또는 세금을 공제한 소득인지, 공제 전 소득인지 등 질문을 다양하게 해석하여 응답자마다 다르게 답을 할 수 있을 것이다. 그러므로 이러한 혼동을 막기 위해 소득의 종류를 구체적으로 지정해 작성하도록 해야 한다.

4) 명시적으로 표현

형용사를 사용하여 개별문항을 작성할 경우에도 주의가 필요하다. 예를 들어, '당신은 평생교육에 대해 얼마나 알고 계십니까?'라는 질문에 대한 응답항목으로 '전혀 모른다' '거의 모른다' '잘 모른다' '보통' '조금 안다' '상당히 안다' '매우 잘 안다' 등이 제시되었다고 하자. 이 경우 '매우' '거의' '상당히' '잘' 등 형용사 간의 명확한 개념 구분이 어려워 응답자는 각자의 느낌에 따라 선택하게 된다. 이때는 형용사를 사용하는 것보다 경험적인 어구를 가지고 명시적으로 표현하는 것이 좋다. 예를 들어, 빈도에 관한 질문을 할 때는 해석이 다양할 수 있는 '자주'라는 용어보다는 '일주일에 세 번 이상'이나 '매일' 등과 같이 명확히 숫자로 표현할 수 있는 용어를 사용하는 것이 바람직하다.

5) 질문과 설명은 구별함

설문지의 개별문항을 작성할 때 직접적인 질문뿐 아니라 부가적인 설명이 필요한 경우가 있다. 이때 질문과 설명이 구별되지 못하면 응답자들은 어디까지가 질문인지를 이해하기 어렵다. 예를 들어, '님비(Not In My Back-Yard: NIMBY)현상이란 기피시설 등이 필요는 하지만, 자기 지역에 설치하는 것을 반대하는 지역이기주의를 말합니다. 당신은 주민들이 청소년쉼터 설치를 반대하는 것도 님비현상이라고 생각하십니까?'라는 문항에서 앞 문장은 님비현상에 대한 설명이고, 뒷부분은 의견을 묻는 질문이다. 이와 같이 질문과 설명은 뚜렷하게 구별하여 제시해야 하지만, 문장이 길고 복잡하게 될 수 있으므로 주의해야 한다.

그러나 응답자가 질문을 이해하고 답하는 데 필요한 전문용어나 특별한 의미가 있는 용어에 대해서는 다음 예시처럼 구체적인 의미를 따로 제시하여 설명하는 것이 좋다.

평생학습이란?
언제나, 어디서나, 누구나 자신이 원하는 것을 배울 수 있는 기회를 제공하는 학습으로, 학교정규교육을 제외한 모든 형태의 교육 및 학습활동을 의미함

• 귀하는 평생학습에 대해 알고 있습니까?   ① 예   ② 아니요

---

6) 이중질문을 피함

한 문항 안에 두 가지 이상의 응답을 묻는 이중질문은 피해야 한다. 이 경우는 응답자가 어느 것에 초점을 맞추어 응답을 해야 할지 판단하기가 어렵다. 이는 응답자의 판단에 따라 달리 해석되어 응답의 오류를 초래하므로 하나의 문항에는 하나의 질문만 포함되도록 여러 개의 문항으로 분리하여 제시하는 것이 바람직하다.

- **수정 전**: 귀하는 현재 수강하고 있는 강좌의 강의료와 수업환경에 대해 만족하십니까?

- **수정 후**: 1. 귀하는 현재 수강하고 있는 강좌의 강의료에 대해 만족하십니까?
  2. 귀하는 현재 수강하고 있는 강좌의 수업환경에 대해 만족하십니까?

이 예시의 수정 전 질문은 강의료와 수업환경 모두에 만족감을 느끼고 있는 응답자에게는 응답하는 데 아무런 불편함이 없으나, 강의료에 대해서는 불만족을 느끼고 수업환경에 대해서는 만족감을 느끼고 있는 경우는 어디에 초점을 맞춰 대답을 해야 할지 몰라 대답을 회피하거나 정확한 정보를 제공해 주지 못한다. 그러므로 이러한 질문은 수정 후의 질문과 같이 두 개의 문항으로 나누어 가급적 단일 내용으로 질문을 작성하는 것이 바람직하다.

7) 유도질문은 피하고 가치중립적으로 작성

유도질문은 조사자가 어떤 응답을 기대하는 것처럼 느끼도록 구성한 질문을 말한다. 유도질문의 경우, 연구자가 원하는 응답을 하도록 유도함으로써 부정확한 정보와 편파적인 의견을 얻게 되어 특정한 응답이 나올 가능성을 인위적으로 높이는 결과를 초래한다. 이러한 오류를 최소화하기 위해서는 가장 중립적인 위치에서 질문이 이루어져야 한다.

> - **수정 전**: 대다수의 국민은 사교육비를 낮추어야 한다고 주장하고 있습니다.
>   우리나라 사교육비를 낮추어야 한다는 생각에 찬성하십니까?
> - **수정 후**: 귀하는 우리나라의 사교육비를 낮추어야 한다고 생각하십니까?

　예시의 수정 전의 질문은 서두에 사교육비를 낮추자는 연구자의 주장을 제시함으로써 사교육비를 낮추는 것에 찬성하도록 유도하는 질문이다. 이런 경우 수정 후와 같이 중립적으로 물어야 할 것이다.

8) 임의로 응답자에 대해 가정하여 질문하지 않음

　질문내용 중에 무의식적인 가정을 둠으로써 응답자들을 임의로 분류하거나 그들의 의견을 유도해서는 안 된다. 이런 경우 그 가정에 포함되지 않는 응답자는 답을 할 수 없는 상황이 벌어진다. 예를 들면, '평생교육기관 중에서 특정 기관만을 선호하여 참여하는 주된 이유는 무엇입니까?'라는 질문을 했다고 하자. 이는 응답자들이 평생교육기관에 다닐 때 어느 특정 기관을 선호해서 간다는 것을 가정하여 작성된 문항이다. 이때 여러 평생교육기관을 다양하게 이용하는 응답자의 경우나 평생교육기관을 이용하지 않는 사람은 이 질문에 대한 응답을 꺼리게 된다. 따라서 연구자는 가정이 내포된 질문을 하지 않도록 주의해야 한다.

9) 부정문 기술은 지양함

　개별문항에 부정적인 문항이 있으면 응답자가 자칫 오해하여 잘못 해석할 가능성이 많고, 때로는 부정 단어를 보지 못해 긍정문으로 해석하여 정반대의 정보를 제공할 수 있으므로 주의해서 사용해야 한다.

　다음에 제시된 수정 전 예시처럼 '장애인에 대한 채용차별이 바람직하지 않다.'라는 진술문에 대해 찬성과 반대를 표시하도록 한다면, 어떤 응답자는 '바람직하지 않다'의 표현을 염두에 두고 찬성하는 응답할 것이지만, 다른 응답자는 '바람직하지 않다' 라는 문구를 간과하고 응답할 수도 있다. 이 진술문은 '장애인의 채용차별은 당연하다' 와 같은 형태로 바꾸어 기술하는 것이 바람직하다.

- **수정 전**: 장애인에 대한 채용차별이 바람직하지 않다. (찬성/반대)

- **수정 후**: 장애인의 채용차별은 당연하다. (찬성/반대)

---

10) 응답하기 곤란한 질문은 지양함

설문조사를 통해 응답자로부터 정확한 자료를 얻기 위해서 구체적으로 질문하는 경우도 있다. 하지만 응답자에게 지나치게 자세한 응답을 요구한다면 그로부터 얻어낼 수 있는 자료의 정확도에는 한계가 있을 수 있다. 다음에 제시된 예시처럼 질문을 구성했을 경우, 이에 대해 정확하게 응답할 수 있는 응답자는 많지 않을 것이다.

- 지난 1년 동안 귀하가 사용한 생활비 중 교육비 및 문화비는 각각 얼마입니까?

교육비	등록금:	원	학원수강료:	원	교재구입비:	원
문화비	영화 · 연극비:	원	스포츠 · 오락비:	원	여행비:	원

또한 응답자에게 수치심을 주거나 감정을 상하게 하는 질문 또는 책임을 추궁하는 것 같은 질문은 솔직한 응답을 기대할 수 없고 무응답이 많기 때문에 피해야 한다. 예를 들어, 혼인상태를 묻는 질문에 대한 응답으로 '① 미혼, ② 기혼, ③ 사별, ④ 별거, ⑤ 재혼, ⑥ 이혼, ⑦ 동거, ⑧ 기타'를 제시하였다면, 이 경우는 응답자가 응답하기 곤란해 무응답으로 반응할 가능성이 높아진다. 따라서 연구에 꼭 필요한 문항인지를 검토하여야 하며, 반드시 포함되어야 하는 문항이라면 주의하여 작성해야 한다.

2. 응답항목에 관한 유의사항

1) 가능한 모든 응답을 제시

다지선다형 질문은 제시한 응답 속에서 선택하도록 제작된 문항이므로 응답자가 원하는 답이 없을 경우 응답자의 의견을 정확하게 반영할 수 없게 된다. 따라서 다지선다형 답지에는 응답자들이 생각할 수 있는 가능한 답을 모두 제시해 주어 응답자가 갖고 있는 의견이 정확히 반영될 수 있도록 해야 한다.

다음에 제시된 예시에는 '귀하의 최종 학력은 무엇입니까?'라는 질문의 응답항목에 최근 비중이 높아지고 있는 대학원 학력이 누락되어 있다. 따라서 최종 학력이 '대학원 졸업'인 응답자는 응답할 수 없다. 이는 하나의 질문에 대해서는 응답항목을 빠뜨리지 않고 포함시켜야 한다는 포괄성의 원칙에 위배되었다고 할 수 있다. 포괄성의 원칙에 따른 적절한 응답지를 작성하려면 '⑤ 대학교(4년제) 졸업 이상'으로 수정하거나 '⑥ 대학원 졸업'을 추가해야 한다.

• 귀하의 최종 학력은 무엇입니까?

① 초등학교 졸업 이하   ② 중학교 졸업

③ 고등학교 졸업   ④ 전문대학(2년제) 졸업

⑤ 대학교(4년제) 졸업

이와 더불어 '기타' 항목을 추가하여 연구자가 미처 생각하지 못한 사항을 응답할 수 있도록 하는 것도 필요하다.

2) 응답항목 간 내용이 중복되면 안 됨

각 응답항목들은 상호배타적이어야 한다. 즉, 한 응답자가 반드시 하나의 항목만을 선택할 수 있도록 항목을 구성해야 한다. 한 가지 생각을 갖고 있는 응답자가 두 가지

응답을 같은 내용으로 이해하여 이를 모두 선택하도록 제작해서는 안 된다.

다음에 제시된 예시에서 질문의 응답항목 중 '① 새로운 지식과 기술 습득, ② 전문지식 향상, ③ 자격증 취득'은 내용이 중복되는 부분이 있어 응답자에게 혼동을 줄수 있다. 따라서 응답의 항목을 제시할 때는 상호 배타성의 원칙에 따라 명확히 구분하여 제시해야 한다.

• 귀하가 평생학습에 참여하는 이유는 무엇입니까?

① 새로운 지식과 기술 습득	② 전문지식 향상
③ 자격증 취득	④ 교양 증진
⑤ 취미 및 여가 활동	⑥ 인간관계 확대
⑦ 사회봉사 참여	⑧ 기타( )

---

3) 응답항목 간 논리성, 길이 등을 고려하여 배열

개별질문에 대한 응답항목을 배열할 때는 항목 간의 논리성, 문장의 길이 등을 고려해야 한다. 다음 제시된 예시와 같이 '귀하가 선호하는 평생학습 프로그램 수강시간은 언제입니까?'와 같은 질문에 대한 응답항목은 평일과 주말로 구분하여 시간 순으로 배열하는 것이 바람직하다. 또한, 응답의 문장 길이가 서로 다를 때는 긴 것을 마지막에 배열하는 것이 좋다.

• 귀하가 선호하는 평생학습 프로그램 수강시간은 언제입니까?

① 평일 오전(9~12시)	② 평일 오후(2~5시)
③ 평일 저녁(7~10시)	④ 주말 오전(9~12시)
⑤ 주말 오후(2~5시)	⑥ 주말 저녁(7~10시)

---

4) 가능한 응답의 범위를 균등하게 배분

개별문항에서 각 응답이 선택될 가능성은 같아야 하며, 응답의 범위를 제시할 경우는 가능한 균등하게 분배되어야 한다. 개별문항을 작성할 때, 다음의 예시와 같이 응답항목의 범위가 긍정적인 것에 편중되는 실수를 범하는 경우가 있다.

___매우 우수한　___우수한　___탁월한　___좋은　___보통　___탁월하지 못한

특별한 경우가 아닌 한 긍정 응답과 부정 응답 정도가 대응하도록 균형 있게 제시할 필요가 있다.

용어 정리

- **설문지**: 연구자가 알고자 하는 어떤 문제에 대하여 작성한 일련의 질문에 응답자가 대답을 기술하도록 하는 조사도구
- **개방형 질문**: 응답자가 직접 답을 기입하도록 하는 형태의 질문으로 단답형, 자유응답형 등이 있음
- **폐쇄형 질문**: 문항 내에 제시된 응답항목 중에서 적절한 것을 선택하는 형태의 질문으로 양자택일형, 다지선다형, 평정척도형, 서열형 등이 있음

학 / 습 / 문 / 제

※ 지역주민의 평생교육 인식을 알아보기 위한 설문지를 개발하려고 합니다.

1. 설문지에 포함되어야 할 구성요소는 무엇이 있는지 설명하세요.

2. 설문지를 개발하는 체계적인 절차를 설명하세요.

3. 설문지에 사용될 양자택일형, 다지선다형, 평정척도형, 서열형, 개방형 질문을 작성하세요.

4. 개별문항 작성 시의 유의사항을 토대로 3번에서 작성한 문항을 평가해 보세요.

제**7**장

타당도 및 신뢰도

제1절 타당도
제2절 신뢰도
제3절 타당도와 신뢰도의 관계
제4절 측정도구의 양호도

1. 타당도의 개념과 유형을 안다.

2. 신뢰도의 개념과 유형을 안다.

3. 타당도와 신뢰도의 관계를 이해한다.

4. 측정도구의 양호도를 판단한다.

제1절 타당도

일반적으로 조사연구에서 설문지가 양호한지를 알아보기 위해 타당도와 신뢰도가 확보되어 있는지를 검토하게 된다. 이 절에서는 먼저 타당도의 개념 및 유형에 대해 살펴보고자 한다.

1. 타당도의 개념

측정 대상에는 길이나 무게와 같이 자 또는 저울을 통해 직접 측정이 가능한 것과 리더십, 대인관계, 자기주도성과 같이 심리검사나 설문지를 통해서 간접 측정을 해야 하는 것이 있다. 간접 측정을 해야 하는 경우는 조사도구를 제작하기 위해 질문문항을 개발하고 구성하는 과정에서 주제에 적합하지 않은 내용이 포함되거나 연구자의 주관적인 관점이 포함될 수 있기 때문에 타당도의 확보가 중요한 관건이 된다.

타당도(validity)란 조사도구가 측정하려고 의도한 개념이나 속성을 얼마나 실제에 가깝고 정확하게 측정하고 있는가의 정도를 의미하는 것으로, 측정 목적에 따른 조사도구의 적합성을 말한다(한국교육평가학회, 2004). 미국심리학회의 교육 및 심리검사의 기준(AERA, APA, & NCME, 1999)에 따르면 '측정점수의 해석에 대하여 근거나 이론이 지지해 주는 정도'로 정의되고 있다. 즉, 어떤 개념이나 속성을 측정하기 위해서 제작된 심리검사나 설문지가 해당 속성을 얼마나 정확하게 반영하느냐의 문제와 관련된다고 할 수 있다.

만약 초등학생들의 지능을 조사하기 위해 머리둘레를 측정한다면 문제가 된다. 이는 지능을 측정하기보다 초등학생의 체격을 측정하는 것이므로 타당도가 떨어진다고 할 수 있다. 또 다른 예로, 중학생들의 과학 능력을 조사하기 위한 검사에서 문항 자체가 지나치게 어렵게 출제되었다면, 학생들은 과학문제를 풀기보다 문제를 이해하는 데 더 많은 시간을 할애하게 된다. 이 경우는 과학 능력을 측정하기 위한 도구라기보다 어휘력을 측정하기 위한 도구라고 하는 것이 더 옳을지도 모른다. 따라서 이 조사도구는 본래 측정하고자 했던 과학 능력을 순수하게 측정하기보다 어휘력에 의해 더 많은 영향을 받기 때문에 타당도가 낮다고 할 수 있다.

이처럼 타당도가 낮다는 것은 조사도구의 목적과 다른 속성을 측정하고 있으며, 그 측정점수로부터 추론한 것이 적절하지 않다는 것을 의미한다. 따라서 타당도는 설문지가 갖추어야 할 중요한 조건이라 할 수 있다. 타당도 높은 조사도구를 개발하기 위해서는 측정하고자 하는 개념의 속성을 대표할 수 있는 요인들을 찾아 문항으로 구성해야 한다.

예를 들어, 직업만족도를 측정하고자 한다면, 우선 '직업만족'이라는 추상적 개념을 측정 가능하도록 임금수준이나 근무환경, 동료들과의 관계, 지위 보장 등과 같은 관련 요인들을 찾아 측정할 수 있는 문항으로 구성된 조사도구를 작성하여야 한다. 이때 이러한 다양한 문항이 실제로 직업만족도를 측정해 낼 수 있는가를 확인하는 과정이 바로 타당도 검증과정이다.

모든 내용에 타당하거나 타당하지 않은 조사도구는 존재하지 않으므로 타당도는 '있다' 또는 '없다'의 판단보다는 '높다/적절하다/낮다'와 같이 표현하는 것이 바람직하다. 즉, 조사하려는 의도에 적합한 문항으로 구성된 조사도구의 타당도는 높지만, 그렇지 않은 경우 타당도는 낮다고 표현한다.

또한, 타당도는 특별한 목적이나 해석에 제한된다. 하나의 조사도구가 모든 연구의 목적에 부합될 수 없으므로 '이 조사도구는 무엇을 측정하는 데 타당하다'라고 제한적으로 표현해야 한다. 앞에서 언급된 직업만족도 조사도구 예시의 경우는 '직업만족도를 측정하는 데 타당하다'는 것으로 제한된다.

2. 타당도의 유형

조사도구의 타당도는 검증 방법에 따라 몇 가지로 구분된다. 일반적으로 타당도는 크게 내용타당도, 준거관련타당도, 구인타당도 등 세 가지 유형으로 분류한다.

1) 내용타당도

내용타당도(content validity)는 모든 측정도구의 제작 시 가장 중요한 관심사가 되는 것으로, 도구가 목표에 적합하게 충실한 문항으로 구성되었는가의 정도를 의미한다. 다시 말해, 측정도구가 측정하고자 하는 내용을 잘 대표할 수 있는 문항으로 구성되어 있는지를 전문가의 체계적이고 논리적 사고에 입각하여 판단하는 주관적인 타당도다(김석우, 최태진, 2011).

연구에서 조사하고자 하는 모든 영역을 포괄하는 문항을 제작하기란 실제로 거의 불가능하기 때문에 조사도구를 작성할 때 체계적인 분석을 통해 각 내용 영역을 적절한 비율로 배치하여야 한다. 예를 들어, 학습자를 대상으로 평생교육 프로그램의 만족도를 평가하는 조사도구를 제작하는 경우를 생각해 보자. 프로그램의 내용, 방법, 교사·강사, 시간, 학습 환경 등을 골고루 설문문항으로 포함하고 있는 조사도구와 프로그램의 내용에만 한정되어 문항을 구성한 조사도구는 내용타당도가 다를 수밖에 없다. 이러한 증거는 주로 전문가에 의해 판단되므로 '전문가타당도'라고 부르기도 한다.

내용타당도를 높이기 위해 조사도구가 의도했던 목표를 구체적으로 진술하고 그 목표를 확인할 수 있는 문항을 제작하는 것이 좋다. 처음에 의도했던 목표에 비추어 적절한 문항을 구성할 수 있고 중요한 내용을 골고루 포함하는 조사도구를 제작할 수 있을 것이기 때문이다. 더불어 문항 표본의 특성을 고려하여 문항의 난이도를 적절히 조절한다면 내용타당도가 높은 조사도구를 확보할 수 있을 것이다.

이와 같이 내용타당도는 검사의 목적에 부합하는지의 여부를 쉽게 검증할 수 있다는 장점이 있다. 반면 내용타당도를 검증하는 전문가마다 각기 다른 주관적 견해를 가지는 경우가 많아 결과가 달리 나올 수 있다는 단점이 있다.

내용타당도는 주로 전문가의 주관적 판단에 의존하기 때문에 엄밀한 의미에서 내용타당도를 분석하는 통계치는 없다고 많은 사람이 주장한다. 그렇지만 Lawshe

(1975)는 조사도구 문항의 내용타당도를 검증하는 방법으로 내용타당도 비율(Content Validity Ratio: CVR)이라는 공식을 다음과 같이 제시하였다. 내용타당도 CVR 값은 전체 전문가 평정자들이 특정 문항에 대하여 '타당하다'고 응답한 전문가 평정자의 비율을 의미한다.

$$\text{내용타당도 비율(CVR)} = \frac{Ne - \dfrac{N}{2}}{\dfrac{N}{2}}$$

Ne: 특정 문항이 타당하다고 평가한 전문가 평가자 수
N: 전체 전문가 평가자 수

2) 준거관련타당도

준거관련타당도(criterion-related validity)는 어떤 준거와의 관련성 분석을 통해 측정도구의 타당도를 확인하는 방법을 의미하며, 조사도구의 측정값과 기준이 되는 다른 측정값 사이의 상관관계로 평가한다. 준거관련타당도는 준거가 가지는 예측성과 일치성이라는 특성에 따라 예언타당도와 공인타당도로 구분된다. 타당성의 준거가 조사대상자 미래의 어떤 행동이나 특성일 경우는 예언타당도, 이미 타당도가 공인된 조사도구일 경우는 공인타당도라고 한다.

이와 같이 조사대상자의 미래 행동이나 이미 타당성이 검증된 도구의 기준과 관련시켜서 타당도를 검증하기 때문에 '경험적 타당도(empirical validity)'라 부르기도 한다(김석우, 최태진, 2011).

(1) 예언타당도

예언타당도(predictive validity)는 예측타당도라고도 하며, 한 측정도구가 응답자의 미래 행동을 어느 정도로 정확하게 예측하느냐를 의미하는 것이다. 이때 준거는 미래의 행동 특성, 즉 학업성취, 근무성적, 사회적 적응이나 성공 등이 될 수 있으므로, 도

구의 예언타당도를 측정하기 위해서는 일정한 시간이 경과해야 한다(한국교육평가학회, 2004).

예를 들어, 수학능력시험과 대학생활 적응정도 사이의 상관관계를 산출하여 이들 간의 예언타당도를 확인할 수 있다. 또는 입사 시기에 실시한 적성검사와 입사 이후 직무능력과의 상관계수를 분석하여 예언타당도를 확인할 수도 있다. 이때 상관관계가 높으면 예언타당도가 높다고 말할 수 있다. 이처럼 예언타당도의 추정 방법은 측정점수와 대학생활적응도나 직무능력과 같은 준거 간의 상관계수를 사용하고, 상관계수가 클수록 예언의 정확성이 커지는 반면 예언의 오차는 작아지게 된다.

예언타당도를 확보한 조사도구는 미래 행동 특성을 예측할 수 있으므로 선발, 채용, 배치를 위한 상황에서 유용하게 사용된다. 그러나 예언타당도를 산출해 내려면 준거가 되는 미래의 행동특성이 측정할 수 있을 때까지 비교적 시간이 오래 걸린다는 것이 단점이다.

(2) 공인타당도

공인타당도(concurrent validity)는 자체적으로 제작한 조사도구가 이미 타당성을 인정받고 있는 다른 조사도구의 측정결과와 얼마나 일치하는지를 확인하여 타당성을 검토하는 방법이다(한국교육평가학회, 2004).

예를 들어, 연구자가 제작한 지능검사 도구의 타당도를 산출하기 위해 이미 타당성이 입증된 한국판–카우프만 아동평가도구(K-ABC) 지능검사와의 상관성을 산출하였다고 가정해 보자. 그 결과, 연구자가 제작한 지능검사와 K-ABC 지능검사 사이의 상관계수가 높다고 한다면, 새로 개발된 지능검사는 공인타당도가 높다고 말할 수 있다.

공인타당도는 시간 차원에서 타당성의 준거가 현재이며, 준거가 되는 공인된 도구 간의 공통성 또는 일치성을 다룬다는 면에서 앞에서 언급한 예언타당도와 차이가 있다. 공인타당도는 타당도 계수를 얻는 데 예언타당도에 비해 오랜 시간이 걸리지 않고 상관계수로 계량화되어 객관적인 정보를 제공할 수 있다는 장점이 있다. 그러나 새로 개발된 조사도구와 비교할 수 있는, 이미 타당성을 입증받은 기존의 검사도구가 없을 때는 추정이 곤란하다는 단점이 있다.

예언타당도와 공인타당도의 특성을 구체적으로 비교하여 정리하면 〈표 7-1〉과 같다.

〈표 7-1〉 예언타당도와 공인타당도의 비교

구분	예언타당도	공인타당도
시간차원	미래	현재
준거	조사대상자의 미래의 행동이나 특성	현재 타당도가 공인된 측정도구
예시	• 수학능력시험과 대학생활 적응 • 적성검사와 채용 후 직무능력	• K-ABC 지능검사와 새로 개발된 지능검사 • MBTI 성격검사와 새로 개발된 성격검사
공통점	측정도구와 준거 간의 상관관계로 타당도 산출	

타당도 지수에 대한 절대적 기준은 없으나 상관계수에 의해 추정되는 언어적 표현의 기준은 〈표 7-2〉와 같다(성태제, 1995).

〈표 7-2〉 상관계수 추정에 의한 타당도 표현의 기준

상관계수에 의한 타당도 지수	타당도
.00 ~ .20	타당도가 거의 없다
.20 ~ .40	타당도가 낮다
.40 ~ .60	타당도가 있다
.60 ~ .80	타당도가 높다
.80 ~ 1.00	타당도가 매우 높다

3) 구인타당도

구인타당도(construct validity)는 도구가 측정하고자 하는 어떤 특성에 대해 조작적 정의를 내리고, 이를 기준으로 도구가 측정하려고 하는 특성의 관련 개념(구인)을 얼

마나 제대로 측정하고 있는지의 정도를 통해 타당도를 검토하는 방법이다. 여기에서 구인(construct)이란 구성개념을 의미하는 것으로서, 측정도구에 반영되어 있다고 가정하는 유기체의 행동을 조직하고 설명하기 위해 이론적으로 설정한 개념이다(김석우, 최태진, 2011).

예를 들어, 창의성의 구성개념을 독창성, 민감성, 과제집착력, 상상력, 모험성, 융통성 등의 하위요인으로 설명할 수 있다면, 창의성 검사도구의 문항들이 창의성을 설명하는 이러한 하위요인을 잘 포함하고 있을 때 구인타당도가 높다고 할 수 있다. 반대로, 창의성을 설명하는 구인들 중 일부만 포함하거나 암기력과 같은 불필요한 구인을 포함하고 있다면 구인타당도가 낮다고 말할 수 있다.

이와 같이 구인타당도는 측정하고자 하는 특성의 구성요인을 얼마나 충실하게 이론적으로 설명하여 경험적으로 측정하느냐의 문제와 관련된다. 구인타당도를 검정하기 위하여 가장 일반적으로 사용되는 통계적 방법은 요인분석이다. 요인분석(factor analysis)이란 복잡하고 정의되지 않은 많은 변수 사이의 상호관계를 분석하여 상관이 높은 변수들을 모아 요인으로 밝히고 그 요인의 의미를 부여하는 통계적 방법이다.

구인타당도는 요인분석과 같이 응답 자료를 기초로 한 계량적 방법에 의해 과학적이고 객관적인 방법으로 검증이 가능하고, 연구의 주요 개념에 대한 조작적 정의의 타당성을 밝혀 주므로 많은 연구의 기초가 될 수 있다는 장점이 있다. 그러나 보다 안정적인 구인타당도 계수를 얻기 위해서는 많은 수의 연구대상이 필요하다는 단점이 있다.

한편, 미국교육학회(American Educational Research Association: AERA)와 미국심리학회(American Psychological Association: APA), 미국교육측정학회(National Council on Measurement in Education: NCME)는 1985년에 앞에서 언급한 조사도구의 특성에 따른 타당도 못지않게 조사도구의 사용에 의한 결과가 사회적으로 어떠한 영향을 미쳤는지도 고려하는 것이 중요하다고 하였다. 이는 타당도의 개념에는 조사도구 자체의 속성이 아니라 각 조사도구의 활용 결과와 그에 따른 조치에 대한 판단도 포함되어야 한다는 것이다. 이에 Messick(1989)은 타당도의 개념이 조사도구 사용의 사회적 결과와 연관되어 있다고 주장하면서, 검사나 평가를 실시하고 난 결과에 대한 가치판단을 의미하는 결과타당도(consequential validity)를 제안하였다.

결과타당도를 제안하고 있는 입장은 측정도구의 결과타당도를 고려하면 측정도구의 제작, 실시, 수집, 분석, 해석, 활용까지 체계적으로 운영하게 할 뿐만 아니라, 그 결과가 사회에 미치는 영향까지 고려하기 때문에 양질의 측정도구를 제작하게 된다는 것이다. 그러므로 연구에서 사용되는 검사나 설문지의 결과와 영향에 대해서도 고민하고 신중하게 제작·이용하여야 한다고 강조한다(성태제, 1999). AERA, APA와 NCME(1999)에서는 검사의 목적과 얼마나 부합하는가, 즉 의도한 결과를 얼마나 달성하였으며 의도하지 않은 어떤 결과가 나타났는지에 대한 검증을 의미하는 '검사결과에 기초한 근거(evidence based on consequence of testing)'를 제시하였다. 이후 학계에서는 결과타당도를 타당도의 범주에 포함할 것인지에 대한 논쟁이 진행 중에 있다(성태제, 1999; Mehrens, 1997; Popham, 1997; Shepard, 1997).

제2절 신뢰도

이 절에서는 좋은 측정도구가 갖추어야 할 조건으로 타당도와 함께 고려되는 신뢰도에 대해 살펴보고자 한다.

1. 신뢰도의 개념

신뢰도(reliability)는 한 조사도구가 측정하고자 하는 것을 얼마나 안정적으로 일관성 있게 오차 없이 정확하게 측정하는가 하는 정도를 의미한다. 즉, 어떤 대상에 대해 동일한 또는 유사한 도구를 사용하여 같은 개념을 반복 측정할 경우 일관성 있는 결과를 얻는다면 신뢰도가 높다고 할 수 있다. 따라서 신뢰성이 높은 측정도구는 사용하는 사람이 달라지고 측정하는 시간과 장소가 달라져도 항상 유사한 결과를 가져온다(한국교육평가학회, 2004).

예를 들어, 저울은 무게를 측정하기 위한 목적에 타당한 측정도구지만 모든 저울이 무게를 정확하게 측정할 수 있는 것은 아니다. A 저울을 사용하여 어떤 사물의 무게를 세 번 측정하였는데 첫 번째 측정은 60kg, 두 번째 측정에서는 61kg, 세 번째 측정은 59kg으로 다르게 측정되었다면, 이 저울은 정확성이 떨어지고 신뢰도가 낮다고 할 수 있다. 반면에 B 저울로 어떤 사물의 무게를 세 번 측정해서 나온 값이 모두 60kg으로 일관된다면, 이 저울은 일관성 있게 안정적으로 측정하였으므로 신뢰도를 인정할 수 있을 것이다.

일반적으로 사물의 길이, 무게와 같은 것은 물리적 측정도구를 사용하여 직접 측정하기 때문에 동일 대상을 반복해서 재더라도 측정값의 일관성을 유지하며 정밀한 측정이 가능하다. 그러나 간접 측정을 해야 하는 인간의 심리적 특성은 여러 가지 요인이 오차를 유발하기 때문에 정밀한 측정을 기대하기 어렵다.

조사도구의 신뢰도는 '조사도구 측정값의 일관성 정도 또는 오차가 없는 정확성 정도'를 의미한다. 이러한 신뢰도 계수는 다음에 제시된 공식과 같이 측정도구에 의해 산출된 자료가 지니고 있는 전체변량에 대한 실제변량의 비율이며, 완전한 신뢰도 지수인 1에서 전체변량에 대한 오차변량의 비율을 뺀 것으로 산출한다(김석우, 최태진, 2011).

$$\text{신뢰도 계수} = \frac{V_t - V_e}{V_t} = 1 - \frac{V_e}{V_t}$$

V_t: 전체변량
V_e: 오차변량

신뢰도를 검토할 때는 기본적으로 측정값 간의 일치도와 측정값들 사이의 차이를 나타내는 원인에 관심을 가진다. 전자는 서로 다른 측정조건에서 얻어지는 점수들 간에 어떤 관계가 있는가, 한 대상의 측정값은 재검사에서 얼마나 많이 변할 것인가, 그리고 한 대상의 측정값이 '진짜' 값에 얼마나 근접한가 등의 질문을 가지고 검토한다. 후자는 어떤 요인들이 일관성 없는 측정값을 발생시키는가, 각 요인들이 미치는 영향의 상대적 크기는 어떠한가, 그리고 각각의 요인들은 어떻게 작용하는가 등의 질문을 가지고 검토한다.

신뢰도에 영향을 주는 측정의 오차를 유발하는 요인으로는 모집단이 아닌 표집에 의해 구성된 측정도구의 문항, 일관성 없는 측정방법, 부적절한 측정상황(소음, 무더운 실내 등), 응답자의 다양한 정서 상태 등이 있다(Borg, Gall, & Gall, 1996). 측정도구의 신뢰도를 높이기 위해서 다음과 같은 사항을 고려해야 한다(성태제, 2015).

첫째, 측정도구의 문항 수가 많을수록 신뢰도 확보에 도움을 준다. 문항 수가 적은 검사보다 많은 검사로 측정하는 것이 측정오차를 줄일 수 있고 신뢰도를 높일 수 있다. 이때 설문지 문항은 문항 작성 절차와 원리에 준하여 개발된 양질의 문항이어야 한다.

둘째, 문항은 가능한 명확하게 기술되어 모호하지 않아야 한다. 문항의 내용이 모호하면 응답자는 정확한 뜻을 알 수 없어 임의로 해석할 가능성이 있으므로 응답의 신뢰도가 낮아진다.

셋째, 조사자의 태도와 조사방법에 일관성이 있어야 한다. 이는 설문조사를 할 경우 조사자의 태도가 친절한 경우와 불친절한 경우에 따라 다른 응답이 나올 수 있기 때문이다.

넷째, 시간이 충분해야 한다. 충분한 시간이 주어져야 응답자가 편안하게 응답할 수 있기 때문이다.

그밖에 학업성취도와 같이 정답을 요구하는 검사도구의 경우는 신뢰도에 영향을 미치는 주요한 요인인 문항난이도와 문항변별도를 고려해야 한다.

먼저, 문항난이도(item difficulty)가 적절해야 한다. 검사가 너무 어렵거나 너무 쉬우면 피험자의 진짜 능력을 측정하기 어렵기 때문에 신뢰도는 낮아진다. 그러므로 응답자의 수준을 고려하여 문항을 구성하는 것이 필요하다.

그리고 문항변별도(item discrimination)가 높은 문항으로 구성해야 한다. 문항변별도란 문항이 응답자의 능력을 변별하는 정도를 나타내는 지수다. 예를 들어, 변별도가 높은 문항이란 능력이 높은 응답자의 정답률이 높고 능력이 낮은 응답자의 정답률이 낮아져야 한다는 것을 의미한다. 반면에 능력과 관계없이 모든 응답자가 문항의 답을 맞히지 못했거나 모두 답을 맞혔다면 변별력이 0에 가까우며 좋지 않은 문항이라고 할 수 있다. 한편, 능력이 낮은 응답자가 맞히고 능력이 높은 응답자가 틀렸다면 응답자들을 거꾸로 변별하고 있으므로 변별력이 부적(-) 방향으로 작용하는 매우 좋지 못한 문항이라고 할 수 있다.

2. 신뢰도의 유형

신뢰도를 검사하는 방법은 여러 가지가 있는데, 대표적인 것으로 검사도구의 안정성을 측정하는 재검사신뢰도, 두 검사 간의 유사성을 측정하는 동형검사신뢰도, 검사를 두 번 실시하지 않고 측정하는 반분검사신뢰도, 검사의 내적 속성을 고려한 문항내적합치도 등이 있다.

1) 재검사신뢰도

재검사신뢰도(test-retest reliability)는 신뢰도를 알아보기 위해 보편적으로 사용되는 것으로, 같은 조사도구를 동일한 대상 집단에게 어느 정도 시간 차이를 두고 두 번 실시한 다음, 첫 번째 측정점수와 두 번째 점수 사이의 결과를 비교해 상관계수를 산출하여 신뢰도를 얻는 방법이다. 반복 측정하여 신뢰도를 산출한다는 특성 때문에 '검사-재검사신뢰도'라고도 부른다. 또한 재검사신뢰도가 높다는 것은 조사도구의 측정점수가 일상적인 환경이나 응답자의 정서적 조건 등에 영향을 적게 받는 안정된 점수라는 것을 의미하므로 이를 '안정성 계수(coefficient of stability)'라고도 한다(김석우, 최태진, 2011).

재검사신뢰도는 검사를 실시하는 시간간격에 따라 측정에 영향을 받을 수 있으므로 검사의 목적이나 응답자 집단의 성격에 따른 실시 간격을 고려해야 한다. 즉, 실시 간격이 너무 짧아서 응답자가 기억을 하거나 연습하는 효과를 제공하게 되면 첫 번째 검사가 두 번째 검사 결과에 영향을 주게 된다. 반대로 간격이 너무 길면 발달이나 성숙의 효과에 의해 측정하고자 하는 응답자의 행동특성 자체가 변화되었을 가능성이 커지기 때문에 신뢰도는 낮아진다. 그러므로 응답자 집단이 유아나 어린 아동일 경우는 발달이 매우 빠르게 일어나고 기억력이 상대적으로 낮으므로 하루 내지 1~2주 정도가 적절하다. 성인의 직업적성과 관련된 검사도구는 비교적 안정적이어서 실시간격이 6개월 정도라도 괜찮지만 대부분의 경우 2주에서 4주가 적당하다.

재검사신뢰도는 Karl Pearson의 단순적률상관계수 추정공식에 의해 산출된다. 여기서 도출된 상관계수를 통해 신뢰도를 추정하는데, 상관계수가 높으면 신뢰도가 높다는 것을 의미하고, 상관계수가 낮으면 신뢰도가 낮다는 것을 의미한다.

이처럼 재검사신뢰도는 한 가지 측정도구를 시간 간격을 두어 반복측정하기 때문에 추정방법이 간편하지만 검사를 두 번 시행해야 하는 것이 어려워 실제로는 잘 활용되지 않는다. 재검사신뢰도를 적용할 때는 검사-재검사 간의 시간 설정에 따른 문제 때문에 재검사효과, 성숙요인, 역사요인 등이 작용할 수 있고, 동일한 검사 환경과 검사에 대한 동일한 동기, 응답자의 태도를 만들기 어렵다는 단점이 있다.

2) 동형검사신뢰도

동형검사신뢰도(equivalent-form reliability)는 처음부터 두 개의 동형 검사도구를 제작하여 동일 집단에게 실시해서 얻은 두 점수 간의 상관계수를 산출해 신뢰도를 추정하는 방법이다. 이때 동형검사는 표면적으로 내용은 다르지만 두 조사도구의 문항들이 유사한 내용과 같은 수준의 난이도와 변별도로 구성된 검사를 의미한다. 이론적으로 동형검사 간에는 사례 수가 매우 충분하다면 검사들 간의 평균과 표준편차와 같은 통계적 특성이 동일하다고 가정할 수 있다(한국교육평가학회, 2004).

한편, 동형검사신뢰도는 두 개의 동형검사를 동일 집단에 시행하므로 연습의 효과 및 실시 시점 간격에 따른 측정오차의 문제 등 재검사신뢰도가 가지고 있는 문제점을 해결할 수 있어 신뢰도 계수 추정이 쉬운 장점이 있다. 그렇지만 정확하게 동형인 두 검사도구를 구성하는 것이 결코 쉽지 않으며, 검사도구를 두 가지로 제작하고 실시하는 데 따른 시간과 비용이 많이 필요하다는 것이 단점이다.

3) 반분검사신뢰도

앞서 언급한 재검사신뢰도와 동형검사신뢰도는 신뢰도 추정을 위해 동일 대상자에게 검사를 두 번 실시해야 한다는 현실적 제약이 있으며, 실시 간격과 검사의 동형성 정도가 신뢰도 계수에 영향을 미치는 문제가 있다. 이와 달리 검사를 두 번 실시하지 않고 조사도구의 신뢰도를 추정할 수 있는 방법 중 하나가 반분검사신뢰도다.

반분검사신뢰도(split-half reliability)는 한 개의 검사를 한 집단에게 실시한 다음 그것을 적절한 방법에 의해 두 부분의 점수로 분할한다. 이를 두 개의 독립된 검사로 간주한 후, 반분된 측정 점수 간의 상관을 산출하여 신뢰도 계수를 얻는 방법이다(김석우, 최태진, 2011).

문항을 분할할 때는 짝수 문항과 홀수 문항으로 나누는 방법, 전반·후반으로 반분하는 방법, 동급의 문항이라 판단되는 문항을 임의로 짝지어 반분하는 방법 등을 주로 사용한다. 이때 주의해야 할 점은 양분된 문항 내용과 구성에 대한 동형성과 동질성을 고려하여 분할해야 한다는 것이다. 가장 엄밀한 방법은 한 가지 검사를 실시한 후에 문항분석을 통해 문항 내용과 특성(난이도 및 변별도)을 고려하여 가장 동등한 것끼리 짝을 지은 후 양쪽으로 균등하게 나누는 것이다.

반분검사신뢰도는 측정을 한 번만 시행하여 산출한다는 장점은 있으나, 검사도구 전체의 신뢰도가 아니라 반분된 부분의 신뢰도를 추정한 것이라는 점과 검사도구 문항을 양분하는 방법에 따라 신뢰도 계수가 달리 추정되는 단점이 있다. 그러므로 반분검사신뢰도를 구하기 위해서는 반드시 스피어만-브라운(Spearman-Brown) 공식을 사용하여 신뢰도 계수를 변환시켜야 한다. 스피어만-브라운 공식은 두 개의 반분검사가 원검사만큼 문항 수가 많아질 경우 신뢰도 계수가 어떻게 변하는지를 추정해 주는 방법으로, 다음과 같은 공식으로 산출한다(Spearman, 1910).

$$P_{XX'} = \frac{2P_{YY'}}{1+P_{YY'}}$$

$P_{XX'}$: 전체 검사의 교정된 신뢰도 계수

$P_{YY'}$: 반분된 검사 점수 간의 상관계수

4) 문항내적합치도

문항내적합치도(inter-item reliability)는 검사의 내적 속성을 고찰하여 신뢰도를 산출하는 방법으로, 동일한 구인을 측정하는 문항들이 어느 정도의 동질성을 가지고 있는가를 나타내는 것을 의미한다. 즉, 검사의 문항 하나하나를 모두 독립된 한 개의 검사 단위로 간주하고 그것에 대한 합치도, 동질성, 일치성을 종합하는 신뢰도를 말한다(한국교육평가학회, 2004). 한 번의 검사로 신뢰도를 추정할 수 있으므로 재검사신뢰도, 동형검사신뢰도, 반분검사신뢰도가 지닌 단점을 극복할 수 있다.

여기서는 문항내적합치도 중 흔히 쓰이는 KR-20 공식에 의한 방법과 Cronbach α 계수 산출방법에 대해 설명하겠다.

(1) KR-20 공식

KR-20 공식은 Kuder와 Richardson(1937)이 개발한 것으로, 검사 내 모든 문항 간의 상호 상관을 이용하여 신뢰도 계수를 산출하는 방법이다.

예를 들어, 문항이 20개일 경우 20개 각각의 문항을 마치 1개 문항을 가진 20개의 동형검사로 간주하여 신뢰도를 추정하는 것으로, 검사의 모든 문항 간의 내적상관 평균을 이용하여 신뢰도를 산출하는 방법이다. KR-20 공식은 진위형과 같이 양분응답 문항일 경우나 문항이 '정답/오답'으로 구분되거나 '예/아니요' 등으로 구분되는 경우에 사용하며, 공식은 다음과 같다.

$$KR\text{-}20 = \frac{n}{n-1} \times \left[\frac{S_t^2 - \Sigma pq}{S_t^2} \right]$$

n: 검사의 문항 수

S_t^2: 전체 검사점수의 분산

p: 정답비율

q: 오답비율

(2) Cronbach α 계수

일반적으로 검사도구의 신뢰도를 산출할 때 가장 널리 사용되는 것으로 Cronbach α 계수가 있다. 이는 Cronbach(1951)에 의해 개발된 것으로, 문항의 내적합치도를 이용하여 신뢰도 계수를 추정한다는 면에서는 KR-20과 유사하다. 그러나 Cronbach α 계수는 이분문항뿐만 아니라 개별 문항에 가중치를 부여하여 여러 단계의 점수로 채점되는 평정형 문항의 경우에도 사용할 수 있다. Cronbach α 계수를 산출하는 공식은 다음과 같다(Cronbach, 1963).

$$\alpha = \frac{n}{n-1} \times \left[1 - \frac{1 - \Sigma S_i^2}{S_t^2} \right]$$

n: 검사의 문항 수

S_t^2: 각 단일 문항의 분산(전체 검사점수의 분산)

Cronbach α 계수는 전형적으로 리커트 척도[매우 그렇다(5점)~전혀 그렇지 않다(1점)]를 사용하는 검사도구의 신뢰도 추정방법에 가장 많이 사용되고 있다. 동일한 개념을 측정하는 항목인 경우에는 그 측정결과에 일관성이 있어야 한다는 논리에 따라 일관성이 없는 항목, 다시 말해 신뢰성을 저해하는 항목을 삭제하면 Cronbach α 계수는 높아진다.

Cronbach α에 의한 신뢰도 추정 방법은 검사를 양분하지 않아도 되고, 문항 간의 일관성에 의하여 단일한 신뢰도 추정 결과를 얻을 수 있다는 장점이 있다. 조사도구의 신뢰도를 다소 과소 추정하는 경향이 있지만 조사도구의 질을 분석함에 있어 어느 정도의 엄정성이 요구되기 때문에 많이 사용되고 있다.

신뢰도 계수는 0~1.0 사이의 값을 가지며 신뢰성을 인정하는 절대적 기준은 없다. 그러나 일반적으로 .80 이상이면 높은 수준으로, .70 이상이면 바람직한 수준으로, .60 이상이면 수용할 만한 수준으로 판단한다(성태제, 1989). 이때 검사의 목적이 인지적 영역을 측정하느냐, 정의적 영역을 측정하느냐에 따라 그 기준이 달라질 수 있다. 인지적 능력 검사의 경우는 .90 이상은 되어야 수용할 만한 수준으로 판단할 수 있다.

제3절 타당도와 신뢰도의 관계

앞서 검토한 바와 같이, 타당도는 측정하려고 의도한 것을 어느 정도로 충실히 측정하고 있는가의 정도이며, 신뢰도는 측정도구가 얼마나 안정적으로 일관성 있게 측정하였는가의 정도를 의미한다. 타당도와 신뢰도는 도구의 측정의 질을 평가하는 중요한 기준으로, 서로 다른 개념이라 할지라도 분리하기보다는 연관성을 두고 분석하는 것이 바람직하다.

측정점수는 신뢰할 수 있는 점수와 오차점수로 구분할 수 있고, 신뢰할 수 있는 점수는 타당한 점수와 타당하지 않은 점수로 구분된다. 이를 고려하여 타당도와 신뢰도의 관계를 도식화하면 [그림 7-1]과 같다.

측정점수		
타당도	비타당도	오차점수
신뢰도		

[그림 7-1] 타당도와 신뢰도의 관계

출처: 성태제(2015). 재구성.

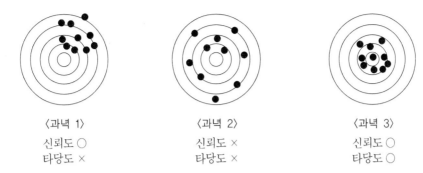

〈과녁 1〉   〈과녁 2〉   〈과녁 3〉
신뢰도 ○   신뢰도 ×   신뢰도 ○
타당도 ×   타당도 ×   타당도 ○

[그림 7-2] 타당도와 신뢰도의 관계
출처: 김석우, 최태진(2011). 재구성.

한편, 타당도와 신뢰도의 관계를 궁수가 화살을 과녁에 맞히는 것에 비유해 보면 실제 상황에서는 [그림 7-2]와 같이 세 가지 장면이 있을 수 있다.

먼저, 〈과녁 1〉은 화살을 과녁에 일관성 있게 맞히기는 하나 중앙부에서 떨어져 있다. 즉, 신뢰도는 있으나 타당도가 없다는 것을 의미한다. 척도에 따라서 측정의 정밀성은 높으나 측정하고자 하는 것을 측정하지 못함으로써 타당도가 낮다는 문제가 있다. 이와 같은 척도의 경우 타당도를 높인다면 아주 훌륭한 척도의 요건을 갖추게 되는 것이다.

두 번째, 〈과녁 2〉는 화살이 과녁 전반에 걸쳐 아무렇게 흩어져 있는 경우다. 간혹 과녁 중심부에 맞히기는 하나 여전히 중심부에서 떨어져 있다. 즉, 타당도도 없고 신뢰도도 없다. 측정하고자 하는 것을 측정할 수 없고, 측정의 정밀성도 낮은 척도라면 척도로서 가치가 없다. 만약 연구자가 이와 같은 척도를 가졌다면 더 이상 재고할 여지도 없이 새로운 척도를 찾아 나서야 할 것이다.

마지막으로, 〈과녁 3〉의 경우는 모든 화살이 일관성 있게 중심부를 맞히고 있다. 즉, 타당도도 있고 신뢰도도 갖추고 있는 양질의 척도라고 할 수 있다.

이와 같이 타당도와 신뢰도는 측정의 질을 평가하는 데 중요한 기준이 된다. 일반적으로 척도의 타당도가 높으면 신뢰도가 높아지는 등 타당도와 신뢰도는 대체로 상호 간에 밀접하게 연결되어 있는 것으로 알려져 있다. 하지만 중요한 사실은 검사가 신뢰도가 있다고 반드시 타당도가 있는 것은 아니므로 타당도가 확보되지 않은 조사도구의 신뢰도를 논의하는 것은 의미가 없다. 즉, 타당도와 신뢰도는 별개의 개념이므로 타당도를 확보한 후 신뢰도를 확인하는 것을 간과해서는 안 된다.

제4절 측정도구의 양호도

일반적으로 측정도구의 양호도를 검증할 때 주로 타당도와 신뢰도를 중심으로 확인하지만 그 외에 객관도와 실용도도 함께 살펴보아야 한다. 다시 말해, 도구가 측정하고자 하는 속성을 타당하게 재고 있는지, 측정오차가 작도록 신뢰성 있게 측정하는지뿐만 아니라 평가자 간에 일관성이 있어서 객관적인 정보를 제공하는지, 사용하기에 실용적인지 등에 대해서도 신중하게 검토하여야 한다.

측정도구의 객관도(objectivity)란 주로 평정에서의 객관성을 의미하는 것으로, 여러 사람이 평정할 경우 그 사이에 어느 정도 일치된 판단을 하느냐를 가리킨다. 즉, 여러 평가자가 평정을 하였을 때 평가자들 간의 점수 차이가 많이 나면 그 조사도구는 객관도가 낮다고 말할 수 있으므로 이를 '평가자 간 신뢰도'라고도 부른다(김석우, 최태진, 2011). 예를 들어, 투사법이나 논술식 문항 등으로 구성된 검사는 실시조건이나 평정이 유동적이어서 평가자의 편견이 쉽게 작용할 수 있기 때문에 객관도가 낮을 수 있다. 반면에 선다형 문항 등 객관식 문항으로 구성된 검사는 응답자의 반응을 하나의 평가기준에 의해 평정하기 때문에 이 경우는 객관도가 높다.

실용도(usability)란 도구를 사용하는 데 있어서 소요되는 시간과 노력, 비용 등의 문제를 의미한다. 아무리 좋은 측정도구라도 실시 및 평정이나 해석하기가 불편하거나 비용이 너무 많이 들게 된다면 실용적 가치는 줄어든다.

보편적으로 대규모 집단을 대상으로 실시하는 표준화된 도구의 경우는 이러한 네 가지 조건을 비교적 잘 갖추고 있기 때문에 그다지 신경을 쓰지 않고 사용할 수 있다. 그렇지만 특정한 연구의 목적으로 작성된 조사도구이거나 연구자가 자신의 연구목적에 맞게 문항 등을 수정하여 사용하는 조사도구의 경우에는 이와 같은 조건들을 보다 세밀하게 검토하는 과정이 필요하다.

측정도구의 양호도 서술 사례

본 연구를 통해 개발된 표준화 청소년 생활역량 진단검사의 신뢰도와 타당도는 다음과 같다.

첫째, 표준화 청소년 생활역량 진단검사의 신뢰도는 문항내적합치도(Cronbach α)를 산출하여 확인하였다. 검사도구 전체의 신뢰도는 0.97로 매우 높게 나타났으며, 하위 생활역량별 신뢰도는 자기조절역량 0.84, 자기개발역량 0.93, 학습역량 0.90, 대인관계역량 0.93, 민주시민역량 0.86, 문제상황대처역량 0.82로 나타났다.

둘째, 표준화 청소년 생활역량 진단검사의 타당도는 구인타당도, 공인타당도를 통해 살펴보았다. 우선, 구인타당도를 확인하기 위해 확인적 요인분석을 실시하여 개별문항이 각 하위영역을 측정하기에 적합한 변수인지를 검토하였다. 그 결과, 요인부하량의 값이 전체적으로 0.45~0.83에 존재하고 있어 각 문항의 구인타당도가 확보되어 있음을 확인할 수 있었다.

공인타당도는 조사대상자 중 213명의 청소년을 대상으로 조사한 권일남과 김태균(2009)의 '청소년 활동역량 진단검사'와의 상관관계를 분석하여 확인하였다. 두 검사 전체의 상관은 0.73으로 청소년 생활역량과 청소년 활동역량은 상관관계가 높은 것으로 나타났다. 그리고 각 하위영역 간 상관은 0.24~0.68로 나타났다.

출처: 윤명희 외(2015).

용어 정리

- **타당도**: 조사도구가 측정하려고 의도한 개념이나 속성을 얼마나 실제에 가깝고 정확하게 측정하고 있는가의 정도
- **내용타당도**: 조사도구가 측정하고자 하는 내용을 잘 대표할 수 있는 문항으로 구성되어 있는지를 전문가가 판단하는 주관적인 타당도
- **준거관련타당도**: 어떤 준거와의 관련성 분석을 통해 조사도구의 타당도를 확인하는 방법으로, 예언타당도와 공인타당도가 있음
- **구인타당도**: 조사도구가 측정하고자 하는 특성과 관련된 개념(구인)을 얼마나 제대로 측정하고 있는지를 판단하는 타당도
- **신뢰도**: 조사도구가 측정하고자 하는 것을 오차 없이 일관성 있게 측정하고 있는가의 정도
- **문항내적합치도**: 동일한 구인을 측정하는 문항들이 어느 정도의 동질성을 가지고 있는가로 신뢰도를 산출하는 방법이다. 대표적으로 Cronbach α 계수가 있음

📖 학 / 습 / 문 / 제

1. 다음 타당도의 측정방법에 대해 설명하세요.
   ① 내용타당도

   ② 예언타당도

   ③ 공인타당도

   ④ 구인타당도

2. 다음 신뢰도에 대해 설명하세요.
   ① 재검사신뢰도

   ② 동형검사신뢰도

   ③ 반분검사신뢰도

   ④ 문항내적합치도

3. 측정도구의 신뢰도를 높이기 위한 방법을 설명하세요.

4. 측정의 신뢰도와 타당도의 관계에 대해서 설명하세요.

5. 측정도구의 양호도를 확인하기 위하여 검토해야 하는 사항에는 어떤 것이 있는지 설명해 보세요.

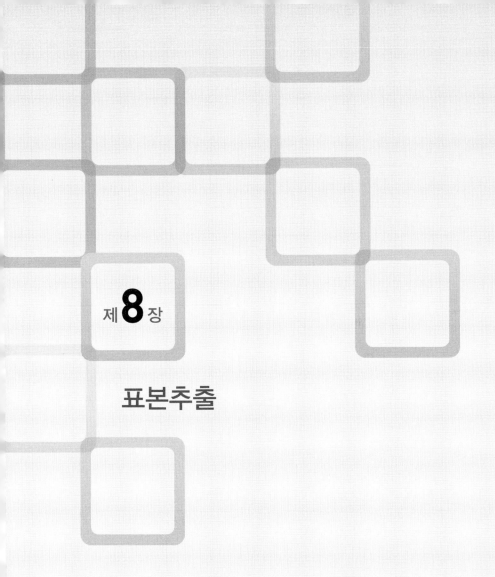

제**8**장

표본추출

제1절 표본추출 과정
제2절 확률적 표본추출 방법
제3절 비확률적 표본추출 방법

1. 표본추출의 과정을 설명한다.

2. 연구목적과 방법에 맞는 표본추출 방법을 선택한다.

3. 확률적 표집방법과 비확률적 표집방법의 차이를 안다.

4. 확률적 표집방법과 비확률적 표집방법의 유형을 이해한다.

제1절 표본추출 과정

조사연구를 할 때에 특정한 어느 한 집단 전체를 조사대상으로 선정하여 연구하는 경우와 전체를 모두 조사하지 않고 그 가운데 일부만을 뽑아서 연구하는 경우가 있다. 전자를 전수조사(census)라 칭하며, 후자는 표본조사(sampling survey)라고 한다. 전수조사는 전국적으로 실시하는 인구조사나 국세조사 같이 조사대상이 되는 전체 집단을 모두 포함시켜 조사하는 것이다(이종승, 2012). 이와 달리, 표본조사는 조사대상이 된 전체 모집단 중 일부를 선정한 표본에서 얻은 결과를 토대로 모집단의 특성을 추정하고자 하는 것이다.

보편적으로 사회과학분야 조사연구에서는 모든 대상자를 조사하는 전수조사가 현실적으로 불가능한 경우가 많다. 때문에 조사대상 가운데 전체를 대표할 수 있는 일부를 선정하는 표본조사가 주로 이루어진다. 예를 들어, 어떤 교사가 새로운 교수방법을 개발하여 그 효과성을 검증하려고 할 경우에 전국의 모든 학습자를 대상으로 새로운 교수방법을 실험한다는 것은 현실적으로 불가능하다. 따라서 몇몇 학교나 학급을 선택하여 이들 학습자만을 대상으로 교수방법의 효과성을 확인하는 연구를 수행하게 된다.

이 예시에서 '전국의 모든 학습자'와 같이 연구자가 관심을 갖는 목적 집단을 모집단 혹은 전집(population)이라고 하고, 실제 연구대상이 된 일부분 집단을 표본(sample)이라 한다. 그리고 조사대상이 되는 전체 요소(element)의 모임인 모집단으로부터 이들의 특성을 잘 대표하는 일부, 즉 표본을 선택하는 과정을 표집 혹은 표본추출(sampling)이라고 한다. 표본추출은 어떤 방법으로 조사대상자에게 접근해야 하는가에 관한 문제로 전문적인 지식이 필요한 분야이지만, 일반적으로는 조사자가 처한 연구 상황을 고려하여 현실적으로 해결해 나가야 한다. 일반적으로 표본추출의 절차는 다음과 같이 이루어진다(한승준, 2006).

[그림 8-1] 표본추출 절차

출처: 한승준(2006).

1. 모집단의 확정

모집단이란 연구자가 관심을 갖고 있는 조사대상자 전체를 의미한다. 즉, 연구자가 자신의 연구결과를 일반화하려고 규정한 사건이나 사물 또는 대상 전체를 말한다. 모집단을 규정할 때는 먼저 모집단을 구성하는 요소의 개념정의가 명확하게 이루어져야 한다.

예를 들어, '부산의 교육기관'을 모집단으로 하는 연구를 한다면, '교육기관'의 개념을 분명히 정의해야 한다. 그렇지 않으면 사설학원이나 비형식 교육기관을 교육기관으로 간주하느냐 그렇지 않느냐의 문제가 생길 수 있고, 그 해석에 따라 모집단의 구성이 크게 달라진다. 따라서 먼저 교육기관의 개념에 대한 조작적 정의가 명확하게 이루어져야 모집단의 의미와 범위가 분명해진다.

2. 표본추출 단위의 결정

모집단이 확정된 이후 적합한 표본추출의 단위를 설정해야 한다. 표본추출 단위

(sampling unit)란 조사대상 집단을 구성하는 기본 단위를 의미한다. 예를 들어, 서울 시의 유권자를 모집단으로 하는 표본조사를 실시한다면, 표본추출 단위는 서울시 주 소지를 갖고 있는 개별 유권자가 될 것이다. 이 경우 표본추출 단위는 개인이다. 그런 데 표본추출 단위는 조사 목적과 표본추출 방법에 따라 기관, 학교, 도시 등 집단이 되기도 하고 혹은 특정한 사건이 될 수도 있다.

또한 표본추출 단위가 수록된 전체 모집단 목록을 표집 틀(sampling frame)이라 하 는데, 이러한 표집 틀은 모집단의 목록과 일치하여야 한다. 표본추출 방법을 결정하 기 전에 표집 틀이 있는지, 어떤 종류의 목록인지를 밝히는 작업이 중요하다.

3. 표본추출 방법의 결정

어떤 표본추출 방법을 사용하느냐에 따라 표본의 크기가 달라질 수 있다. 따라서 표본추출 방법을 결정할 때는 연구목적과 연구 상황 등을 고려해야 한다. 표본추출 방법은 일반적으로 확률적 표집과 비확률적 표집으로 구분된다. 확률적 표본추출 방법(probability sampling)은 모집단에 속하는 모든 사례가 표본으로부터 뽑힐 확률 을 객관적으로 파악할 수 있도록 설계된 표집방법이며, 비확률적 표본추출 방법 (nonprobability sampling)은 확률을 고려하지 않고 연구자의 주관적 판단에 의해 표 본을 추출하는 방법이다(성태제, 시기자, 2014). 확률적 표본추출 방법과 비확률적 표 본추출 방법의 특징은 〈표 8-1〉과 같이 정리하여 비교할 수 있다. 보다 자세한 내용 은 이 장의 제2절과 제3절에서 각 유형에 따라 설명하고 있다.

표본추출 방법을 결정할 때는 조사의 목적, 모집단에 대한 정보, 하위집단의 특성 등을 고려해야 한다(이종승, 2012).

첫째, 조사의 목적에 따라 표본추출 방법이 달라질 수 있다. 조사의 목적이 표본으 로부터 얻어진 결과로 모집단의 특성을 추론하는 것이라면 확률적 표본추출 방법을 사용해야 한다. 반면, 연구자가 표본조사의 결과를 모집단에 대하여 일반화시키는 것 보다 조사 결과를 신속하게 적은 비용으로 얻기를 원한다면 비확률적 표본추출 방법

〈표 8-1〉 확률적 표본추출 방법과 비확률적 표본추출 방법의 비교

구 분	확률적 표본추출 방법	비확률적 표본추출 방법
표집확률	• 무작위 표본추출 • 사전에 확률을 알 수 있음	• 인위적 표본추출 • 사전에 확률을 알 수 없음
표집 틀	• 정확한 표집 틀이 필요함	• 표집 틀이 없어도 무방함
표본의 대표성	• 높음	• 보장할 수 없음
표집오차	• 추정 가능	• 추정 불가능
분석결과	• 일반화가 가능	• 일반화에 제약
시간/비용	• 많이 소요됨	• 적게 소요됨
유형	• 단순무선 표집 • 체계적 표집 • 층화 표집 • 군집 표집	• 편의 표집 • 목적 표집 • 스노우볼 표집 • 할당 표집

을 사용하여 연구할 수 있다.

둘째, 연구자가 모집단에 대해 가지고 있는 정보의 양이 표본추출 방법에 영향을 미친다. 모집단에 대한 정보가 거의 없으면 확률적 표본추출 방법을 사용하기 어려우므로 비확률적 표본추출 방법을 사용해야 한다.

셋째, 하위집단의 특성에 따라 표본추출 방법이 달라진다. 모집단이 하위집단으로 분할되어 있고, 하위집단의 내부는 동질적이고 외부는 이질적인 경우에는 층화 표집 방법을 사용할 수 있다. 또한 모집단을 구성하고 있는 하위집단이 내부는 이질적이고, 하위집단 간에는 동질적인 경우에는 군집 표집방법을 사용할 수 있다.

4. 표본크기의 결정

표본조사에서 표본추출 전에 결정해야 할 것 가운데 하나가 표본크기(sample size)다. 표본크기는 표본의 사례 수를 의미하는데, 이것은 표집오차와 밀접한 관계를 가지고 있다. 표집오차(sampling error)란 표본을 추출하는 과정에서 발생하는 오차로서,

표본의 평균과 모집단 평균의 차이를 의미한다. 표본의 크기가 클수록 표집오차가 줄어드는 장점은 있지만, 조사비용이 많이 들기 때문에 적절한 표본의 크기와 표집오차를 선택하는 것이 중요하다.

표본크기를 결정하는 요인들을 구체적으로 살펴보면, 비용과 시간, 모집단의 동질성, 변수의 종류와 각 변수의 범주 수, 표본추출 방법, 조사목적과 일치하는 대상의 비율, 신뢰수준, 오차한계, 자료의 표준편차 등이 있다(김현철, 2000).

첫째, 비용과 시간은 표본크기에 가장 많은 영향을 미치는 요인이다. 조사연구에 활용 가능한 자원, 특히 경제적인 비용, 할애할 수 있는 시간, 조사원 동원 수준에 따라 표본의 크기는 달라질 수밖에 없기 때문이다. 하나의 표본을 얻는 데 드는 비용이 설문지의 길이, 조사 대상자의 지리적 집중도, 응답률, 대상의 특성 등에 따라 영향을 받으므로 이를 고려하여 표본의 크기를 결정해야 한다.

둘째, 조사대상 모집단이 어느 정도의 동질성(homogeneity)을 갖고 있는가에 따라 표본의 크기가 절대적으로 결정된다. 즉, 동질성이 높으면 표본의 크기는 작아져도 되고, 동질성이 낮으면 표본의 크기는 커져야 한다. 예를 들어, 공무원을 대상으로 평생교육사 전문성에 대한 인식을 파악하고자 할 때, 공무원들의 의견이 동질적이라면 공무원들 중 소수에게만 의견을 물어보더라도 모집단의 성질을 충분히 파악할 수 있을 것이다. 이러한 모집단의 동질성은 예비조사를 통하여 파악할 수 있으며, 모집단의 동질성에 대한 정보가 없을 경우에는 표본의 크기를 충분히 크게 잡는 것이 좋다.

셋째, 변수의 종류와 각 변수의 범주 수에 따라 표본의 크기가 달라진다. 예를 들어, '예/아니요'와 같이 이분변수를 사용하는 경우보다 리커트 척도처럼 연속변수를 사용할 때 표본의 크기가 더 커야 한다. 왜냐하면 변수의 범주 수에 따라 일정 수 이상의 표본이 있어야 하므로 필요한 표본크기는 증가하게 된다.

넷째, 어떤 표본추출 방법을 사용하느냐에 따라 표본의 크기가 달라질 수 있다. 예를 들어, 층화 표집법의 경우 일반적으로 한 개의 층 안에 동질적인 특성을 가진 대상 등이 포함되므로 모집단 전체를 단순무선 표집법으로 사용할 때보다 적은 수의 표본으로 표본조사를 실시할 수 있다.

다섯째, 모집단 인구의 몇 퍼센트 정도가 조사목적과 일치하는 특징을 가지고 있는 가를 추정하여 표본의 수를 정한다. 예를 들어, 평생교육기관 프로그램에 참여하는 수강생들이 한 달에 지출하는 학습비용을 추정하려고 하는 경우, 서울지역의 수강생들은 60%가 학습에 참여하고 읍·면지역의 수강생들은 20%만이 학습에 참여한다면, 읍·면지역보다 서울지역에서 3배 많은 표본을 추출해야 한다.

여섯째, 조사의 신뢰수준에 따라 표본의 크기가 결정된다. 즉, 높은 신뢰수준이 요구되는 조사의 경우는 그렇지 않은 경우보다 표본의 크기가 커야 한다.

일곱째, 표본의 크기는 정확도에 따라 결정된다. 오차한계란 최대한으로 허용할 수 있는 오차의 양을 의미하며, 표본의 표준편차(s)를 표본수의 제곱근 값으로 나눈 값에 조사의 신뢰수준의 z값을 곱하여 결정한다. 오차한계가 작아질수록 표본크기는 커지게 된다.

$$\text{오차한계} = z \times \frac{s}{\sqrt{n}}$$

$$s = \text{표준편차} \qquad n = \text{표본 수}$$

제2절 확률적 표본추출 방법

확률적 표본추출 방법은 모집단에서 특정한 표본을 얻을 확률을 객관적으로 파악할 수 있도록 설계하여 추출하는 방법이다. 이 방법은 모집단의 틀이 사전에 파악되어 있고, 구성요소들에 일일이 번호가 부여된 후 무선화(random sampling)하는 과정이 사용될 때 가능하다. 따라서 확률적 표본추출 방법은 대체로 모집단에 대한 대표성이 높으며, 표집오차를 계산할 수 있다. 이 유형에는 단순무선 표집, 체계적 표집, 층화 표집, 군집 표집 등이 있다.

1. 단순무선 표집

단순무선 표집(Simple Random Sampling: SRS)방법이란 모집단의 모든 조사대상으로부터 무작위(random)로 표본을 추출하는 방법이다. 이는 제비를 뽑을 때처럼 모집단의 모든 조사대상이 표본에 추출될 확률이 같고, 하나의 대상이 추출되는 사건이 다른 대상이 추출되는 데 영향을 주지 않는 독립적인 표본추출 방법으로서 '단순무작위 표집'이라고도 한다(성태제, 시기자, 2014). 즉, 모집단의 크기가 N이고 표본의 크기가 n이면 각 구성요소가 표본에 뽑힐 확률은 $\frac{n}{N}$이 된다. 단순무선 표집에서 '단순'이라는 말의 의미는 어떤 다른 표집방법과 함께 사용하지 않고, 전체 모집단에 대하여 일차적으로 표본추출을 하는 것을 의미한다.

단순무선 표집에서 표본추출을 위해 추첨, 난수표 등을 사용할 수 있다.

첫째, 추첨은 단순무선 표집 중 가장 간단한 방법으로, 모집단 목록을 보고 필요한 숫자만큼 무작위로 표본을 골라내는 방법이다. 이때 복원추출과 비복원추출 방법이 사용된다. 복원추출(sampling with replacement)이란 모집단으로부터 연구대상을 추출한 후 다시 연구대상을 모집단에 포함시켜 다음 연구대상을 추출하는 방법이다. 만약에 모래주머니에 공 6개가 들어 있다면, 첫 번째 공이 뽑힐 확률은 $\frac{1}{6}$, 두 번째 공이 뽑힐 확률도 $\frac{1}{6}$로 동일하다. 반면에 비복원추출(sampling without replacement)의 경우는 추출된 연구대상을 모집단에 돌려놓지 않고 연구대상을 표본추출하는 방법이다. 즉, 일단 표본으로 선택된 대상은 제외시켜 그것이 선택될 기회를 박탈하는 방법이다. 앞의 예를 적용할 경우에 첫 번째 공이 뽑힐 확률은 $\frac{1}{6}$이지만 두 번째 공이 뽑힐 확률은 $\frac{1}{5}$로 변화한다.

둘째, 난수표(random number table)란 0~9의 모든 숫자가 동등하게 나타날 확률을 갖는 조건하에서 기계적인 절차에 따라 무작위로 나열하여 작성한 수표로서, 숫자들 간에 별다른 규칙성이나 체계성이 없다(이종승, 2012). 난수표를 활용하는 절차는 다음과 같다.

먼저, 조사자는 표본을 추출하기 위해 모집단의 구성요소들에게 일련번호를 부여한다. 다음으로 조사자는 임의로 난수표의 한 위치를 선정하여 그 숫자를 읽는다. 이때 모집단에서 부여받은 숫자와 일치하면 표본에 포함시키고, 일치하지 않으면 그 숫자를 버린다. 이와 같은 방법으로 다음 숫자를 읽는 과정을 반복하여 표본의 크기가 채워질 때까지 계속한다.

예를 들어, 어느 대학의 신입생 3,000명 중 300명의 신입생을 단순무선 표집방법에 의해 선발하여 대학 이미지에 관한 조사를 한다고 하자. 우선 신입생 명부에 1번부터 3,000번까지 번호를 부여한 다음, 4자리 숫자씩 읽어 나갈 난수표의 한 지점을 지정한다. 이때 난수표에서 선정된 번호가 3,000보다 크면 버리고 다음 번호로 이동하고, 3,000보다 작거나 같으면 추출한다. 난수를 추출하기 위하여 이동할 방향은 상하좌우 어느 방향이든 상관없으나 일관성을 유지해야 하며, 이런 과정을 통해 300명의 표본이 추출되면 단순무선 표집이 끝난다. 최근에는 컴퓨터 프로그램을 이용해 난수표를 발행하여 쉽게 단순무선 표집을 실시할 수 있다.

단순무선 표집방법의 장점은 다음과 같다. 첫째, 모집단을 구성하고 있는 모든 요소가 동일하고 독립적인 추출 기회를 가지므로 추출된 표본이 모집단을 잘 대표할 수 있다. 둘째, 정확한 모집단 틀이 있으면 적용하기가 비교적 쉬우며, 표집오차의 계산도 용이하게 할 수 있다. 셋째, 다른 확률적 표본추출 방법에서 기본적으로 적용되므로 모든 확률적 표본추출의 토대 역할을 한다.

반면에 단순무선 표집방법의 단점은 다음과 같다. 첫째, 모집단에 대한 완전한 목록을 만드는 것이 현실적으로 어렵기 때문에 실제 조사연구에서 적용하는 것은 매우 어렵다. 둘째, 모집단에서 소수의 사례가 존재할 경우는 그 사례가 반드시 표본추출된다는 보장을 할 수 없다.

2. 체계적 표집

체계적 표집(systematic sampling)방법이란 모집단의 구성이 특별한 순서 없이 자연적 순서에 따라 배열되었다는 것을 전제로 일정한 간격을 두고 연구대상을 추출하는 방법이다. 단순무선 표집을 변형한 것으로 '계통적 표집'이라고도 한다(성태제, 시기자, 2014).

체계적 표집방법은 먼저 모집단의 규모를 파악한 다음 그에 따라 표본의 규모를 결정하고, 모집단을 형성하는 각 구성단위의 배열 또는 순서를 파악하여 매 n번째 단위를 추출해 내는 것이다. 예를 들어, 단순무선 표집으로 100명의 수강생 가운데 10명을 표본추출하여 설문지를 배부하고자 한다면, 출석부에서 무작위로 3번 학생을 추출한 후에 10번 간격으로 학생을 선정한다. 이런 방법으로 3, 13, 23, 33, 43, 53, 63, 73, 83, 93번의 학생 10명으로 구성된 표본이 작성된다. 여기서 10은 표집간격 (sampling interval), 즉 표본이 추출되는 단위요소 사이의 거리다.

체계적 표본추출 방법은 모집단의 전체 사례에 번호를 부여하는 것과 같이 어떤 형태든 구성요소를 일렬로 나열시킬 수 있다면 단순무선 표집방법보다 더 간편하게 표본추출이 가능하다. 즉, 이 방법은 처음 무작위로 한 개의 숫자를 결정한 후에 표집간격 만큼 연속적으로 표본을 추출하는 것이다. 반면에 단순무선 표집은 전체 모집단에서 무작위로 표본을 추출한다는 점이 다르다. 그러므로 이 방법은 무선화의 특성을 가지면서 동시에 비확률적 특징을 갖는 방법이다.

체계적 표집방법은 표본추출이 쉽고 빠르게 진행될 수 있으며, 모집단의 특정 부분이 다른 부분보다 높은 비율로 선발될 가능성을 배제시켜 준다는 장점이 있다. 반면, 모집단의 구성요소들에 일일이 번호가 부여되어 있어야 하고, 만약 어떤 체계적 양식으로 구성이 되어 있을 때는 특정 집단이 상대적으로 많이 추출되어 모집단을 대표하지 못하고 편파적일 가능성이 높다는 문제가 있다. 또한 첫 번째 추출된 연구대상으로부터 n번째 대상이 계속 표본추출되므로 표본이 비독립적이라는 단점도 있다.

예를 들어, 매월 4와 9가 들어 있는 날에 5일장이 열리는 한 소도시 시장의 어떤 상점의 매상에 대해 표본조사를 한다고 가정하자. 처음 조사날짜를 4일로 잡고 5일 간격으로 체계적 표집을 하였다면, 모두 장이 열리는 날만 매상을 조사한 것이 되기 때문에 해당 상점의 매상은 편파적으로 추정될 것이다. 이와 같이 모집단의 배열 요소에 어떤 종류의 주기가 있고 만약 표집간격이 이 주기와 일치하게 되면, 표본은 편파적으로 추출된다. 따라서 이런 경우는 체계적 표집방법으로 표본추출을 하지 않는 것이 바람직하다.

3. 층화 표집

층화 표집(stratified sampling) 방법은 모집단 안에 이질성을 갖는 여러 개의 하위집단이 존재할 때 모집단을 속성에 따라 하위집단(계층)으로 구분하고, 각 계층에서 2차적으로 단순무선 표집을 적용하는 방법이다. 다시 말해, 모집단이 가지고 있는 특성을 층화의 기준으로 사용하여 모집단을 몇 개의 하위집단, 즉 계층으로 구분한 후 표본을 추출하는 방법으로, '유층 표집'이라고도 부른다(이종승, 2012).

층화의 기준은 연구의 성격에 따라 성별, 거주 지역, 연령대, 교육수준, 종교 등 다양하며, 이 중 하나의 기준만을 적용하거나 여러 개의 기준을 동시에 적용하여 이들의 결합에 의해서 층을 분류할 수 있다. 예를 들어, 대학생 모집단을 성별에 의해 남자와 여자의 집단으로 분류하거나 성별(남자, 여자)과 학년(1, 2, 3, 4학년) 기준을 동시에 적용하여 두 속성의 결합에 의해서 형성되는 8개의 집단으로 분류할 수도 있다.

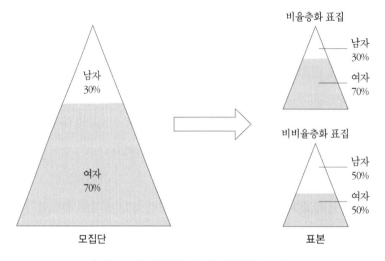

[그림 8-2] 비율층화 표집과 비비율층화 표집

층화 표집법에는 모집단의 각 계층 간의 비율 적용 여부에 따라 비율층화 표집과 비비율층화 표집이 있다(성태제, 시기자, 2014).

먼저 비율층화 표집(proportional stratified sampling)은 모집단의 계층 구성비율과 동일한 비율로 각 계층에서 표본추출하는 방법이다. 예를 들어, 성별에 따른 평생교육사의 전문성에 대한 인식을 조사하고자 할 때 평생교육사의 남녀 성비를 파악한 후, 모집단의 성비에 비례하여 남성계층과 여성계층에서 각각의 표본을 추출하는 것을 말한다.

비비율층화 표집(nonproportional stratified sampling)은 연구자의 판단에 의해 비율을 결정하여 표본추출하는 방법이다. 즉, 각 계층에서 동일한 수로 표집하거나 임의적인 비율로 표본을 추출하는 방법을 말한다. 앞의 예를 적용해 본다면, 평생교육사의 남녀 성비를 파악한 후 연구자의 판단에 의해 비율을 정하고 표본을 추출하는 것이다. 이 방법은 모집단을 구성하고 있는 특정 계층의 구성 비율이 너무 낮거나 각 계층의 분포에 있어 차이가 심할 경우 주로 사용된다.

층화 표집의 장점은 다음과 같다. 첫째, 모집단의 하위집단, 즉 모든 계층을 빼놓지 않고 표본에 포함시킬 수 있다. 특히 모집단에서 낮은 비율을 차지하는 중요한 구성원 집단이 있을 때 효과적이다. 둘째, 모집단을 계층으로 구분할 때 계층에 대한 정보가 확실하고 표집이 정확하면 표본의 수를 줄이더라도 표본의 대표성을 높일 수 있다. 셋째, 각 계층 사이에는 이질적인 특징을 갖고 있으므로 계층 간의 비교연구에 유용하다.

층화 표집의 단점은 다음과 같다. 첫째, 사전에 모집단에 대한 정확한 정보를 필요로 한다. 조사자가 모집단에 대한 정확한 정보를 가지고 있지 않다면 효과적인 층화가 이루어지지 못해 표본의 대표성이 낮아질 수 있기 때문이다. 둘째, 층화 후 하위집단 전체에 대한 목록이 필요하다. 즉, 계층 내 명부나 목록이 없을 경우, 그것을 만드는 데 많은 시간과 노력이 필요하게 된다.

4. 군집 표집

군집 표집(cluster sampling) 방법은 표본추출의 단위가 개인이나 개체가 아니라 집단이므로 '집락 표집' 또는 '덩어리 표집'이라고도 한다(성태제, 시기자, 2014). 즉, 군집 표집법에 의한 조사를 할 때에는 개개인을 독립적으로 표본추출하는 것이 아니라 특정 집단을 선정하여 그에 속한 사람들을 표본추출하는 것이다. 군집은 학교, 학년, 학과, 기관 등이 되거나 혹은 구 · 군과 같은 지역이 될 수도 있는데, 계층과는 다르다. 계층은 계층 내에서는 동질적이고 계층 간에는 상호 이질적인 반면에, 군집은 군집 내에서는 이질적이며 군집 사이에는 동질성을 가지고 있다.

군집 표집을 할 경우 모집단을 군집으로 나눈 다음 군집을 대상으로 무선 표집하는 것이다. 예를 들어, 서울특별시 평생교육사의 전문성 수준의 변화에 관심이 있을 경우, 평생교육사 개개인을 대상으로 표집하기가 용이하지 않다. 그러므로 서울특별시에 소재한 각 평생교육기관을 군집으로 설정하고, 단순무선 표집 방법에 의하여 평생교육기관을 추출한 후, 추출된 기관에 소속된 평생교육사 모두를 대상으로 표본추출하는 것이다. 이 경우, 서울특별시에 소재한 개별 평생교육기관이 군집이 되며, 군집 단위에서 단순무선 표집이 이루어진 것이다.

이처럼 군집 표집은 모집단이 대단히 클 경우에는 그 속에 널리 흩어져 있는 개별적인 사례들을 표집단위로 뽑는 것이 아니라 이미 형성된 군집을 단위로 하여 표본을 추출하는 것이므로 더 효율적이다.

군집 표집의 가장 큰 장점은 첫째, 모집단의 개인목록이 없을 때도 사용이 용이하다는 것이다. 그러나 군집에 대한 전체 목록이 있어야 한다. 둘째, 시간과 비용을 절약할 수 있다. 즉, 모집단 속에서 개인단위가 아닌 집단단위로 추출한 후 그 집단에 속한 모든 사람을 대상으로 조사하기 때문에 시간과 비용이 경감된다. 셋째, 모집단의 특성에 대한 사전정보가 없을 때에도 사용이 가능하다.

반면에 단순무선 표집에 의해 선발된 군집에 포함되지 않는 대상은 연구의 대상이 될 가능성이 전혀 없으므로 앞서 언급한 다른 확률적 표본추출 방법들보다 모집단을 정확히 대표할 수 없다는 단점이 있다. 그러므로 이를 보완하기 위해 군집의 크기는 줄이고 군집의 숫자를 늘려서 여러 군집을 표본추출하는 것이 모집단 특성을 잘 대표할 수 있으므로 효과적이다.

이와 같은 확률적 표집방법을 도식화하면 [그림 8-3]과 같이 표현할 수 있다.

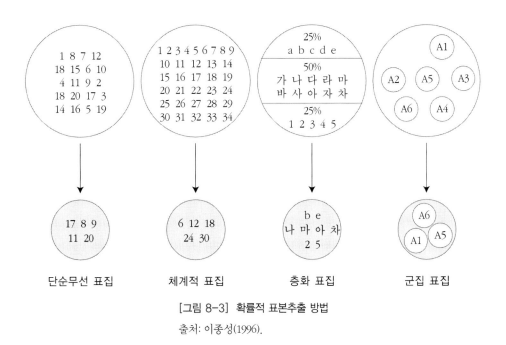

<table>
<tr><td>단순무선 표집</td><td>체계적 표집</td><td>층화 표집</td><td>군집 표집</td></tr>
</table>

[그림 8-3] 확률적 표본추출 방법

출처: 이종성(1996).

제3절 비확률적 표본추출 방법

비확률적 표본추출 방법은 확률을 고려하지 않고 연구자의 주관적 판단에 의해 표본을 추출하는 방법을 의미하며, 그 유형에는 편의 표집, 목적 표집, 스노우볼 표집, 할당 표집 등이 있다. 비확률적 표본추출 방법은 확률적 표집을 할 수 없는 상황이나 조사대상에 대한 대략적인 정보를 얻기 위해 일정 수 이상의 표본을 얻기만 하면 되는 경우 또는 탐색조사에서 주로 사용한다.

비확률적 표본추출 방법은 연구자가 표집과정에서 자유로움과 유연성을 가질 수 있는 장점이 있으나, 연구자의 주관적 판단에 따라 표본을 선택하기 때문에 편향된 표본의 문제를 검토하여야 하며, 연구결과를 일반화하는 과정에서 주의가 요구된다.

1. 편의 표집

편의 표집(convenience sampling)이란 연구진행에 편리하도록 임의적으로 표본을 선택하는 방법으로, 지원자 표본과 우연적 표본, 전속 표본이 있다(성태제, 시기자, 2014).

첫째, 지원자 표본(volunteer samples)은 연구의 목적에 동의하는 연구대상 집단을 의미한다. 연구를 수행할 때 대상을 구하기 힘들고, 법적·윤리적 문제로 인해 연구를 진행하기 어려울 경우는 지원자 표본에 의해 진행한다. 이 방법은 모든 연구에서 사용되지만 특히 의학, 약학, 심리학 등에서 주로 사용된다. 지원자 표집에 의한 연구는 표집오차가 발생되므로 연구결과를 일반화시키지 못하는 제한점이 있다.

둘째, 우연적 표본(accidental samples)은 어떤 특별한 표집 계획이나 목적 없이 조사자가 임의대로 손쉽게 구할 수 있는 대상들 중에서 표본추출을 하여 얻은 표본이다. 예를 들어, 어느 대학 학생들의 생활만족도를 조사할 경우, 그 대학의 특정 장소에서 왕래하는 사람들에게 의견을 묻는 방법을 사용할 수 있다. 이 방법은 모집단에 대한 대표성을 전혀 고려하지 않은 방법이기 때문에 가급적 사용하지 않는 것이 좋다.

셋째, 전속 표본(captive samples)의 경우는 쉽게 얻을 수 있는 기존 집단을 활용하는 표본이다. 예를 들어, 연구자가 맡고 있는 학급 내의 학생처럼 표본추출을 편리하게 할 수 있는 표본을 의미한다.

2. 목적 표집

목적 표집(purposeful sampling)이란 연구의 목적을 위해 연구자가 판단하여 의도적으로 표본추출 하는 것을 말하며, 판단 표집(judgement sampling), 의도적 표집(purposive sampling)이라고도 부른다(성태제, 시기자, 2014).

이는 연구자가 모집단 및 구성요소에 대한 풍부한 사전지식을 가지고 있을 때 유용하다. 즉, 연구자는 표집의 대상에 대해서 구체적으로 알고 있어야 하고 논리적 사고에 의하여 연구대상을 표본추출할 수 있어야 한다. 예를 들어, 지역사회의 어떤 성향을 조사할 때, 그 지역사회의 성향을 가장 대표적으로 나타낸다고 생각되는 사람들을 선택해 조사할 수 있어야 한다. 따라서 목적 표집에 대한 표본추출 과정에 조사자의 주관적인 판단이 개입될 수밖에 없다.

목적 표집은 표본을 추출하는 데 비용이 적게 들고, 모집단에 대한 일정한 지식이 있는 경우 표본추출이 편리하고 정확도가 높다는 장점이 있다. 반면에 연구자의 주관적 판단에 전적으로 의존하므로 연구자의 판단이 잘못될 경우에 발생하는 오류를 막을 길이 없다. 따라서 연구자는 모집단에 대한 충분한 지식을 가지고 신뢰할 수준의 주관적 판단을 할 수 있어야 한다. 또한 표집오차 계산이 곤란하며, 대표성에 대한 보장을 할 수 없다는 단점이 있다.

3. 스노우볼 표집

스노우볼 표집(snowball sampling)은 눈덩이를 굴리는 것과 같이 최초의 작은 표본을 선택한 후 소개를 통해 원하는 표본의 수를 얻을 때까지 계속적으로 표본을 확대해 가는 방법이다. 다른 표현으로 '연쇄의뢰 표집(chain-referral sampling)', 혹은 '누증 표집'이라고 부른다(성태제, 시기자, 2014). 스노우볼 표집은 처음에는 무선적인 또는 임의적으로 대상을 선정한 후, 이 대상을 통해 소개받는 방법이며, 이후의 대상은 지역, 나이, 신체적·심리적 특성 등 다양한 요인이 선정될 수 있으므로 결과적으로 비확률적 표본추출 방법에 해당된다.

이 방법은 주로 가출 청소년, 약물 중독자, 미혼모, 희귀병 환자 등과 같이 연구대상으로 목표한 모집단에 속하는 연구대상자를 찾기 어려울 때 실시한다. 쉽게 표본추출할 수 있다는 장점은 있지만, 추천에 의해 표본을 선정하므로 편향될 가능성이 높으며, 연구자가 표본추출을 통제할 수 없다는 단점이 있다.

4. 할당 표집

할당 표집(quota sampling)은 비확률적 표본추출 방법 가운데 가장 정교한 방법으로, 사회과학 조사에서 많이 사용된다. 이는 모집단의 하위집단분포에 대한 사전정보를 갖고, 그에 맞추어 각 집단 내에서 할당된 수만큼의 표본을 추출하는 방법이다.

예를 들어, 부산광역시 고등학생을 대상으로 연구할 경우에 부산광역시 교육청의 5개 해당 교육지원청별로 일정 수의 표본을 할당하여 표본추출하는 것이 이에 해당된다. 각 하위집단에 대한 표본 수의 할당은 각 집단의 상대적 중요도, 집단에 속하는 구성원의 다양성, 각 집단의 규모 등을 고려하는 것이 바람직하다.

할당 표집은 모집단을 여러 개의 하위집단으로 구분하여 표본을 추출한다는 점에서는 층화 표집과 유사하지만, 연구자의 주관적 판단으로 표본을 구성한다는 점에서는 편의 표집이나 목적 표집과 비슷하다.

할당 표집은 확률적 표본추출 방법인 층화표집에 비하여 표본추출이 쉽고 빠르며 비용이 적게 든다. 또한 모집단을 구성하고 있는 하위집단의 정의와 비율에 대한 자료를 기초로 적절한 표본의 수를 할당한다면, 모집단을 대표하는 표본을 얻을 수 있다는 측면에서 편의 표집이나 목적 표집보다 우수하다는 장점이 있다. 반면에 분류에 영향을 미치는 관련 변수에 대한 지식이 부족하거나 혹은 분류의 작위성으로 인해 오차가 개입할 가능성이 높다는 단점이 있다.

비확률적 표본추출 방법을 정리하면 〈표 8-2〉와 같다.

〈표 8-2〉 비확률적 표본추출 방법

표집 유형	설 명
편의 표집	• 연구목적, 연구문제에 대한 적합성보다는 자료수집의 수월성에 기초한 표본 추출 방법 • 지원자 표본, 우연적 표본, 전속 표본 등이 있음
목적 표집	• 연구자가 판단하여 의도적으로 표본추출하는 방법 • 질적연구에서 많이 사용함
스노우볼 표집	• 처음 선발된 표본으로부터 얻은 정보에 기초하여 표본을 추가해 가는 방법 • 연구가 진행됨에 따라 표본의 크기도 계속 커짐
할당 표집	• 모집단의 특성을 대표할 수 있는 여러 개의 하위집단을 구성하여 각 집단에 알맞은 표본의 수를 할당하는 방법 • 할당 범위 내에서 임의로 표본추출을 함

용어 정리

• **모집단**: 연구자가 연구결과를 일반화하려는 연구의 전체 대상이 되는 집단
• **표본**: 모집단 중 연구에 실제 참여하는 집단
• **표본추출(표집)**: 모집단으로부터 표본을 선택하는 과정
• **확률적 표본추출**: 모집단에 속하는 모든 사례가 표본으로부터 뽑힐 확률을 객관적으로 파악할 수 있도록 설계된 표본추출 방법으로 단순무선 표집, 체계적 표집, 층화 표집, 군집 표집 등이 있음
• **비확률적 표본추출**: 확률을 고려하지 않고 연구자의 주관적 판단에 의해 표본을 추출하는 방법으로 편의 표집, 목적 표집, 스노우볼 표집, 할당 표집 등이 있음

📖 학 / 습 / 문 / 제

1. 전수조사에 비해 표본조사가 가지고 있는 장점이 무엇인지 설명하세요.

2. 표본추출 방법을 선택할 때 고려해야 하는 사항에 대해 설명하세요.

3. 확률적 표본추출 방법과 비확률적 표본추출 방법의 차이를 설명하고, 각각 어떤 유형이 있는지 제시해 보세요.

4. 다음의 표본추출 방법을 설명하세요.

① 단순무선 표집

② 체계적 표집

③ 층화 표집

④ 군집 표집

⑤ 편의 표집

⑥ 목적 표집

⑦ 스노우볼 표집

⑧ 할당 표집

제 **9** 장

자료수집 방법

제1절 자료의 유형
제2절 설문지법
제3절 관찰법
제4절 면접법
제5절 자료수집 방법의 선택기준

제1절 자료의 유형

연구를 수행하는 과정에서 효과적인 자료수집 방법을 선택하여 신뢰할 수 있고 타당한 자료를 수집하는 일은 의미 있는 결과를 산출하는 데 영향을 미치는 중요한 과정이다. 연구에서 자료수집의 방법이나 수단이 적절하지 않다면 부정확하거나 의도하지 않은 결과를 얻을 수 있기 때문이다.

자료수집(data collection)은 연구목적을 달성하기 위해 연구문제를 분석하는 데 필요한 자료를 수집하는 활동이나 이를 지원하는 모든 과정을 의미한다. 이때 자료(data)란 연구에 직접 또는 간접적으로 이용되는 일체의 정보를 말한다. 자료의 종류에는 문서, 관찰자료, 면접에 의한 자료 등 여러 가지가 있는데, 연구자가 필요로 하는 자료의 성격에 따라 1차 자료와 2차 자료로 구분할 수 있다(강종수, 2009).

1차 자료(primary data)는 연구자가 현재 수행 중인 조사연구의 목적을 달성하기 위해 조사설계를 통해 직접 수집한 자료를 말한다. 1차 자료는 연구자가 사전에 적절한 조사설계를 하여 수집된 자료이므로 조사 목적에 따른 자료의 정확도, 타당도, 신뢰도 등을 확보할 수 있으며, 수집된 자료를 의사결정에 필요한 시기에 적절히 이용할 수 있다는 장점이 있다. 반면에 자료수집의 비용과 인력, 시간이 많이 필요하다는 단점이 있다.

2차 자료(secondary data)는 연구자가 직접 수집한 자료 이외에 조사목적에 도움을 줄 수 있는 기존의 모든 자료를 의미한다. 2차 자료에는 연구자가 종사하는 기관 내부 자료와 다른 기관에서 만들어진 외부 자료가 있으며, 자료의 출처에 따라 개인문서, 업무서류철, 공공기관에서 공시한 자료 등이 있다. 그러므로 2차 자료는 자료수집이 쉽고, 비용이 저렴하며, 계속적인 수집이 가능하다는 장점이 있다. 하지만 수집된 자료가 연구목적이나 측정단위, 조작적 정의 등과 달라 현재 연구자가 필요로 하는 연구에 바로 활용하기 어려운 경우가 많다는 단점이 있다.

1차 자료와 2차 자료를 수집의 과정, 비용, 기간에 따라 비교·정리하면 〈표 9-1〉과 같다.

〈표 9-1〉 1차 자료와 2차 자료의 비교

구 분	1차 자료	2차 자료
과정	조사자가 직접 자료수집	타인에 의해 작성된 기존자료의 수집
비용	고비용	저비용
자료수집 기간	장기	단기

제2절 설문지법

설문지법(questionnaire)은 연구자가 조사하고자 하는 설문지의 조사항목에 따라 응답자가 직접 기록하도록 하는 방법이다(이종승, 2012). 질문지법이라고도 부르며, 자료수집 방법 중 가장 널리 사용되고 있다.

1. 설문지법의 장단점

설문지법은 조사목적에 적합한 질문을 구조화하여 설문지라는 형태로 제시함으로써 타당하고 신뢰할 수 있는 측정 또는 조사를 하는 방법이다. 그러므로 사전에 필요한 정보의 종류와 측정방법, 분석방법 등을 고려하여 사용하여야 한다. 설문지의 내용은 일반적으로 응답자의 인적 사항 및 생활배경을 파악하기 위한 내용과 연구주제에 대한 응답자의 의견, 판단, 태도, 가치관, 만족도 등과 같은 심리상태나 심리적 작용을 조사할 수 있는 내용으로 구성된다.

설문지법의 가장 큰 장점은 다른 자료수집 방법에 비하여 한 번에 많은 대상으로부터 필요한 정보를 얻을 수 있으며, 비용이 적게 들고 간편하게 실시할 수 있다는 것이다. 따라서 대규모 조사연구에서 많이 활용되며 전문적 지식이나 훈련을 받지 않은 사람들도 이 방법을 쉽게 사용할 수 있다. 또한, 연구자가 응답자에게 미치는 영향이 적기 때문에 좀 더 객관적인 자료를 얻을 수 있다. 그리고 다른 방법으로 자료수집이 어려운 개인적 생활경험이나 심리적 특성, 의견 및 태도 등을 조사하기에도 용이하다.

그러나 설문지법은 다음과 같은 단점을 가지고 있다. 첫째, 응답자의 문장 이해력이나 표현능력에 크게 의존하기 때문에 이러한 능력이 부족한 대상에게는 적용하기 어렵다. 둘째, 응답한 내용의 진위 확인이나 미흡한 답변에 대한 보충질문이 쉽지 않기 때문에 설문지를 통해 수집된 자료는 피상적이기 쉽다. 셋째, 우편이나 전자설문 방법을 통한 설문지의 경우 다른 설문지법에 비해 회수율이 저조하다.

2. 설문지법의 종류

설문지법의 종류는 실시하는 방법에 따라 우편조사법, 전자설문조사법, 집단조사법, 개별조사법 등이 있다.

1) 우편조사법

우편조사법(mailed questionnaire)은 설문지를 피조사자에게 우편으로 발송하여 기록하게 한 다음 우편으로 회수하는 방법이다. 회수율이 낮은 문제점이 있으나 전자설문조사법이 일반화되기 전까지 광범위한 지역에 걸친 조사를 할 경우에 가장 많이 이용되어온 방법이다.

우편조사법을 사용할 때는 설문지와 함께 설문의 목적과 배경을 설명한 안내문, 설문지 반환용 우편봉투와 우표를 동봉하여야 한다. 또한 설문지와 회신용 봉투에 미리 번호를 부여하여 회송 여부를 확인하기 용이하도록 하는 등 회수율을 높이기 위한 독려나 설문지의 재발송과 같은 후속조치가 필요하다(성태제, 시기자, 2014).

우편조사법의 장점은 다음과 같다. 지리적으로 광범위하게 분포된 대상에게 자료를 조사할 때도 용이하게 적용할 수 있다. 또한 응답자가 면접자의 태도 및 편견에 방해받지 않고 익명성이 보장되므로 비교적 사적인 내용의 질문을 포함할 수 있다. 그리고 응답자가 충분한 시간을 갖고 심리적 부담감이 적은 상태에서 신중하게 응답할 수 있다.

반면, 우편조사법은 회수율이 낮고 회수하는 데 시간이 많이 걸린다는 단점이 있다. 그리고 응답자의 독해 능력이나 언어 능력에 따른 제약이 많고, 응답자가 질문의 의미를 잘못 파악하거나 회피적인 응답을 했을 경우 조사자가 다시 질문하기 어렵다. 또한 응답자 주변 환경의 통제가 어려워 타인의 의견이 반영되거나 대리 응답할 가능성이 있으며, 언어적 정보 이외의 다른 종류의 정보를 수집할 방법이 없다.

2) 전자설문조사법

전자설문조사법(electronic survey)은 컴퓨터나 스마트폰 등의 정보기기와 정보통신망의 발달로 인해 빠르게 확산되고 있는 자료수집 방법이다. 이는 전자우편(e-mail)을 이용한 방법과 웹(world wide web)을 이용한 방법으로 구분된다(성태제, 시기자, 2014).

전자우편을 이용한 방법은 내용면에서는 우편조사와 동일하지만 설문지의 배포 및 수신 등이 컴퓨터나 스마트폰을 통해 이루어진다는 점에서 차이가 있다. 즉, 설문 대상자들의 전자우편 주소나 SNS(Social Network Services)를 통해 설문지를 파일로 첨부하여 배포하고, 응답자는 이를 다운로드해서 문서편집기를 통해 확인한다. 그리고 응답한 설문지 파일을 조사자가 회신받는 방법으로 실시한다.

전자우편을 이용한 설문조사는 비용이 적게 든다는 장점이 있다. 그리고 시간과 공간의 제약 없이 많은 사람에게 신속하게 설문지를 전달할 수 있으며, 응답자들이 편한 시간대에 선택하여 응답하므로 응답의 질도 높일 수 있다.

그러나, 전자우편 주소나 SNS를 확보할 수 있는 대상이 아직까지는 제한적이어서 모집단에 컴퓨터나 스마트폰을 사용하는 집단이 많이 포함되지 않은 경우에는 표본의 대표성에 문제가 발생할 수 있다. 또한, 응답자들이 전자우편이나 SNS 이용방법을 모르면 실시가 불가능하다는 한계점이 있다.

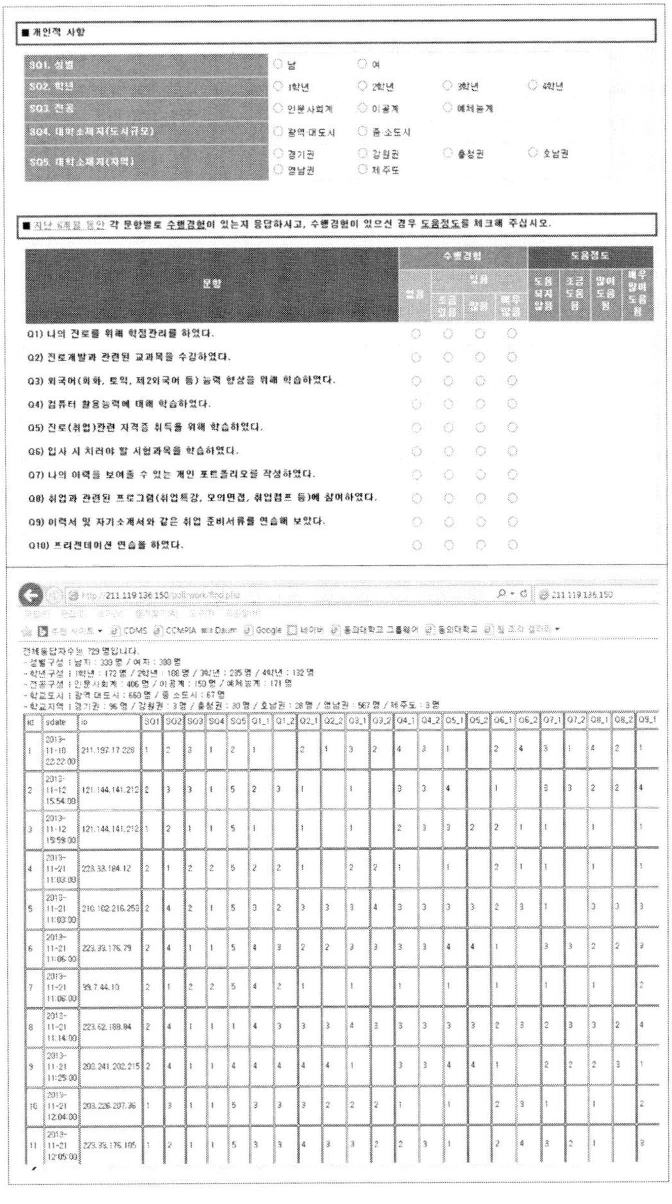

[그림 9-1] 웹을 이용한 전자설문조사

출처: 서희정, 윤명희(2014).

웹을 이용한 방법은 응답자들이 지정된 웹 사이트에서 설문문항을 읽고 직접 클릭하는 방식으로 응답이 이루어지며, 일반적인 절차는 다음과 같다. 먼저, 설문지를 웹페이지 형식으로 제작하고, 설문조사를 위한 홈페이지를 네트워크에 연결한다. 그리고 전자우편, 전화, SNS 등을 이용해 설문 대상자들에게 설문 홈페이지 주소를 알려준다. 이때 전자우편이나 SNS에 홈페이지 주소를 링크하면 응답자가 주소를 옮겨 적는 번거로움을 최소화할 수 있다.

웹을 이용한 설문조사는 웹 사이트에 접속하여 바로 질문을 확인하고 응답할 수 있으므로 전자우편을 이용하는 방법에 비해 응답하기 더 편리하다. 뿐만 아니라 응답과 동시에 자료가 컴퓨터에 저장되므로 연구자가 자료를 정리하고 코딩(coding)하는 데 드는 비용과 시간도 줄일 수 있다. 응답을 하지 않거나 하나를 선택하는 문항에 복수로 응답했을 경우, 이를 알려 주는 기능을 프로그램화할 수 있어서 자료의 신뢰성도 높일 수 있다. 또한, 필요할 경우에는 그래프, 그림, 동영상 등을 자유롭게 활용하여 설문지에 대한 응답자의 호감을 높일 수도 있다.

전자설문조사법 설문지 발송과 회수, 조사원에 따른 비용이 들지 않고, 회신을 받지 못했을 때는 전자우편이나 SNS를 통해 쉽게 독촉할 수 있다는 장점이 있다. 또한 응답자들은 편한 시간대에 응답하기 때문에 응답의 질을 높일 수 있다. 그러나 인터넷에 접속한 사람이라도 자신에게 필요한 정보 이외에는 관심을 가지지 않는 경향이 많으므로 응답률이 낮은 편이다. 한편, 인터넷상에서 개인정보 보호 장치가 미흡한 경우에는 응답자의 사생활이 침해받을 수 있으므로 설문조사법을 이용할 때 이에 유의하여야 한다(김영종, 2007).

3) 집단조사법

집단조사법(group questionnaire)은 일정한 장소에 응답자들을 모아 놓고 설문지를 배포하여 조사하는 방법이다. 집단이나 조직에 속해 있는 대상으로부터 자료를 얻을 때 주로 사용한다.

집단조사법은 적은 수의 조사원으로 간편하게 조사를 할 수 있어 비용과 시간을 절약할 수 있고, 설문지의 회수율을 높일 수 있다는 장점이 있다. 또한 응답자들의 응답 조건이 동등한 환경에서 직접 대화가 가능하기 때문에 설문지에 대한 해석적 오류를 줄일 수 있다.

반면, 응답자를 한 곳에 모으는 것이 용이하지 않고, 응답자의 개인별 차이를 무시하여 조사의 타당성이 떨어질 수 있다는 문제점이 있다. 또한 설문지에 답변할 때 옆 사람으로부터 영향을 받을 가능성이 있고, 특히 민감한 질문의 경우 타인을 의식해서 중립적인 답을 할 가능성이 있다. 그러므로 집단의 분위기에 영향을 받을 수 있는 민감한 질문이나 깊은 생각이 필요한 질문에는 이 방법이 적당하지 않다.

4) 개별조사법

개별조사법는 조사자가 직접 개별 조사대상자를 대면해서 설문지를 통해 질문에 응답하도록 하여 정보를 수집하는 방법이다. 예를 들면, 특수한 상황에 처해 있는 대상자에게 개인적으로 방문을 해서 설문지를 전달해야 하는 경우가 이에 해당된다.

개별조사법의 경우 어떤 질문에 대하여 응답자가 이해하지 못하면 조사자가 설명하여 이해시킬 수 있으며 누락된 응답을 보충할 수도 있고, 응답률도 매우 높은 편이다. 그러나 우편조사법이나 전자설문조사법이 적은 비용으로 광범위한 지역에 걸쳐서 조사할 수 있는 방법인 점에 비하여 개별조사법은 상대적으로 많은 노력과 비용이 필요하다. 그리고 집단조사법은 적은 수의 조사원으로 간편하게 조사를 할 수 있는데 비해, 개별조사법은 많은 수의 조사원이 있어야 가능하다.

제3절 관찰법

관찰(observation)은 일반적으로 인간의 감각기관을 사용하여 사람이나 사물에 대한 지식이나 정보를 얻어 내는 것이다. 일반적으로 관찰법(observational method)은 일정한 시간에 걸쳐서 연구대상을 지켜보고 들으면서 결과를 기록하는 자료수집 방법이다(강종수, 2009).

1. 관찰법의 장단점

관찰법은 연구대상자가 스스로 보고할 능력이 부족한 경우나 사회적 상호작용과 같이 자연스러운 상황을 조사해야 하는 경우에 적절한 자료수집 방법이다.

관찰법의 장점은 다음과 같다. 우선, 겉으로 나타나는 행동을 관찰하므로 응답자의 개인적인 편견이나 특징으로 인해 응답 과정에서 발생하는 오류를 최소화할 수 있다. 둘째, 언어나 문자의 제약으로 측정하기 어려운 사실도 조사할 수 있어서 유아, 장애인 등 자기의 행위나 감정을 표현하는 데 어려움을 가지고 있거나 표현능력이 부족한 대상에게도 적용할 수 있다. 셋째, 연구대상의 무의식적인 행동과 같이 응답자가 사전에 인식하지 못하는 문제도 자료수집이 가능하다.

반면에 관찰법의 단점은 다음과 같다. 첫째, 겉으로 드러난 현재 상태만을 관찰할 수 있고, 내면적인 특성이나 과거 사실에 대한 자료를 수집할 수 없다. 둘째, 관찰 시점에 관찰자의 주관이 개입할 여지가 있으며, 관찰이 불가능한 행동도 있다. 예를 들면, 연구대상의 사적인 행동이나 관찰되기를 원치 않는 행동 등은 관찰하기가 어렵다. 셋째, 연구대상이 관찰당하고 있다는 것을 알고 있을 경우 평소와 다른 행동을 보일 수 있으므로 정확한 자료를 수집하기 어렵다. 행동 양식은 태도나 신념에 비해서 쉽게 변할 수 있는 것이기 때문에 관찰 당시의 행동이 관찰대상자의 평소 행동과 다를 수 있으므로 이를 일반화하기에는 제약이 따른다. 그러므로 관찰을 반복적으로 실시함으로써 이를 보완하기도 한다. 넷째, 조사자가 항상 현장에 있어야 한다는 시간적 · 공간적 제약이 있다. 그러나 최근에는 상호협의하에 CCTV나 웹캠 등과 같은 촬영기기를 이용하여 시간적 · 공간적 제약을 보완하기도 한다.

2. 관찰법의 종류

관찰법은 관찰하려는 상황의 인위적 통제 여부에 따라 자연적 관찰과 통제적 관찰로, 관찰의 구조화 여부에 따라 구조적 관찰과 비구조적 관찰로, 또한 관찰자의 참여 여부에 따라 참여 관찰과 비참여 관찰로 분류할 수 있다.

1) 자연적 관찰과 통제적 관찰

자연적 관찰(naturalistic observation)은 관찰의 상황을 조작하거나 인위적으로 어떤 특별한 자극을 주는 것 없이 자연 발생적인 모습을 있는 그대로 관찰하는 방법으로, '비통제적 관찰'이라고도 부른다. 즉, 연구자의 통제·개입·방해 없이 있는 그대로의 상황에서 관찰하는 것이다.

이 방법은 특별한 조작이나 제한을 두지 않고 수시로 관찰할 수 있다는 장점은 있으나, 관찰하려는 행동 모두를 자료로 수집할 수는 없기 때문에 관찰이 체계적이지 않고 반복하여 관찰할 수 없어서 일회성으로 한정된다는 단점이 있다.

통제적 관찰(controlled observation)은 관찰하려는 장면이나 조건을 통제한 실험적 상황에서 처치나 자극에 대한 효과로 나타나는 행동, 상황 등을 관찰하는 방법으로, '실험적 관찰'이라고도 한다. 즉, 어떤 행동을 발생시킬 특정한 환경적 조건을 인위적으로 설정한 후, 이를 관찰하는 것이다. 예를 들어, 교실환경을 변화시키고 나서 학생들의 목소리 변화나 반응하는 행동을 관찰하는 것이 이에 해당된다.

이 방법은 독립변수를 통제할 수 있기 때문에 종속변수인 관찰대상자의 행동을 분석하기 쉽고 실험 전후의 결과 비교가 가능하다. 그러므로 자연적 관찰에서의 일회성을 보완하여 행동에 대한 원인을 파악할 수 있고, 결과를 정리·요약하는 것이 쉽다는 장점이 있다. 다만, 관찰조건의 인위성으로 인해 실제 생활 장면에 대한 적용에는 한계가 있으므로 일반화할 때는 주의가 필요하다.

2) 구조적 관찰과 비구조적 관찰

구조적 관찰(structured observation)은 관찰내용과 관찰방법, 기록방법 등을 사전에 결정해 놓고 관찰하는 방법이다. 일반적으로 무엇을 관찰하고 기록할 것인가를 사전에 구체적으로 준비한 다음, 점검표와 같은 도구를 사용하여 기록하는 등 관찰자료에 대한 계량적 접근을 한다. 이러한 의미에서 '체계적 관찰' 혹은 '조직적 관찰'이라고도 부른다.

반면, 비구조적 관찰(unstructured observation)은 관찰내용, 관찰방법, 기록방법이 분명히 규정되지 않은 상태에서 관찰하는 방법이다. 주로 탐색적 단계에서 사용되며, 관찰자의 숙련된 전문성을 요구한다. 비구조적 관찰을 할 때에는 관찰자의 주관적 편견이 개입되지 않도록 주의해야 한다.

지금까지 살펴본 관찰의 통제 및 구조화 여부에 따라 관찰법을 분류하면 〈표 9-2〉와 같다.

〈표 9-2〉 관찰의 통제 및 구조화에 따른 분류

	자연적 관찰	통제적 관찰
구조적 관찰	• 자연 발생적 상황 그대로 관찰 • 관찰 방법, 내용 등 사전 계획함	• 관찰상황 조건에 대한 처치 • 관찰 방법, 내용 등 사전 계획함
비구조적 관찰	• 자연 발생적 상황 그대로 관찰 • 관찰 방법, 내용 등 사전 계획 없음	• 관찰상황 조건에 대한 처치 • 관찰 방법, 내용 등 사전 계획 없음

3) 참여 관찰과 비참여 관찰

참여 관찰(participant observation)이란 관찰자가 관찰대상자들의 생활공간에 직접 들어가 관찰하면서 기술하는 방법이다(유기웅 외, 2012). 즉, 관찰자가 관찰대상자나 그들의 행동에 대해서 아무런 통제를 가하지 않고 공동 생활자의 입장에서 자연스러운 행동을 관찰하는 것이다. 예를 들어, 노숙자들과 함께 생활하며 그들의 행동양식을 관찰하는 것이나 문화인류학자가 어느 한 문화권의 집단 속에 직접 들어가 함께 생활하면서 그들의 생활규범과 행동양식을 관찰하는 것이 이에 해당한다.

　참여 관찰의 경우는 관찰대상자가 숨기고자 하는 행위에 대해서도 자연스럽게 관찰할 수 있어 심층적이고 포괄적인 연구를 할 수 있으며, 평소에는 관찰할 수 없는 특수한 행동에 관한 자료수집이 가능하다는 장점이 있다. 그러나 참여 관찰을 적용할 수 있는 연구의 주제나 대상이 제한적이고, 관찰자가 정서적으로 개입되는 정도에 따라서 관찰의 객관성을 잃을 우려가 있으므로 유의해야 한다.

　참여 관찰은 관찰자의 공개 여부에 따라 은밀한 관찰과 공개적 관찰로 나뉜다. 은밀한 관찰이란 관찰자가 자신의 역할을 숨기고 관찰 현장에 참여하는 방법이다. 이 경우 관찰대상들이 관찰자에 의하여 영향을 받지 않는다는 장점이 있다. 하지만 관찰자의 신분을 숨기는 것은 연구 윤리의 문제가 될 수 있고, 관찰결과를 기록하는 것이 쉽지 않다는 단점이 있다. 공개적 관찰은 관찰자가 자신의 역할을 관찰대상자들에게 알리고 공동생활자 입장에서 관찰하는 것이다.

　비참여 관찰(non-participant observation)은 관찰자가 관찰대상의 외부에서 대상자의 활동이나 행동에 대해 전혀 개입하지 않고 제3자로서 객관적인 관찰만 하는 방법이다(유기웅 외, 2012). 예를 들어, 유치원 자유놀이시간에 아동들 사이의 상호작용을 파악하기 위해서 원내 놀이방에 아동들을 자유롭게 놀게 하고 그들의 놀이행동을 뒤쪽에서 관찰하는 것이 이에 해당된다. 또한 관찰자가 현장에서 관찰을 수행하는 것이 아니라 비디오로 이를 녹화하고 사후에 녹화된 비디오 자료를 분석하는 경우도 비참여 관찰에 해당된다.

　비참여 관찰은 참여 관찰에 비해 객관성을 확보할 가능성이 높고, 조직적이고 계획적으로 관찰할 수 있다는 장점이 있다. 이러한 이유로 대부분의 연구에서는 참여관찰보다 비참여 관찰에 따른 자료수집 방법이 이루어진다. 반면, 심층적인 자료를 수집하기 어려워 관찰결과가 피상적으로 되기 쉽다는 단점이 있다. 또한 관찰대상자는 관찰당하고 있다는 것을 의식하게 되면 행동이 경직되거나 평소와는 다른 행동을 할 가능성이 높으므로 주의해야 한다. 이 경우도 관찰의 횟수를 늘려 반복 관찰함으로써 제한점을 보완할 수 있다.

3. 관찰기록의 방법

관찰법을 사용할 때는 관찰한 결과를 어떻게 기록하고 정리하느냐가 중요하다. 매우 체계적이고 과학적인 방법으로 관찰하였더라도 기록이 체계적이고 충실하지 못하면 자료의 타당성에 문제가 될 수밖에 없기 때문이다. 이 절에서는 관찰기록 방법 중 일화기록과 표본기록, 관찰대상의 표집에 따른 시간표집과 사건표집에 관하여 살펴보고자 한다.

1) 일화기록과 표본기록

관찰결과를 기록하는 방법 가운데 비교적 자주 사용하는 것으로 일화기록과 표본기록이 있다(이종승, 2012).

일화기록(anecdotal record)은 개인이나 집단의 특성을 이해하기 위해 구체적인 행동사례나 어떤 사건과 관련된 상황을 상세히 기록하는 방법이다. 관찰자가 의미 있다고 생각되는 것은 무엇이든지 구체적인 행동사례를 가능한 자세히 기록하여 개인의 특성이나 집단 내의 관계, 문화인류학적 현상 등을 이해하는 데 주로 사용된다. 일반적으로 비통제적 관찰 또는 예기치 않은 행동이나 사건을 관찰하고자 할 때 유용한 방법이다.

일화를 기록하는 데 특별한 양식이 있는 것은 아니지만 일반적으로 다음과 같은 점을 유의하여야 한다. 첫째, 어떤 행동이나 사건이 언제, 어떤 상황에서 발생하였는지를 사실적으로 기록한다. 일화가 발생한 후 될 수 있는 한 곧바로 기록해 두는 것이 좋고, 대화 등은 명확한 의미를 보존하기 위하여 관찰대상자가 사용한 용어를 그대로 기록한다. 둘째, 객관적인 사실과 이에 관한 관찰자의 해석이나 의견, 처리방안을 명확히 구분하여 기록한다. 이때 구체적인 특수한 사건을 기록하고, 일반적이거나 평가적인 서술은 피하는 것이 좋다. 셋째, 여러 시기에 일어난 서로 다른 일화들을 총괄적으로 기록하기보다 각각의 일화를 독립적으로 시간 순서대로 기록하는 것이 바람직하다.

표본기록(specimen description)은 일어난 어떤 사건이나 행동을 서술적으로 기록한다는 측면에서 일화기록과 유사하다. 그러나 미리 정해 놓은 시간, 인물, 상황 등의 준거에 따라 관찰된 행동이나 사건내용을 기록하고, 그것이 일어나게 된 배경을 상세하게 이야기하는 식으로 서술하는 방법이라는 점에서 다르다. 표본기록은 현장에서 일어나는 사건이나 행동의 진행상황을 이야기체로 기록하기 때문에 '진행기록(running record)' 혹은 '설화적 기술(narrative description)'이라고도 부른다.

표본기록은 최소한의 준비로만 표본기록이 가능하다는 점과 관찰방법이 단순하다는 장점 때문에 학생들을 가르치는 교사들이 많이 사용한다. 또한 수집한 자료를 어떻게 분석할 것인가에 관하여 사전에 계획을 수립하면 수집된 정보들의 비교가 가능하고, 진행상황을 도표화하거나 변화 양상을 검토할 수도 있다.

표본기록 시 유의사항은 앞에서 언급된 일화기록의 유의사항과 같으며, 기타 유의사항을 몇 가지 더 제시하면 다음과 같다. 첫째, 표본기록은 시작할 당시의 상황을 자세히 묘사한다. 관찰대상자의 행동과 그 행동에 영향을 미치는 상황적 요인이 있으면 무엇이든지 자세하게 기록하며, 말과 행동을 가능한 정확하고 완전하게 기록한다. 둘째, 미리 정해 놓은 준거에 따라 기록해야 한다. 예를 들어, 시간이 준거가 된다면 미리 정해 놓은 시간 간격에 따라 기록한다. 이는 사건이 일어난 시간 순서에 의한 기록이 아님을 기억해야 한다.

이상과 같이 일화기록과 표본기록은 관찰결과를 서술적으로 기록함으로써 관찰내용이 어떠한 상황맥락에서 일어났는지를 해석할 수 있도록 자세한 기록이 가능하다는 장점을 가지고 있다. 반면에 관찰결과의 기록 및 분석에 소요되는 시간이 너무 길고, 수집된 자료를 분류하고 분석하는 일이 쉽지 않다는 단점이 있다.

2) 시간표집과 사건표집

관찰결과를 기록할 때, 관찰대상의 전체를 기록하기도 하지만 관찰상황이나 시간에 대한 적절한 표집을 하기도 한다. 이는 관찰할 시간을 추출하는 시간표집과 관찰장면이나 사건을 추출하는 사건표집으로 구분된다(성태제, 시기자, 2014).

시간표집(time sampling)은 관찰할 시간을 설정하여 그 시간에 발생하는 특정 행위나 사건을 주기적으로 수량화하여 기록하는 방법이다. 시간표집의 대상은 먹기, 공격적 행동, 친구와의 대화, 사회적 상호작용 등과 같이 비교적 자주 일어나는 행동인 경우가 많으며, 표집시간의 간격이나 관찰시간은 연구목적이나 관찰하고자 하는 행동의 빈도와 유형에 따라 달라질 수 있다.

시간표집은 비교적 짧고 일정한 시간 사이에 일어나는 행동의 발생 정도를 양적으로 측정하는 데 가장 적절한 방법이다. 따라서 서술적인 관찰기록에 비해 시간과 노력이 덜 들고 효율적으로 관찰할 수 있고, 관찰하려는 행동이나 사건에 초점을 맞춤으로써 관찰상황을 통제하기 쉽다는 장점이 있다. 반면에 자주 나타나는 행동들에만 적용이 가능하다는 한계와 수집된 자료가 특정한 행동에만 맞추어져 있어 행동과 행동 사이의 상호관계나 상황 맥락에 대해서는 파악하기 어려운 단점이 있다.

시간표집을 사용하려면 연구자가 관찰에 들어가기 전에 치밀한 계획을 세워야 한다. 즉, 관찰하고자 하는 행동특성을 명확하게 규정하고, 관찰의 시간간격과 횟수를 정하고, 관찰결과의 기록양식을 미리 작성하는 것이 필요하다.

다음으로, 사건표집(event sampling)은 관찰하려는 특정 행동의 발생을 확인하고 행동특성을 신체적·지적·정서적·사회적 영역으로 나누어 각 영역의 한 부분에 국한하거나 행동의 일어나는 순서를 파악하기 위하여 전체적으로 관찰하는 방법이다. 이 방법은 관찰의 단위가 특정 행동이나 사건 그 자체가 된다. 따라서 사건표집은 관찰하고자 하는 특정 행동이나 사건이 발생할 때만 집중적으로 관찰하고, 특정한 목적을 가지고 행동을 관찰하려 할 때 효율적인 방법이다.

예를 들어, 교실 내에서 아동의 공격적 행동을 관찰한다면, 관찰자는 단순히 아동이 공격적 행동을 할 때까지 기다렸다가 시간을 확인하고, 기록용지에 공격적 행동을 하는 아동의 이름, 성별, 문제 발생 상황, 공격적 행동 양상 등을 기록한다. 그때 아이의 언어, 대화를 기록한다. 이와 같은 관찰기록을 통하여 아동의 공격적 행동의 지속 시간, 횟수, 원인 등에 관한 사항을 파악할 수 있다.

사건표집에는 서술 사건표집과 빈도 사건표집이 있다. 전자가 특정 행동 전후의 사건을 서술하여 행동의 원인을 밝히는 데 도움을 주는 것이라면, 후자는 특정 행동이 얼마나 자주 일어나는지를 파악하기 위한 것이다.

사건표집 방법을 적용하고자 할 때 유의할 사항은 다음과 같다. 우선, 관찰하고자 하는 행동이나 사건을 명확히 정하고, 이에 대한 조작적 정의를 한다. 그런 다음에는 언제, 어디서 그러한 행동을 관찰할 것인지를 결정한다. 그리고 어떤 종류의 정보를 기록할 것인지를 미리 결정해 둘 필요가 있다. 관찰결과를 기록할 양식은 가능한 간편하게 만드는 것이 좋다. 부호화된 행동범주는 간단히 훑어보기 쉽도록 분류하고, 서술적인 기록을 할 수 있는 여백을 남겨 두도록 한다.

사건표집 관찰기록 양식의 예시는 [그림 9-2]와 같다.

사건표집법: 놀이상황 분류행동										

관찰아동:　　　　　생년월일:　　　　　　성별: 남 / 여
관찰자:　　　　　관찰일:

관찰의 대상: 분류-사물을 유사성이나 상이점에 따라 나누는 능력
지시: 아동이 다음의 활동 영역에서 분류행동을 보였을 때 적합한 항에 ✓로 표시한다.

분류 / 영역 (주도형)	비논리성		동일성		유사성(실수)		유사성		재분류	
	아동	교사	아동	교사	아동	교사	아동	교사	아동	교사
적목 영역										
미술 영역										
극놀이 영역										
조작놀이 영역										
언어 영역										
과학 영역										
기타										

〈주도형〉
1. 아동이 활동을 스스로 시작하였을 때(아)
2. 교사가 활동을 먼저 제시하였을 때(교)

[그림 9-2] 사건표집 관찰결과 기록 양식 예시

사건표집은 사전에 부호화된 행동범주와 서술적 묘사를 모두 사용할 수 있기 때문에 시간표집 방법보다 융통성을 가지고 있으며, 특정 행동과 그 행동이 일어난 맥락에 대한 자세한 분석이 가능하다는 장점이 있다. 반면에 특정 행동이 일어날 시간을 예측하지 못한다는 단점이 있다.

시간표집과 사건표집을 비교·정리하면 〈표 9-3〉과 같다.

〈표 9-3〉 시간표집과 사건표집의 비교

비교 내용	시간표집	사건표집
측정 단위	시간	특정 사건 및 행동
관찰 초점	행동, 사건의 발생 유무	행동, 사건의 특성
정보 종류	행동의 빈도나 지속시간	행동의 순서 및 전후관계
기록 방식	빈도표, 점검표	빈도표, 점검표, 서술

제4절 면접법

면접법(interview)은 면접자와 면접대상자 사이에 직접적인 언어적 상호작용을 통해 자료를 수집하는 방법이다(김석우, 최태진, 2011). 면접법은 면접대상자의 지식이나 교육수준과 관계없이 사용이 가능하며, 개별적 상황에 맞게 조사할 수 있다는 융통성이 있기 때문에 최근에 자료수집 방법으로 널리 사용되고 있다.

면접법으로 얻을 수 있는 자료에는 면접대상자의 경험담이나 생활사, 질문항목에 대한 응답 등 언어적 진술뿐만 아니라 감정, 태도, 표정 등 비언어적 특성도 포함된다. 따라서 면접법은 설문지법이나 관찰법과는 달리 개인적이고 심층적인 자료를 얻으려는 목적으로도 널리 사용된다.

1. 면접법의 장단점

자료수집 방법으로 면접법을 사용할 때 면접자가 어떤 역할을 수행했느냐가 자료수집 결과에 큰 영향을 미친다. 따라서 면접자는 단순히 질문을 전달하는 것이 아니라 응답자로 하여금 성실한 답변을 유도하기 위해 노력해야 하며, 면접내용을 보완하고 정리해야 한다. 그러므로 면접법에서 면접자의 역할은 매우 중요하며, 연구자는 좋은 자료를 수집하기 위해 적합한 면접자를 선발하고 사전교육을 철저히 실시할 필요가 있다.

자료수집 방법으로서 면접법의 가장 큰 장점은 직접적이고 생생하며 응답의 맥락을 구체적으로 파악할 수 있는 심층적인 자료를 얻을 수 있다는 것이다. 면접법의 장점을 좀 더 구체적으로 살펴보면 다음과 같다. 첫째, 자료수집에 있어서 융통성이 많다. 면접대상자가 질문의 내용을 잘 이해하지 못할 경우, 대상자의 수준에 맞게 질문을 적절히 변화시켜 다시 질문하는 것이 가능하므로 타당도 높은 자료를 수집할 수 있다. 둘째, 면접자가 면접상황을 조정할 수 있으므로 면접대상자의 미흡한 응답에 대해서는 보충질문, 캐묻기(probing) 등을 통해 자료의 완성도를 높일 수 있다. 셋째, 면접자는 면접하는 과정에서 면접대상자의 비언어적 행동을 관찰하면서 응답에 대한 타당성을 평가할 수 있다. 넷째, 면접자가 직접 면접대상자를 만나 자료를 수집하므로 제3자의 개입을 방지할 수도 있다. 다섯째, 설문지법이나 관찰법보다 한층 복잡한 질문, 개인적이며 민감한 질문도 가능하다.

반면, 면접법의 단점은 다음과 같다. 첫째, 면접을 위한 시간이나 비용이 많이 소요된다. 면접대상자가 지리적으로 광범위하게 분포해 있거나 표본의 크기가 큰 경우에는 면접을 수행하기 위한 비용과 시간이 더 많이 필요하다. 둘째, 면접대상자에게 익명성을 이해시키기 어렵기 때문에 면담 허락을 받기가 쉽지 않고, 진실한 응답을 얻기 어려울 수도 있다. 셋째, 면접대상자에게 질문내용에 대해 충분히 생각할 시간적 여유가 주어지지 않는다면 질문에 즉각적으로 응답해야 된다는 부담감을 느껴 신중하게 생각하지 않고 응답할 가능성이 있다. 넷째, 면접법에서는 면접대상자에 따라 융통성 있게 질문을 변화시킬 수 있다는 것이 장점이기도 하지만, 구조화가 덜 된 질문이 단점으로 작용할 수도 있다. 다섯째, 연구자가 직접 면접하지 않는 경우 면접자들을 감독·통제하기 어렵고, 면접자의 주관적 편견이 개입될 수 있으므로 유의하여야 한다.

2. 면접법의 종류

면접법은 다양한 상황에서 자료를 수집하기 위해 사용되기 때문에 그 종류도 다양하게 분류할 수 있다. 면접의 목적에 따라 인사면접, 임상면접, 연구면접, 의료면접 등으로 구분할 수 있다. 그리고 참여하는 사람의 수에 따라 개별면접과 집단면접으로 나뉘며, 면접자와 면접대상자 간 언어적 상호작용이 면대면(face to face)으로 이루어지느냐 매체를 통해 이루어지느냐에 따라 대면면접과 전화면접, 화상면접으로 구분되기도 한다. 또한, 면접과정이나 질문이 표준화되고 사전에 계획된 정도에 따라 구조화 면접, 비구조화 면접, 반구조화 면접 등으로 분류하기도 한다.

1) 개별면접과 집단면접
면접에 참여하는 면접자와 면접대상자의 수에 따라 개별면접과 집단면접으로 분류할 수 있다(이종승, 2012).

개별면접(personal interview)은 면접자가 면접대상자와 일대일로 질문을 하고 응답하는 방법이다. 면접자의 전문성이나 주관성이 면접결과에 영향을 미칠 수 있고, 자료수집에 시간이 많이 걸린다는 단점이 있다. 하지만 면접대상자의 개인적 특성을 비롯한 심층적인 자료를 수집하기에는 좋은 방법이다.

집단면접(group interview)은 한 사람의 면접자 또는 여러 명의 면접자가 2명 이상의 면접대상자를 한꺼번에 면접하는 방법이다. 이 방법은 면접시간을 줄일 수 있고, 여러 명의 면접대상자를 동시에 비교 판단할 수 있다는 장점이 있다. 반면에 면접대상자 개개인에 대해 상세한 질문을 하는 것이 어렵기 때문에 개별면접에 비해 구체적이고 심층적인 자료를 얻기 힘들다는 단점이 있다.

한편, 집단면접 방법 중 여러 명의 면접대상자 사이에 특정 주제에 대해 토론을 유도하여 연구에 필요한 자료를 수집하는 것을 표적집단 면접(Focused Group Interview: FGI)이라고 한다(김석우, 최태진, 2011). 이 방법은 특정 지식이나 경험을 지닌 면접대상의 관점이나 이들이 공유하고 있는 태도, 인식에 관한 자료를 얻고자 할 때 주로 많이 사용된다. 일반적으로 면접자와 보조면접자가 함께 4~6명으로 구성된 면접대상에게 차례대로 몇 가지 질문을 하고 이에 대한 토의나 응답으로 자료수집이 이루어진다. 표적집단 면접도 면접자가 직접 면접대상자들과 언어적 상호작용이나 면접대상자들 간의 상호작용 등을 통해 자료를 수집하는 것이므로 면접자의 전문성과 역할이 매우 중요하다.

2) 대면면접과 전화면접, 화상면접

면접상황에서 어떤 매체를 사용하느냐에 따라 대면면접과 전화면접, 화상면접으로 분류할 수 있다(성태제, 시기자, 2014).

대면면접은 면접자가 면접대상자와 직접 만나서 언어적 상호작용으로 이루어지는 면담내용을 면접자가 기록하는 자료수집 방법이다. 대면면접의 장점은 면접자가 면담내용을 직접 기록하므로 정확성이 높고, 면접질문에 포함된 내용 이외 연구에 필요한 비언어적 정보나 그 밖의 정보도 수집 가능하다는 것이다. 반면에 시간과 비용이 많이 소요되며, 면접자의 옷차림, 성별, 태도 등이 면접대상자에게 영향을 미칠 수 있다. 또한 익명성이 보장되지 않아 민감한 질문에 부적합하며, 면접자의 주관성 개입 여부를 확인하기 어렵다는 단점이 있다.

전화면접은 긴급하게 자료수집이 필요하거나 질문내용이 짧을 경우, 전화를 이용해 질문하고 면접자가 응답 내용을 기록하는 방법으로 준개별면접(semi-personal interview)의 성격을 가지고 있다. 전화의 보편화와 자료수집의 신속성, 적은 비용, 광범위한 접근성 등으로 사회조사 분야에서 많이 사용된다. 가정방문 형식의 면접을 꺼리는 특수한 사람에게도 접근하기 쉬우며, 직접 대면하지 않으므로 대면면접보다는 익명성이 보장되고, 면접자의 외모나 태도에서 오는 선입견 등의 영향을 줄일 수 있다는 장점이 있다. 반면, 전화면접은 개별면접과 유사하지만 양식의 융통성이 적으며 개별 면접대상자로부터 얻어 낼 수 있는 자료의 양이 상대적으로 제한적이다. 그리고 전화번호를 모르거나 전화가 없는 경우를 제외한 편중된 표집이 될 수 있으므로 이를 유의해야 한다.

한편, 면접법의 또 다른 형태로 최근에는 컴퓨터통신 영상기기를 통하여 이루어지는 화상면접이 있다. 이 방법은 면접자와 면접대상자가 직접 만나지 않고, 서로 다른 공간에서 화면을 통해 얼굴을 보면서 질문과 응답이 이루어진다. 전화면접과 동일하게 표본이 지리적으로 분산되어 있거나 위험지역·제한지역에 있는 특수한 면접대상자를 면담할 때 유용하지만, 영상기기 시스템이 갖추어져 있지 않으면 실시가 불가능하다는 한계점이 있다.

3) 구조화 면접과 비구조화 면접, 반구조화 면접

면접 과정이나 질문이 사전에 계획된 정도에 따라 구조화 면접, 반구조화 면접, 비구조화 면접으로 구분한다(김석우, 최태진, 2011).

구조화 면접(structured interview)은 질문의 내용, 방식, 순서 등을 미리 정해 놓고 그것을 지키면서 진행하는 방법이다. 질문의 형식과 내용, 순서를 비롯하여 예상되는 답변 등이 사전에 철저하게 준비되어 계획에 따라 진행되므로 '표준화 면접(standardized interview)' 혹은 '지시적 면접(directive interview)'으로도 불린다. 이 방법은 면접자의 행동에 일관성이 유지되고 모든 면접대상자에게 동일한 절차로 면접이 반복된다.

구조화 면접은 면접자의 편견이나 선입견 등이 개입될 여지를 감소시킬 수 있고, 수집된 자료를 분류하고 정리하는 데 편리하며, 결과분석에 공통성이 유지되기 때문에 면접결과의 비교 가능성이 크다는 장점이 있다. 또한 질문 시 오류를 비교적 최소화할 수 있어 높은 신뢰도를 보장할 수 있다. 그러나 면접상황에 대한 융통성이 떨어지고, 면접대상자로부터 보다 심층적인 자료를 얻기 어려우며, 면접에 필요한 사전준비에 시간과 비용이 많이 든다는 단점이 있다.

비구조화 면접(unstructured interview)은 질문의 형식이나 내용, 순서에 있어 특별한 제약 없이 면접자의 상황 판단에 따라 유연하게 진행하는 방법이다. 미리 준비한 질문지나 질문 순서 없이 최소한의 원칙을 가지고 면접자 자유재량에 따라 진행하므로 '비표준화 면접(non-standardized interview)' 또는 '비지시적 면접(non-directive interview)'이라고도 부른다.

이 방법은 융통성이 많아 면접 상황에 대한 적응도가 높고, 새로운 정보의 수집이 가능하다는 장점이 있다. 반면에 면접자의 능력과 판단에 의존하기 때문에 면접자의 주관이나 개인적 성향에 영향을 받을 수 있으므로 수집된 정보의 신뢰도가 낮아 면접 결과를 비교하는 것이 곤란하다는 단점이 있다. 따라서 비구조화 면접을 효과적으로 실시하기 위해 면접자에게 고도로 숙련된 면접기술이 필요하다.

한편, 구조화 면접과 비구조화 면접의 장점을 살리기 위한 절충식 면접방법으로서 반구조화 면접(semi-structured interview)방법이 있다. 일반적으로 이 방법은 면접에서 중요한 질문은 사전에 구조화하고 그 밖의 질문은 비구조화된 형식으로 이루어진다. 즉, 사전에 일정 수의 중요한 질문만 구조화하여 치밀한 계획을 세우되 실제 면접상황에서는 융통성 있게 진행한다. 면접법 중 가장 많이 사용하고 있는 방법이다. 반구조화 면접을 효율적으로 진행하기 위해 면접자는 면접대상자의 특성 및 경험을 충분히 파악하고 면접상황에 유연하게 대처하는 기술이 필요하다.

제5절 자료수집 방법의 선택기준

연구에 필요한 자료를 수집하는 방법은 다양하지만, 설문지법, 관찰법, 면접법 등이 가장 빈번하게 활용되고 있다. 이들을 비교하여 정리하면 〈표 9-4〉와 같다.

자료수집 방법은 비용, 자원의 형태, 모집단의 범위, 응답률, 질문의 형태, 조사절차의 용이성, 오차율 등에서 차이가 있다. 따라서 연구자는 연구목적에 적합한 자료를 수집하기 위해서 자료수집 방법의 정확성과 객관성, 연구수행 현장상황(field condition)의 특성, 자료수집 비용 등을 고려해야 한다(강종수, 2009).

〈표 9-4〉 자료수집 방법의 비교

방 법	정 의	장 점	단 점
설문지법	연구자가 조사하고자 하는 설문지의 질문항목에 따라 응답자가 직접 기록하는 방법	• 대규모 집단에 대한 풍부한 자료수집 • 객관적인 자료수집	• 획득된 정보의 피상성 • 보충 질문의 어려움
관찰법	일정한 시간에 걸쳐서 연구대상을 지켜보고 들은 결과를 기록하는 방법	• 자연스러운 행동관찰 • 표현 능력이 부족한 대상에게 적용 가능	• 다른 방법에 비해 인력, 시간, 비용이 많이 듦 • 통제의 어려움 • 자료 계량화의 한계
면접법	면접자와 응답자의 언어적 상호작용을 통해 면접자가 자료를 기록하는 방법	• 직접적 · 심층적이며 생생한 자료수집 • 높은 응답율	• 설문지법에 비해 인력, 시간, 비용이 많이 듦 • 면접자의 편견 개입 가능성이 높음 • 자료 계량화의 한계

1. 자료수집 방법의 정확성과 객관성

자료수집 방법을 선택하는 기준에서 가장 중요하게 고려되어야 할 것은 정확성이다. 자료수집 방법의 정확성이란 연구목적에 적합하고 정확하게 자료가 수집되어야한다는 것을 말한다. 일반적으로, 연구에서 자료수집의 전달 능력, 자료의 특성, 응답자의 태도 등에 따라 자료의 질적 수준에 차이가 발생할 수 있으므로 정확하게 자료를 수집할 수 있는 방법을 선택해야 한다.

또한, 자료수집의 객관성은 연구자나 시간, 상황에 따라 수집한 자료가 달라져서는안 된다는 것을 의미한다. 즉, 연구자가 바뀌거나 시간, 상황이 바뀌어도 동일한 자료가 수집될 수 있도록 객관성이 높은 자료수집 방법을 선택해야 한다.

이러한 자료수집의 정확성과 객관성은 연구의 타당도와 신뢰도에 영향을 많이 미친다. 일반적으로, 객관성이 떨어지는 비구조화된 자료수집 방법은 타당도는 높으나 신뢰도가 낮고, 구조화된 자료수집 방법은 신뢰도는 높음을 기억해야 할 것이다.

2. 연구수행 현장상황의 특성

연구수행 현장상황에서 나타나는 자료수집에 소요되는 시간, 연구현상의 복잡성, 모집단의 특성, 자료수집 대상의 특성 등을 고려하여야 한다.

첫째, 원하는 자료를 신속하게 수집할 수 있다면 연구자에게 많은 도움이 될 것이다. 자료수집 방법 중에서 일반적으로 관찰법, 면접법이 관찰하거나 면접을 위해 준비하고 수행하는 과정에 많은 시간이 필요하므로 설문지법보다 많은 시간을 필요로 한다.

둘째, 자료수집이 이루어지는 연구현상이 복잡할수록 연구자가 다양한 측면에서 자료를 수집하여야 할 필요가 있다. 관찰법이 연구자가 필요로 하는 자료를 수집하는 데 적합하며, 복잡한 연구현상에 대한 심도 깊은 자료를 수집하는 데는 면접법이 설문지법보다 적합하다.

셋째, 모집단의 특성을 고려해야 한다. 모집단이 크거나 공간적으로 넓게 분포된 경우는 설문지법, 면접법, 관찰법의 순으로 적합하다. 특히, 관찰법의 경우는 비교적 공간적으로 모집단이 밀집되어 있을 때 효율적으로 활용 가능한 자료수집 방법이다.

넷째, 자료수집 대상의 참여 동기나 자료 제공 능력 등과 같은 특성도 고려해야 한다. 참여 동기가 크거나 자료 제공 능력이 높을 때에는 설문지법, 면접법이 적합하다. 반면에 참여 동기는 작고 자료 제공 능력이 낮을 때에는 관찰법이 적합하다.

3. 자료수집 비용

자료수집 비용이란 자료 한 단위당 수집하는 데 소요되는 경비를 말한다. 원하는 자료를 신속하게 수집하기 위해서는 일반적으로 많은 비용이 들게 되므로 비용과 신속성은 어느 정도 상반되는 개념이다. 자료수집 방법은 도구에 따라 차이가 많기는 하지만 일반적으로 관찰법이나 면접법의 비용이 설문지법보다 많이 든다.

관찰법 가운데 연구의 전 과정에 참여하는 비구조화된 연구자 직접관찰법은 엄청난 양의 자료를 기록하고 재검토해야 하므로 자료처리 비용이 많이 드는 자료수집 방법이다. 면접법도 면접자를 채용하고 면접자를 대면하는 과정 등에 상당한 부대비용이 필요하다. 상대적으로 설문지법이나 2차 자료를 사용하는 방법이 비용이 적게 드는 편이다.

그렇지만 자료수집 방법을 선택할 때는 연구목적의 달성 정도를 고려하여야 한다. 아무리 자료수집 비용이 적더라도 수집된 자료가 연구목적을 달성하는 데 기여할 수 없다면 연구의 질이 저하되기 때문이다.

용어 정리

- **자료수집**: 연구목적을 달성하기 위해 필요한 자료를 수집하는 활동이나 이를 지원하는 모든 과정
- **설문지법**: 연구자가 조사하고자 하는 내용이 담긴 설문지에 응답자가 직접 기록하도록 하여 자료를 수집하는 방법
- **관찰법**: 일정한 시간에 걸쳐 연구대상을 지켜보고 들으면서 관찰한 결과를 기록하여 자료를 수집하는 방법
- **면접법**: 면접자와 면접대상자 사이에 직접적인 언어적 상호작용을 통해 자료를 수집하는 방법

📖 학 / 습 / 문 / 제

1. 설문지법의 장단점과 종류를 설명하세요.

2. 관찰법의 장단점과 종류를 설명하세요.

3. 면접법의 장단점과 종류를 설명하세요.

4. 자료수집 방법을 선택할 때 고려해야 하는 기준을 설명하세요.

제 **10** 장

자료분석

제1절 자료분석의 이해
제2절 자료의 가공
제3절 통계분석 및 해석

1. 양적 및 질적 자료분석의 의미를 이해한다.

2. 설문조사 자료를 코딩한다.

3. 기술통계값 결과를 해석한다.

4. 집단비교를 위한 통계방법을 안다.

5. 변수 간의 관계를 분석한다.

제1절 자료분석의 이해

다양한 방법과 도구를 사용하여 교육조사를 실시하고 나면 방대한 양의 자료를 가지게 된다. 이렇게 수집된 자료를 통합하여 체계적으로 결과를 도출해 나가는 일련의 과정을 자료분석의 과정이라 할 수 있다.

1. 자료분석의 의미

자료분석을 통해 연구의 초기에 설정한 가설을 검증하고, 기존의 이론을 시험하여 발전시키며, 새로운 이론을 형성하게 된다. 따라서 교육조사연구에서 자료분석을 하는 과정은 수집된 자료를 통합하여 최종적인 결론을 도출해 나가는 과학적 활동의 중심이 된다. 이러한 자료분석은 어떤 연구방법을 취하고 있는가에 따라 내포하고 있는 의미가 조금씩 다르다. 일반적으로, 유형화하고 있는 질적연구와 양적연구에서의 자료분석은 다음과 같은 의미로 이해되고 있다.

질적연구에서 자료분석은 연구문제의 해답을 연구자료 안에서 찾아나가는 과정을 의미한다. 즉, 면담이나 관찰 등을 통해 수집한 자료를 조직화해서 이를 해석할 수 있는 단위로 분리하고, 자료 안에 숨어 있는 패턴을 찾는 작업을 말한다(Bogdan & Biklen, 2007). 이 과정은 많은 시간을 필요로 하므로 연구자는 자신이 찾는 연구문제의 답이 나오지 않을지도 모른다는 불확실성에 대해 인내해야 한다(유기웅, 정종원, 김영석, 김한별, 2012).

양적연구에서 자료분석은 수집된 자료를 숫자의 형태로 변환하여 가공하고, 다양한 통계기법을 적용하여 결론을 도출해 나가는 과정을 의미한다. 이는 연구문제에 따라 하나의 변수를 다룰 수도 있고 둘 이상의 변수를 다룰 수도 있으며, 그 결과가 기술적(descriptive)일 수도 있고 설명적(explanatory)일 수도 있다(Babbie, 2007). 따라서 연구자는 어떤 연구문제를 설정했는가에 따라 가장 간단하면서도 강력한 통계분석 방법을 선택하여 자료를 분석할 수 있어야 한다.

2. 자료분석의 과정

앞서 언급했듯이, 자료분석의 과정은 어떤 연구방법을 적용했는가에 따라 다르게 이루어진다.

1) 질적연구에서의 자료분석 과정

질적연구를 적용하여 교육조사를 실시할 경우, 연구자는 연구의 목적에 맞게 준비한 연구질문을 가지고 면담, 관찰, 문서수집 등의 다양한 방법으로 자료를 수집한다. 어느 정도의 자료가 수집되면 연구자는 연구목적에 맞게 사전에 준비한 자료가 수집되고 있는지, 추가적으로 수집해야 할 자료가 더 없는지를 파악하여 질문을 수정하거나 새롭게 추가하기도 한다(유기웅 외, 2012). 양적연구가 자료의 수집이 모두 끝난 이후에 자료분석을 실시하는 것과 달리 질적연구에서는 자료의 수집과 동시에 자료분석이 이루어져야 하며, 한 번 분석한 것으로 끝나는 것이 아니라 자료의 조사와 분석이 반복적으로 이루어져야 한다(Merriam, 2009). 이러한 과정을 통해서 양질의 자료를 수집할 수 있으며, 연구목적에 보다 부합하도록 연구의 초점이 모아지기 때문이다(Bogdan & Biken, 2007).

질적연구에서 자료를 수집하는 중에 분석을 해야 하는 이유를 좀 더 구체적으로 살펴보면 다음과 같다.

첫째, 수집된 자료를 정리하기 위해서 자료를 수집하는 동안 분석이 이루어져야 한다(Merriam, 2009). 질적연구를 수행하는 연구자는 질적자료 수집과정을 통해 많은 양의 면담 전사자료, 관찰 노트, 현장에서 모은 문서를 갖게 된다. 이들을 통해 연구결과를 도출하기 위해서는 일정한 규칙을 가지고 자료를 정리해야 한다. 자료를 수집하는 순간에는 어떠한 자료가 있는지 다 알 수 있을 것 같으나, 모든 연구가 끝나는 시점에는 자료의 종류와 수, 구체적인 상황 등이 정확히 기억나지 않을 수도 있다. 따라서 자료의 수집 중에 이루어지는 자료분석은 수집된 자료의 분실을 막기 위해 필요하다(유기웅 외, 2012).

둘째, 자료수집을 언제 그만둘지를 결정하기 위해서다(Merriam, 2009). 질적연구에서는 연구자가 자료수집의 중요한 도구가 되기 때문에, 연구문제를 답할 수 있는 충분한 자료가 수집되었는지를 연구자가 스스로 결정하게 된다(성태제, 시기자, 2014). 일반적으로 자료수집의 과정 중에 실시된 자료분석의 결과에서 계속 똑같은 답이 발견되거나 더 이상 새로운 자료가 수집되지 않을 때 연구자는 자료수집이 의미가 없음을 깨닫고 멈추게 된다(Merriam, 2009). 이처럼 수집된 자료를 지속적으로 분석해 왔을 때 자료수집의 중단시기를 결정할 수 있을 것이다.

질적연구의 자료분석 사례

• 연구목적: 한국의 노인학습자가 참여하는 컴퓨터 수업을 관찰하여 그들의 학습과 정체성의 발달이 어떻게 이루어지는지 알아본다.
• 자료분석 과정: 연구참여자 10명 중 처음 세 명의 인터뷰를 마친 후 이들의 자료를 분석하였다. 저자가 연구참여자에게 던진 질문과 연구참여자가 답한 내용을 분석하면서 연구목적에 보다 알맞은 자료를 수집하기 위해 수정해야 할 인터뷰 질문, 추가적으로 수집되어야 할 자료를 위한 새로운 인터뷰 질문 등을 보완하여 구성하였다. 수정·보완된 질문으로 다른 연구참여자를 인터뷰하고 분석하는 과정을 반복하였다.

출처: Kim & Merriam(2010).

---

2) 양적연구에서의 자료분석 과정

양적연구에서는 일반적으로 설문지, 관찰기록표, 내용분석 기록표 등의 도구로 양적자료를 수집한다. 수집된 자료는 연구문제의 답을 얻기에 가장 합당한 통계분석 방법을 적용하여 결과를 도출한다.

오늘날 이러한 양적분석은 거의 대부분 Excel, SPSS(Statistical Package for the Social Sciences), SAS(Statistical Analysis System), AMOS(Analysis of Moment Structure), CMA(Comprehensive Meta Analysis) 등과 같은 통계 프로그램을 활용하여 처리하고 있다. 이런 프로그램을 효율적으로 활용하려면 조사에서 수집한 자료를 읽을 수 있어야 한다. 예를 들어, 성별에 대한 자료 중 '남자'와 '여자'를 각각 '1'과 '2'로 전환하거나 거주지역을 구분한 '대도시'와 '중·소도시'를 '1'과 '2'로 전환하는 것과 같이 개별 문항의 정보를 숫자로 변환하는 코딩(coding)의 과정이 선행되어야 한다. 코딩이 완료된 자료는 비로소 통계 프로그램을 통해 분석이 가능하게 된다.

질적연구에서 자료의 분석이 수집과 동시에 반복적으로 이루어지는 것과 달리 양적연구에서는 연구문제를 해결하기에 적절하다고 계획한 양만큼 자료가 확보된 후 자료분석이 이루어진다. 따라서 양적자료의 분석은 수집된 자료의 코딩이 완료되면 비교적 빠른 시간 안에 수행할 수 있다.

양적연구의 자료분석 사례

- 연구목적: 청소년이 일상생활 속에서 갖추어야 할 생활역량의 특성이 잘 반영된 표준화된 검사도구를 개발한다.
- 자료분석 과정: 남학생과 여학생, 중학생과 고등학생, 대도시와 중소도시의 비율을 고려하여 약 2,000여 명을 대상으로 검사를 실시하였다. 수집된 자료를 코딩한 후, SPSS 및 AMOS 프로그램을 활용하여 검사도구의 신뢰도와 타당도, 개별 문항의 양호도, 생활역량의 하위영역 간 상관, 연구에 참여한 청소년의 전반적인 생활역량 정도, 규준 등을 확인할 수 있는 통계분석을 실시하였다.

출처: 윤명희, 서희정, 김경희, 조정은(2015).

이러한 양적연구의 자료분석 과정은 교육현장에서 보다 빈번하게 활용되고 있다. 따라서 교육조사방법을 서술하고 있는 이 책 역시 양적연구를 통한 조사와 자료분석

에 초점을 맞추었다. 이러한 맥락에서 이후에 등장하는 제2절에서는 양적자료를 가공하는 방법에 대해서, 제3절에서는 양적자료를 통계분석하고 그 결과를 해석하는 방법에 대해 구체적으로 살펴본다.

제2절 자료의 가공

양적연구 과정에서 수집된 자료는 통계분석 과정을 통해 연구과정에서 세운 가설, 명제, 이론을 실제로 증명해 나갈 수 있다. 이를 위한 첫 과정은 자료를 통계처리할 수 있는 형태로 가공하는 것이다.

1. 자료의 검토

자료분석의 정확성을 높이기 위해서는 통계분석 이전에 각 설문지의 문항에 대한 응답을 검토하는 과정이 필수적으로 요구된다. 수집된 설문지를 검토하다 보면, 판독하기 어려운 응답이나 질문에 관계없이 일률적으로 같은 번호에 표시한 설문지, 하나만 선택하도록 되어 있는 문항에서 여러 개를 선택한 설문지, 한 페이지 이상을 통째로 답하지 않은 설문지 등을 발견할 수 있다. 연구자는 자료의 검토과정을 통해 잘못 표기했거나 불성실하게 응답한 설문지를 어떻게 처리할 것인지 결정해야 한다.

일반적으로 잘못 응답된 설문지를 처리하는 방법으로 재조사하는 방법, 결측값으로 처리하는 방법, 잘못 응답한 응답자의 자료를 모두 제거하는 방법 등이 있다(성태제, 시기자, 2014).

1) 재조사

표본의 수가 적고, 응답자에 대한 확인이 가능한 경우에는 불확실하게 답한 응답자와 다시 만나 부족한 부분에 대해 재조사할 수 있다. 그러나 재조사한 자료가 시간의 경과로 인해 영향을 받거나 자료수집 방법의 변화로 인해 처음 수집한 자료와 일치하지 않을 수도 있다는 점을 주의해야 한다.

2) 결측값으로 처리

표본의 수가 많고, 잘못 응답한 자료가 많지 않은 경우에는 해당 문항을 결측값 (missing value)으로 처리할 수 있다. 일반적으로 양적연구를 수행할 때 잘못 응답한 답변에 대해서는 결측값으로 처리하는 경우가 많은데, 무조건 결측값으로 처리하면 연구결과가 왜곡되는 문제가 발생할 수 있다. 따라서 잘못 응답한 비율이 상대적으로 낮은 경우에만 적용하는 것이 바람직하다.

3) 응답자 제거

표본의 수가 많거나 많은 문항에서 잘못된 응답을 한 경우, 또한 연구주제와 관련하여 중요한 문항에 대해 제대로 응답하지 않은 경우에는 해당 응답자의 자료를 모두 제거하는 것이 연구결과의 신뢰도와 타당도를 높일 수 있다. 이때 주의할 점은 제거한 응답자의 특성이 다른 응답자의 특성과 크게 다르지 않다고 판단한 후 제거해야 한다는 것이다.

만일 잘못 응답한 응답자의 특성이 다른 응답자의 특성과 차이가 크다면 연구자의 주관적인 판단 아래 선택적으로 제거해야 한다. 부적절하게 응답했다는 이유로 응답자의 특성과 관계 없이 무조건 제거하면 중요한 특성을 가진 표본이 누락되어 왜곡된 결과를 가져올 수도 있기 때문이다.

2. 코 딩

1) 코딩 양식의 설계

수집된 자료의 검토가 끝난 후 분석을 위해 자료를 숫자로 변환하는 과정을 거치게 되는데, 이를 코딩(coding)이라고 한다. 코딩을 효과적으로 하기 위해서는 코딩 양식을 미리 결정해야 한다.

먼저, 분석에 쓰일 각각의 설문지에 일련번호를 부여한다. 이는 모든 코딩이 끝난 후 오류가 있는 문항을 수정할 때 사용하기 위한 것이다. 즉, 코딩이 잘못된 문항이 있을 때 해당 설문지를 찾아 확인해야 하는데, 이때 일련번호를 통해 해당 설문지를 찾아 수정할 수 있다.

문항별 특징에 따라 부여할 변수값을 결정한다. [그림 10-1]과 같이 특정 평생교육 프로그램에 대한 요구조사 설문지를 통해 수강생들의 요구를 조사하였다고 가정해

---

1. 성별
    ① 남   ② 여

2. 연령
    ① 20대   ② 30대   ③ 40대   ④ 50대   ⑤ 60대 이상

3. 프로그램 만족도

만족도	매우 불만	불만	보통	만족	매우 만족
강사					
교육내용					
교육방법					
교육시설					

4. 프로그램 개선을 위한 요구사항(다중응답 가능)
    ① 미디어교육 프로그램의 개발 보급
    ② 전통문화교육 프로그램의 개발 보급
    ③ 시민문화예술교육 프로그램의 개발 보급
    ④ 지역학 프로그램의 개발 보급
    ⑤ 사이버 평생학습 활성화
    ⑥ 중소기업 평생학습 활성화
    ⑦ 소외계층(노인, 장애인, 비문해자) 프로그램 활성화
    ⑧ 기타(   )

[그림 10-1] 평생교육 프로그램 요구조사 설문지 예시

보자. 해당 설문지를 구성하고 있는 각 문항 중 성별과 같은 범주형 문항에서 '남자'는 1, '여자'는 2와 같은 숫자로 변환할 수 있다. 연령도 마찬가지로 '20대'는 '1', '30대'는 '2' 등으로 변수값을 지정한다. 5점 리커트 척도형으로 구성된 프로그램 만족도에 대한 문항도 이상의 경우와 동일하게 '매우 불만'은 1, '불만'은 '2', '보통'은 '3', '만족'은 '4', '매우 만족'은 '5'로 지정할 수 있다.

그러나 프로그램 개선사항을 묻는 4번 문항과 같이 동의하는 모든 항목을 선택하도록 하는 다중응답형의 문항은 하나만을 선택하는 문항과 자료를 입력하는 방식이 다르다. 다중응답형의 문항은 응답자에 따라 최소 1개에서 최대 답지 수만큼 선택할 가능성이 있으므로 4번 문항과 같이 8개의 답지로 구성된 문항은 최소 1개에서 최대 8개까지 선택할 가능성이 있는 것이다. 이런 문항을 코딩할 때는 각 항목(답지) 하나하나를 개별 변수로 취급하여 해당 항목을 선택했느냐 하지 않았느냐를 판단할 수 있도록 코딩하는 것이 적절하다. 예를 들어, '선택하지 않은 경우'는 '0', '선택한 경우'는 '1'로 입력하면 각 항목별로 두 가지의 상황을 판단할 수 있게 된다.

이처럼 문항의 종류에 따라 코딩하는 방법에 조금씩 차이가 있으므로 다양한 문항을 활용하여 코딩양식을 설계하고 실제로 코딩을 해 보는 연습이 필요하다.

한편, [그림 10-1]의 설문지를 코딩하기 위해 설정한 코딩양식은 〈표 10-1〉과 같다.

이처럼 수집된 설문지에 표시되어 있는 모든 응답자의 개별 자료를 숫자로 변환할 수 있도록 코딩양식을 설계하는 것은 이후에 진행할 코딩과 이를 통한 통계분석이 체계적으로 이루어지기 위해서는 선행되어야 할 필수적인 과정이다.

〈표 10-1〉 코딩양식 예시

변수명	위치	칸 수	변수값
일련번호	1~3	3	
성별	5	1	1: 남자, 2: 여자
연령	6	1	1: 20대, 2: 30대, 3: 40대, 4: 50대, 5: 60대 이상
만족도	8~11	각 1칸	1: 매우 불만, 2: 불만, 3: 보통, 4: 만족, 5: 매우 만족
개선사항	13~20	각 1칸	0: 선택 안 함, 1: 선택함

2) 자료의 코딩

코딩양식에 따라 수집된 자료를 코딩해야 한다. 코딩은 통계 프로그램에 직접 입력하는 방식과 메모장이나 워드패드 같은 편집기에 입력하여 이를 통계 프로그램에서 불러들이는 방식이 있다. 일반적으로 편집기에 입력하여 통계 프로그램에서 불러들이는 방식을 사용하지만, 사례 수가 적거나 문자를 포함하고 있는 자료일 경우 통계 프로그램에 직접 입력하는 것이 편리하다.

자료를 모두 코딩하고 난 뒤에는 잘못 입력된 자료가 없는지를 반드시 확인하여 수정해야 한다. 이 과정까지 진행되어야 자료의 입력이 완벽하게 이루어졌다고 볼 수 있다.

통계 프로그램 및 편집기를 통해 자료를 실제 코딩하는 과정은 이 장의 후반부에 참고자료로 제시하였으니, 이를 참조하여 실습을 해 보기 바란다.

제3절 통계분석 및 해석

이 절에서는 양적자료를 분석하는 방법으로 기술통계, 집단비교 및 관련성 확인을 위한 분석방법을 살펴본다.

1. 기술통계 방법

기술통계(descriptive statistics) 방법은 수집된 자료를 이해하기 쉽도록 간결하게 요약 · 정리하여 기술하고자 하는 목적으로 사용되는 통계분석 방법이다. 양적연구에서는 표본의 특성을 제시하기 위해 반드시 수행되어야 하는 기본적인 통계분석 방법이라고 할 수 있다.

기술통계값은 여러 가지가 사용되고 있으나, 여기서는 교육조사연구 과정에서 가장 일반적으로 사용되고 있는 빈도분포, 중심경향값, 변산도, 표준점수에 대해 알아보고자 한다.

1) 빈도분포

빈도분포(frequency distribution)는 수집된 자료의 전체적인 분포를 쉽게 파악할 수 있는 방법이다. 일반적으로 빈도분포는 측정값을 크기의 순서나 질적 유목에 따라 분류한 다음, 각 측정값에 해당하는 빈도로 표기한다. 따라서 성별, 거주지, 학력, 과목 선호도 등의 명명척도나 선택형 문항에 대한 자료를 분석할 때 가장 빈번하게 사용된다.

빈도분포를 활용한 연구 사례

〈표 10-2〉 청소년 인구추이

연도	총인구(천 명)	9~24세(천 명)	구성비(%)
1970	32,241	11,330	35.1
1978	36,969	13,647	36.9
1990	42,869	13,553	31.6
2000	47,008	11,501	24.5
2010	49,410	10,465	21.2
2014	50,424	9,838	19.5
2020	51,435	8,403	16.3
2040	51,091	6,894	13.5
2060	43,959	5,011	11.4

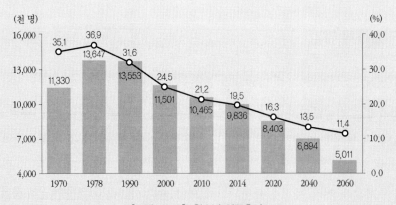

[그림 10-2] 청소년 인구추이

출처: 통계청, 여성가족부(2014).

빈도분포는 항목에 대한 빈도만 표시하기도 하고 해당 빈도의 백분율만 표시하기도 하지만, 대부분의 경우 〈표 10-2〉와 같이 빈도와 백분율을 함께 표시하여 자료를 보다 효율적으로 이해하도록 돕는다. 또한, 도표와 같은 시각자료를 활용하여 정보를 한눈에 파악할 수 있도록 하는 데 많이 활용되고 있다.

빈도분포에는 이처럼 단순히 항목별 빈도만 제시하는 단순빈도분포(simple frequency distribution)가 있으며, 단순빈도분포를 토대로 이전 항목의 빈도를 누적하여 제시하는 누적빈도분포(cumulative frequency distribution)도 있다. 누적빈도분포에서 산출되는 각 항목의 백분율은 누적백분율(cumulative percentage)이라 하는데, 개인차에 대한 정보를 담고 있는 경우에는 이 값을 통해 백분위에 대한 정보를 제공받을 수 있다. 즉, 내가 받은 점수보다 상대적으로 낮은 점수를 받은 사람의 비율이 얼마인가와 같이 이전 항목까지 몇 %가 존재하는가에 대한 정보를 확인할 수 있다. 예를 들어, 누적빈도분포를 제시하고 있는 〈표 10-3〉에서와 같이 어휘력 검사에서 90점을 받은 A 학생의 점수가 96%에 해당한다는 정보는 누적백분율을 통해 알 수 있다.

〈표 10-3〉 어휘력 검사점수

어휘력 점수	빈도(명)	누적빈도(명)	백분율(%)	누적백분율(%)
95	2	50	4	100
90	5	48	10	96
80	10	43	20	86
75	20	33	40	66
65	8	13	16	26
50	5	5	10	10

2) 중심경향값

모집단 혹은 표본으로부터 얻어진 자료를 도표화하면 어떤 특정한 값으로 몰리는 현상을 보인다. 이를 중심경향(central tendency) 또는 집중경향이라 하며, 중심경향을 나타내는 특정한 값을 중심경향값 또는 집중경향값이라 한다. 앞서 살펴본 빈도분포가 점수들을 배열함으로써 수집된 자료의 특성에 대하여 전반적으로 이해할 수 있도록 돕는다면, 중심경향값은 전체 점수분포를 대표하는 하나의 수치로 자료의 특성을 이해하도록 돕는다. 이러한 중심경향값에는 최빈값, 중앙값, 평균이 있다.

(1) 최빈값

최빈값(mode: M_o)은 측정값의 분포에서 가장 자주 나타나는 수치를 말한다. 가장 많이 나타나는 점수를 가리키는 것이지 그 점수의 빈도가 아니라는 점을 유의해야 한다. 예를 들어, 앞서 제시한 〈표 10-3〉에서의 최빈값은 가장 많은 사례 수인 20명이 획득한 75점이 된다.

이러한 최빈값은 원점수의 변화가 최대 빈도의 변화에 영향을 주지 않는 한 변하지 않는 특징이 있다. 또한 사례 수가 적거나 각각의 값이 동일한 사례 수를 가질 때와 같이 최빈값이 존재하지 않을 때가 있으며, 최대 빈도가 여러 개인 경우에는 최빈값이 여러 개 존재할 수도 있다. 측정값의 분포를 살펴보았을 때, 최빈값이 두 개 존재하는 분포를 이봉분포(bimodal distribution)라 하며, 자료가 지니고 있는 이질성 때문에 최빈값이 여러 개 존재하는 분포를 다봉분포(multi-modal distribution)라 한다.

(2) 중앙값

중앙값(median: M_d)은 가장 작은 수부터 가장 큰 수까지 배열하였을 때 가장 중간에 위치하는 점수를 의미한다. 따라서 중앙값은 누적백분율 50%에 해당되는 점수이며, 중앙값을 기준으로 전체의 50%는 아래쪽에, 그리고 전체의 50%는 위쪽에 존재하게 된다. 예를 들어, 대학생 5명의 중간고사 점수를 순서대로 배열하였을 때 '58, 65, 72, 78, 86'으로 정리되었다면, 이들 가운데 세 번째 학생의 점수인 72점이 중앙값이 된다.

이처럼 전체 사례 수가 홀수인 경우에는 크기의 순서에 따라 나열한 후 중앙에 위치한 사례의 값을 중앙값으로 하면 된다. 그러나 전체 사례 수가 짝수일 경우에는 가운데 위치하는 수가 2개가 된다. 예를 들어, '58, 65, 72, 78, 86, 98'과 같이 대학생 6명의 중간고사 점수가 있을 때, 중앙에 오는 수는 72와 78이 된다. 이런 경우에는 중앙에 위치한 두 값의 평균을 계산하는 방법이 가장 합리적이다. 그러므로 이 경우의 중앙값은 75점이라 할 수 있다.

(3) 평균

중심경향값 중에서 가장 흔하게 쓰이는 평균(mean: $\overline{X}$)은 모든 점수의 무게중심을 의미하는 것으로, 전체 사례 수의 값을 더한 후 총 사례 수로 나눈 값을 말한다. 따라서 평균은 동간척도나 비율척도의 자료에서만 계산이 가능하며 이후의 통계분석이 요구되는 상황에서 많이 사용되는 중심경향값이다.

평균은 다음과 같은 공식으로 산출한다.

$$\overline{X} = \frac{1}{n}(X_1 + X_2 + X_3 + \cdots\cdots + X_n) = \frac{\Sigma X_i}{n}$$

연구의 과정에서 수집한 자료를 도표로 그려 보면 최빈값, 중앙값, 평균의 위치가 한 점에 일치하는 경우도 있으나 각기 다른 위치에 놓이기도 하는 등 매우 다양하게 나타남을 볼 수 있다. 즉, 최빈값, 중앙값 그리고 평균이 일치하며 좌우대칭되는 형태의 정규분포(normal distribution)를 보이기도 하지만, 모집단의 특성상 한쪽으로 치우친 편포(skewed distribution)도 적지 않게 나타난다. 예를 들어, 영재아들의 지능의 분포는 높은 쪽에 밀집되어 있는 경향이 있고 지능점수가 낮은 경우는 많지 않다.

편포는 중심경향값들이 어떻게 위치하고 있는가에 따라 부적편포(negatively

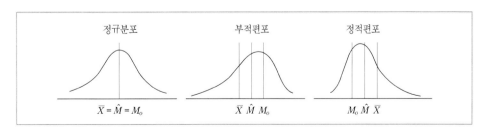

[그림 10-3] 정규분포와 편포된 분포

skewed distribution)와 정적편포(positively skewed distribution)로 분류된다. 부적편포는 가늘고 긴 꼬리 부분이 왼쪽으로 길게 뻗어 있는 분포로, 중심경향값 중 평균이 가장 왼쪽에, 최빈값이 가장 오른쪽에, 중앙값은 평균과 최빈값 사이에 위치하는 모습이 된다. 이는 자격증 시험에서와 같이 높은 점수를 획득한 학생이 많은 상황에서 볼 수 있다. 반대로 정적편포는 가늘고 긴 꼬리 부분이 오른쪽으로 길게 뻗어 있는 분포로, 중심경향값 중 최빈값이 가장 왼쪽에, 평균이 가장 오른쪽에, 중앙값은 최빈값과 평균 사이에 위치하는 모습이 된다. 이러한 정적편포는 지적장애아들의 지능점수 분포에서 많이 볼 수 있다.

3) 변산도

중심경향값과 더불어 수집된 자료의 특성을 요약·기술할 수 있는 방법으로 변산도가 있다. 변산도(variation)는 분포의 흩어진 정도를 의미하는 것으로, 중심경향값을 중심으로 자료들이 얼마만큼 떨어져 있느냐의 정도를 나타낸다. 즉, [그림 10-4]와 같이 중심경향값이 같더라도 넓게 흩어진 분포(B 집단)가 있을 수 있으며 가깝게 모여 있는 분포(A 집단)가 있을 수 있다. B 집단의 경우 A 집단에 비해 변산도가 상대적으

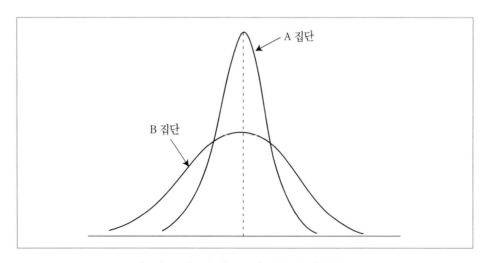

[그림 10-4] 평균은 같으나 변산도가 다른 분포

로 크므로 이질적(heterogeneous)인 분포라 할 수 있으며, A 집단은 B 집단에 비해 변산도가 상대적으로 작은 동질적(homogeneous)인 분포라 할 수 있다.

일반적으로 변산도는 범위, 사분편차, 표준편차 등을 통해 파악한다.

(1) 범위

범위(range: R)는 어떤 자료에서의 최대값과 최소값의 차이를 말하는 것으로 분포의 흩어진 정도를 가장 간단히 알아볼 수 있는 방법이다. 따라서 단순히 최대값에서 최소값을 빼는 과정을 통해 범위를 산출하기도 하지만 연속성을 위한 교정을 위해 정확한계를 고려하여 최고값 상한계에서 최저값 하한계를 뺀 값으로 산출한다. 여기에서 정확한계(exact limit)란 어떤 측정값이 갖는 범위로서 측정값의 단위를 반으로 나누어 각각 더하기 및 빼기를 해서 구한다.

예를 들어, '58, 65, 72, 78, 86, 98'로 나타난 대학생 6명의 중간고사 점수에서 최대값은 98점이며 최소값은 58점이다. 최대값 98의 정확한계는 97.5~98.5이며, 최소값 58의 정확한계는 57.5~58.5라 할 수 있으므로 범위는 최고값 상한계인 98.5점에서 최소값 하한계인 57.5점을 뺀 41점이 된다. 따라서 측정값이 정수일 경우 범위는 최대값(H)에서 최소값(L)을 뺀 후 1을 더해 주면 된다.

$$R = (H - L) + 1$$

범위는 한 분포의 최대치와 최소치만으로 계산할 수 있다는 점에서 변산도 지수 중 가장 계산이 간단하다는 장점이 있으나, 정밀성이 떨어진다는 단점이 있다. 즉, 최대값과 최소값에 의해서만 범위가 결정되므로 극단값에 민감할 뿐 그 사이에 존재하는 많은 값들의 특성은 고려하지 않게 된다.

(2) 사분편차

사분편차(quartile deviation: Q)는 중앙값을 기준으로 한 변산도로서, 어떤 분포의 중앙에서 사례의 50%가 차지하는 점수 범위의 절반을 의미한다. 따라서 사분편차는 전체 사례의 25%에 해당하는 점수(Q_1, 제25백분위수)와 75%에 해당하는 점수(Q_3, 제75백분위수)를 구하여 두 점수 간의 간격을 절반으로 나누어 산출한다. 제75백분위수와 제25백분위수의 차이를 사분위 간 범위(interquartile range)라 하는데, 이것이 길면 흩어진 분포이고 짧으면 밀집된 분포임을 알 수 있다. 사분위수와 사분위 간 범위는 [그림 10-5]와 같이 표현할 수 있다.

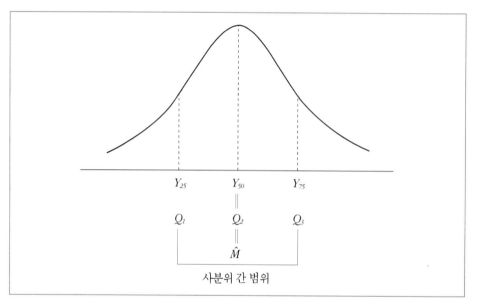

[그림 10-5] 사분위수와 사분위 간 범위

이러한 특성을 가진 사분편차는 다음과 같은 공식으로 계산할 수 있다.

$$Q = \frac{Q_3 - Q_1}{2}$$

사분편차는 분포의 최대값과 최소값의 영향을 받지 않고 사분위수에 해당하는 값들을 고려하여 변산도를 측정하기 때문에 범위보다는 정밀하다는 장점이 있다. 그러나 제25백분위수와 제75백분위수를 계산해야 하는 불편이 따르며, 각 점수 간의 실제 간격을 계산하지 못하기 때문에 점수들이 얼마나 흩어져 있는가에 대하여 정확히 알 수는 없다.

(3) 표준편차

표준편차(standard deviation: *SD*, *S*)는 모든 자료를 각각 고려하여 분포의 흩어진 정도를 나타낸 것이다. 표준편차를 이해하기 위해서는 편차에 대한 개념을 먼저 정립해야 한다. 편차(deviation: *d*)란 각 점수가 평균으로부터 얼마나 떨어져 있는가를 나타내는 수치를 의미하는 것으로, 개별 점수에서 평균을 빼면 간단히 산출할 수 있다. 그러므로, 만일 편차가 0이면 그 값은 평균과 같다는 것을 의미하며, 편차의 절대값이 크면 평균에서 멀리 떨어져 있음을 의미하는 것이다.

$$d = X_i - \bar{X}$$

표준편차는 이러한 편차들의 평균이라 할 수 있으므로, 편차들을 모두 합하여 총 사례 수로 나눈 값이라 할 수 있다. 그러나 이 산출공식에 따라 표준편차를 구하면 0이 나온다. 왜냐하면, 평균이 모든 값을 대표하는 무게 중심의 값이므로 양수인 편차와 음수인 편차가 상쇄되어 결국 편차의 합은 항상 0으로 산출되기 때문이다(성태제, 2011). 이 논리에 따르면, 모든 사례가 흩어지지 않고 같은 값을 가지고 있음을 의미한다.

따라서 이와 같은 등식으로는 표준편차를 구할 수 없기 때문에 각 값으로부터 평균을 뺀 편차를 제곱한 후 모두 합하여 총 사례 수로 나눈 값인 분산(variance)을 먼저 계산한다. 표준편차는 산출된 분산에 제곱근을 취하여 계산할 수 있다.

표준편차를 산출하는 공식은 다음과 같다.

$$S = \sqrt{\frac{\sum(X_i - \bar{X})^2}{n}} = \sqrt{\frac{\sum d^2}{n}}$$

범위의 경우 최대값과 최소값만을 사용하고, 사분편차는 총 사례 수의 25%, 50%, 75%에 해당하는 사분위수를 고려하므로 실질적으로 모든 값을 민감하게 고려한다고 할 수는 없다. 표준편차는 모든 자료를 고려하여 분포의 흩어진 정도를 산출하므로 범위나 사분편차보다 신뢰적인 변산도 지수라 할 수 있으나 일부 극단값에 의해 영향을 받는다는 단점도 있다. 그러나 평균과 더불어 자료의 특성을 설명하거나 이후에 소개하게 될 표준점수나 상관계수를 계산하는 경우와 같이 다른 후속적인 통계분석을 하는 데 가장 많이 사용되고 있다(김석우, 최대진, 2011).

평균과 표준편차를 활용한 연구 사례

- 평생교육 기관에서 운영 중인 프로그램에 대한 평가방식을 5점 리커트 척도(전혀 활용하지 않음, 조금 활용함, 보통, 많이 활용함, 매우 많이 활용함) 형태로 조사하였다.
- '프로그램 만족도에 대한 설문조사' 방식의 평균이 4.07로 가장 높게 나타났다. 즉, 조사에 참여한 기관들은 만족도 설문조사를 통한 평가방식을 많이 활용하고 있었다. 그 외 '결과보고회 및 평가회' 방식은 3.53, '내부·외부 인력에 의한 모니터링' 방식은 3.25로 나타나 보통 정도로 활용하고 있음을 알 수 있다.

〈표 10-4〉 평생교육 프로그램 평가방식

평가방식	평균	표준편차
프로그램 만족도에 대한 설문조사	4.07	0.91
결과보고회 및 평가회	3.53	1.10
내부·외부 인력에 의한 모니터링	3.25	1.10

출처: 방정은, 서희정(2014).

4) 표준점수

표준점수(standard score)는 어떤 점수와 평균 간의 차이인 편차를 표준편차로 나누어서 변환시킨 점수를 의미한다. 표준점수는 얻어진 원점수(raw score)의 상대적 위치를 알려 주므로 측정된 값의 상대적 수준을 비교할 수 있을 뿐 아니라 여러 검사에서 나온 결과를 동일 척도상에서 비교할 수 있게 해 준다는 장점이 있다. 또한, [그림 10-6]에서 살펴볼 수 있듯이 정상분포와 관련하여 특정한 표준점수 사이에 해당되는 면적 비율을 정확하게 계산할 수 있도록 해 준다(김석우, 최태진, 2011).

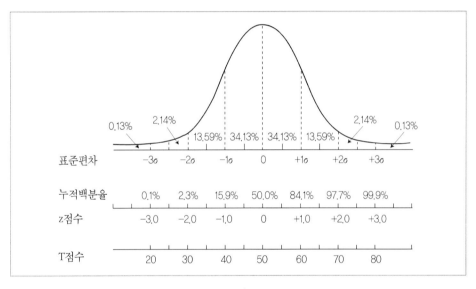

[그림 10-6] 정상분포와 표준점수

표준점수에는 여러 가지가 있으나 일반적으로 z점수와 T점수가 가장 흔히 쓰이고 있다.

(1) z점수

z점수는 분포가 정규분포라는 가정하에서 원점수의 평균을 0으로, 표준편차를 1로 하는 변환점수를 의미하는 것으로, 다음과 같은 공식을 통해 계산한다.

$$z = \frac{X - \bar{X}}{S} = \frac{d}{S}$$

예를 들어, 어떤 대학생이 A 교과목의 중간시험과 기말시험에서 똑같이 70점을 받았다고 가정해 보자. 두 시험점수가 동일하여 비슷한 성적을 받았다고 해석할 수 있으나 실제 원점수를 그대로 비교하는 것은 잘못된 정보를 제공할 수 있으므로, 이 학생이 속한 학과의 평균과 표준편차를 고려하여 표준점수로 변환하여 살펴보는 것이 바람직하다.

이러한 관점에서 A 교과목에 대한 학과 전체의 평균과 표준편차를 살펴보았더니 다음과 같이 나왔음을 확인하였다.

- 중간점수: 평균 80점, 표준편차 10
- 기말점수: 평균 66점, 표준편차 4

이 정보를 토대로 이 학생의 중간시험 및 기말시험에 해당하는 z점수는 다음과 같이 산출할 수 있다.

- z점수$_{중간}$ = $\frac{70-80}{10}$ = -1.0

- z점수$_{기말}$ = $\frac{70-66}{4}$ = $+1.0$

따라서 이 학생의 중간시험 70점에 해당되는 z점수는 -1.0, 기말시험 70점에 해당되는 z점수는 $+1.0$이므로, 기말시험 점수가 중간시험 점수보다 더 높다고 말할 수 있다. 또한 표준정규분포(unit normal distribution) 곡선하에서 주어진 z점수에 대한 구체적인 면적 비율을 제시한 [부록 2]에서 z=-1.0, z=$+1.0$에 해당하는 면적비율을 찾아보면 중간시험 점수는 백분위 13.87%에 해당되어 중하위권에 속하며, 기말시험 점수는 백분위 84.13%에 해당되어 성적이 향상되었음을 알 수 있다.

(2) T점수

앞에서 살펴본 z점수는 원점수가 평균보다 낮을 경우에 음수로 표시되며, 대부분의 z점수가 소수점을 지닌다는 번거로움이 있다. 이를 보완하기 위해 등장한 T점수는 z점수의 평균을 50, 표준편차 1을 10으로 전환시킨 표준점수다.

따라서 T점수는 다음과 같은 공식에 의해 계산된다.

$$T = 10z + 50$$

앞에서 예로 제시한 z점수를 T점수로 변환하면 다음과 같다.

- T점수$_{중간}$ = 10(-1.0) + 50 = 40
- T점수$_{기말}$ = 10(+1.0) + 50 = 60

z점수와 T점수는 이론적으로 정교하고 유용한 척도임에는 분명하지만, 두 점수 분포에서 평균점수를 비교하기 위해서는 두 검사의 점수분포가 정상분포에 가까운 서로 비슷한 모양을 이룰 때만 보다 적절한 비교가 가능하다는 단점이 있다(김석우, 최태진, 2011).

2. 집단비교를 위한 통계방법

조사에 참여한 집단에 따라 결과가 어떻게 다른지를 비교·분석하기 위해서는 집단비교를 위한 통계방법의 유형과 특성을 알고 있어야 한다. 남녀 간에 차이가 있는지, 사전점수와 사후점수 간에 차이가 있는지, 실험집단과 통제집단 간에 차이가 있는지, 교사와 학생 간에 차이가 있는지 등과 같이 집단 간의 비교를 할 수 있도록 자료를 분석하는 과정은 빈번하게 이루어지고 있다.

예를 들어, 남녀 집단에 따라 A 평생학습 프로그램에 대한 만족도가 다른지를 연구한다고 가정해 보자. 이 연구문제를 해결하기 위해 'A 평생학습 프로그램에 대한 만족도는 남녀 집단에 따라 차이가 있다.'라는 연구가설을 설정하고, 'A 평생학습 프로그램에 대한 만족도는 남녀 집단에 따라 차이가 없다.'라는 영가설을 설정하였다. 그후 설정된 가설의 진위 여부를 확인하여 남녀 집단 간에 차이가 있거나 없다는 판정을 내리게 된다.

이처럼 집단 간의 차이를 확인하고자 하는 가설을 검증할 때 사용하는 방법이 이절에서 소개할 z 검정, t 검정, F 검정과 같은 통계적 방법이다. 이 방법을 적용하는 과정에서 어떤 가설을 채택할 것인지는 유의수준을 토대로 도출된 결과를 검토하여 이루어진다. 이때 유의수준이란 영가설이 참일 때 영가설을 기각하고 대립가설을 채택하는 오류를 범할 확률, 즉 영가설이 참인 표집분포에서 참이 아니라고 오판하는 확률을 의미하는 것으로, 일반적으로 .001, .01, .05로 정하고 있다.

집단 간의 비교를 위한 통계방법은 모집단의 분포가 정규분포냐 편포된 분포냐에 따라 달라지며, 종속변수가 어떤 특성을 갖고 있는지에 따라서도 달라진다. 따라서 통계적 분석방법을 적용하기에 앞서 연구문제나 가설, 독립변수와 종속변수의 수, 수집된 자료들의 특성 등을 충분히 고려하여 적절한 분석방법을 선택하는 것이 필요하다.

1) z 검정

z 검정(z test)은 어떤 단일 표본에서 산출한 평균값이 그 표본이 속한 모집단의 평균값과 차이가 있는지 또는 어떤 두 표본에 대한 평균값을 토대로 각각 두 개의 모집단 간 평균값이 차이가 있는지를 알아보고자 할 때에 가장 빈번하게 사용되는 통계방법이다. 이 검증법은 z분포 또는 정규분포곡선(normal distribution curve)을 토대로 검정하는 통계적 방법이다. 일반적으로 하나의 꼭지점을 가진 종모양의 좌우대칭적인 분포로서 평균과 표준편차에 의해 규정되는 분포를 정규분포곡선이라 하는데, z점수의 분포는 평균이 0이고 표준편차가 1로 변환된 분포로 면적이 1인 단위정규분포를

이룬다(김석우, 최태진, 2011).

이러한 z 검정을 실시하기 위해서는 등간척도 또는 비율척도로 구성되어 측정된 값이어야 하며, 다음과 같은 조건이 충족되어야 한다.

z 검정의 실시조건

- 첫째, 종속변수가 양적변수여야 한다.
- 둘째, 종속변수에 대한 모집단의 분포가 정규분포여야 한다.
- 셋째, 모집단의 분산을 알고 있어야 한다.
- 넷째, 두 집단의 비교일 경우 두 모집단의 분산이 같아야 한다.

이러한 네 가지 조건 중 세 번째 조건, 즉 많은 연구의 경우 모집단의 분산을 아는 경우가 흔하지 않기 때문에 실제 연구 상황에서 z 검정을 사용하는 경우는 드물다. 예를 들어, 지능검사나 전국단위 학력고사와 같이 표준화검사가 개발되어 전체 모집단의 평균과 분산을 아는 경우에는 z 검정을 사용하기도 하지만, 대부분의 사회과학 연구에서 모집단의 평균과 분산을 알고 있는 경우는 많지 않으므로 흔하게 사용되지는 않는다.

z 검정을 위한 실시조건이 만족된 자료는 연구가설이나 연구목적에 따라 단일표본 z 검정(one-sample z test), 두 독립표본 z 검정(two-independent samples z test), 두 종속표본 z 검정(two-dependent samples z test)을 사용하여 분석한다. z 검정의 종류 및 의미는 다음과 같다.

첫째, 단일표본 z 검정은 한 모집단의 속성을 알기 위해 추출된 표본의 평균과 연구자가 이론적 또는 경험적 배경에서 얻은 특정 값을 비교하는 통계적 기법이다. 예를 들어, 특정 지역 내 중학교 학생들의 IQ가 전국 중학생의 IQ와 같은지를 검정하고자 할 때 사용할 수 있다. 물론 이것은 모집단인 전국 중학생의 IQ 평균과 표준편차를 사전에 알고 있을 때 적용 가능하다.

둘째, 두 독립표본 z 검정은 알지 못하는 두 집단의 평균을 비교하기 위해 각기 모집단을 대표하도록 추출된 독립적인 두 표본을 가지고 모집단의 유사성을 검정할 때 사용하는 통계적 방법이다. 물론 이때도 두 모집단의 분산이 이론적 배경이나 경험적 배경에 의해 같음을 알고 있어야 한다. 예를 들어, 전국 중학교 남녀 학생의 지능 비교나 전국 고등학교 남녀 학생의 수능점수의 비교 등과 같은 경우에 이 방법을 적용할 수 있다.

셋째, 두 종속표본 z 검정은 알지 못하는 두 집단의 평균을 비교하기 위해 각기 모집단을 대표하도록 추출된 두 표본을 가지고 모집단을 비교하는 통계적 기법으로, 추출된 두 표본이 독립적이지 않을 때 사용된다. 예를 들어, 성인 남녀의 스트레스를 비교하는 데 부부를 추출하여 모집단의 속성을 비교할 수 있다. 이때 남성의 표본과 여성의 표본은 상호 독립적이라 말하기 어려우므로, 이런 경우에는 두 종속표본 z 검정을 실시한다.

2) t 검정

t 검정(t-test)은 모집단의 분산이나 표준편차를 알지 못할 때, 모집단을 대표하는 표본으로부터 추정된 분산이나 표준편차를 가지고 검정하는 방법이다. 종속변수가 양적변수일 경우 평균 혹은 집단 간 비교를 위하여 사용하는 통계방법으로, 실제 사회과학 연구에서 자주 쓰이는 통계방법이다. t 검정을 실시하기 위해서는 다음과 같은 조건이 충족되어야 한다.

---

t 검정의 실시조건

- 첫째, 종속변수가 양적변수여야 한다.
- 둘째, 종속변수에 대한 모집단의 분포가 정규분포여야 한다.
- 셋째, 두 집단의 비교일 경우 두 모집단의 분산이 같아야 한다.

이처럼 t 검정을 실시하기 위해 충족되어야 하는 기본가정은 z 검정의 기본가정과 동일하나 모집단의 분산을 알지 못할 때 적용할 수 있는 통계기법이라는 면에서 활용도가 높은 편이다. t 검정을 실시하는 방법에는 모집단에서 추출된 하나의 표본에 대하여 검증하는 단일표본 t 검정(one sample t-test), 두 집단 간 평균의 차이를 분석하는 독립표본 t 검정(independent samples t-test), 동일한 모집단으로부터 추출된 두 변수의 평균값을 비교·분석하는 종속표본 t 검정(paired samples t-test)이 있다.

첫째, 단일표본 t 검정은 단일표본 z 검정과 동일한 연구목적을 지닌 가설을 검증하되 모집단의 분산을 알지 못하는 경우에 사용되는 통계방법이다. 즉, 모집단의 분산을 모르는 상황에서 추출된 표본의 평균이 그 표본이 속한 모집단의 평균과 차이가 있는지를 비교하는 방법이다. 예를 들어, 부산지역에 거주하고 있는 성인 100명의 생활역량을 조사한 후, 그들의 생활역량 평균이 우리나라 성인의 평균인 68점과 같은지를 알아보는 경우가 이에 해당된다.

둘째, 연구에서 보다 빈번하게 사용되는 두 집단 간 평균차 검정방법 중 독립표본 t 검정은 서로 독립적인 두 모집단에서 추출한 두 표본의 평균이 같은지를 비교하여 모집단 간의 유사성을 검정하는 통계방법이다. 예를 들어, 남녀 중학생을 각각 20명씩 추출하여 학업성취도를 비교하거나 전통적인 교수법으로 학습한 집단과 새로 도입한 블랜디드 러닝(blended learning)을 통해 학습한 집단 간의 학습효과를 비교하는 것과 같은 형태의 연구에서 많이 활용된다.

독립표본 t 검정을 실시한 연구 사례

- 청소년이 일상생활 속에서 갖추어야 할 생활역량 중 자기조절역량에는 감정조절기술, 신체관리기술, 시간활용기술, 용돈관리기술이 있다.
- 남학생과 여학생 간에 자기조절역량의 하위 생활기술의 평균이 다른지를 알아보기 위해 독립표본 t 검정을 실시하였다. 그 결과, 감정조절기술과 시간활용기술은 .001 수준에서, 용돈관리기술은 .01 수준에서 유의한 차이가 있었으나 신체관리기술은 남학생과 여학생 간에 유의한 차이가 없음을 확인하였다.
- 또한 자기조절역량 전체는 .05 수준에서 남학생과 여학생 간에 유의한 차이가 있었다.

〈표 10-5〉 자기조절역량의 생활기술에 대한 성별 간 차이검증

| 평가항목 | 성별 | | | | t |
| | 남학생 | | 남학생 | | |
	M	SD	M	SD	
감정조절	3.66	0.53	3.55	0.59	4.25***
신체관리	3.50	0.66	3.47	0.65	0.98
시간활용	2.77	0.76	2.98	0.73	−6.09***
용돈관리	2.62	0.77	2.73	0.75	−3.15**
전체	3.13	0.45	3.18	0.47	−2.09*

*p<.05, **p<.01, ***p<.001

출처: 윤명희 외(2015).

셋째, 종속표본 t 검정은 두 집단 간의 평균차를 검정하는 방법이라는 면에서는 독립표본 t 검정과 동일하지만, 추출된 두 표본이 서로 독립적이지 않고 어떤 관계가 있는 종속적인 것일 때 적용하는 통계방법이다. 예를 들어, 성인 남녀의 스트레스 지수를 비교할 때 부부를 추출하였거나 남매를 추출하였다면, 이 두 표본은 상호 독립적이라 할 수 없다. 또 다른 예로, 교육프로그램의 효과를 도출하기 위해 프로그램을 적용하기 전과 적용한 이후의 점수 간에 차이가 있는지의 여부를 검정하고자 할 때도 종속표본 t 검정을 적용해야 한다. 이러한 형태의 연구에서 도출한 사전검사 점수와 사후검사 점수는 동일한 표본에게서 추출한 두 개의 값이므로 상호 독립적이라 할 수 없기 때문이다.

종속표본 t 검정을 실시한 연구 사례

• 진로교육프로그램이 중학생의 자아존중감과 진로성숙도에 영향을 미치는지를 확인하기 위해 실험집단과 통제집단을 선정하였다.
• 프로그램 시작 전과 종료 후에 동일한 검사를 실시한 후, 두 집단의 사전검사와 사후검사 간에 유의한 차이가 있는지를 알아보기 위해 종속표본 t 검정을 실시하였다. 자아존중감

의 하위영역 중 가족과의 관계에 대한 변화를 정리한 〈표 10-6〉에 따르면, 실험집단은 .001 수준에서 유의한 변화가 나타났으나 통제집단에는 유의한 변화가 없음을 확인할 수 있었다.

〈표 10-6〉 가족과의 관계의 변화

집단	사전검사		사후검사		t
	M	SD	M	SD	
실험집단	4.76	1.77	6.08	0.92	−4.74***
통제집단	4.95	1.76	5.16	1.60	−1.16

***p < .001

출처: 표서운(2008).

SPSS 통계 프로그램을 활용하여 t 검정을 실시하는 과정이 이 장의 후반부에 참고 자료로 제시되어 있다. 이를 참조하여 다양한 t 검정을 실행해 보고, 도출된 결과를 해석하는 과정도 연습하기 바란다.

3) F 검정

집단비교를 하는 과정에서는 두 집단뿐 아니라 여러 집단 간의 차이를 비교해야 할 필요가 생긴다. 이러한 경우에 F 검정을 사용할 수 있다. 그러나 일반적으로 두 집단 간의 비교에서는 z 검정 또는 t 검정이 사용되므로 F 검정(F test)은 세 개 이상의 모집단을 비교하고자 하는 경우에 이용하는 분석방법이다. 분산분석(analysis of variance: ANOVA)으로도 불리고 있는 F 검정의 기본 가정은 다음과 같다.

F 검정의 실시조건

• 첫째, 종속변수가 양적변수여야 한다.
• 둘째, 각 집단에 해당되는 모집단의 분포가 정규분포여야 한다.
• 셋째, 각 집단에 해당되는 모집단들의 분산이 같아야 한다.

예를 들어, '성(性)별 집단(남학생반, 여학생반, 혼합반)에 따른 외국어 능력 향상 프로그램의 효과' '평생교육사의 경력(2년 미만, 2~5년 미만, 5~10년 미만, 10년 이상)에 따른 업무 수행의 차이' '대학생들의 학년(1학년, 2학년, 3학년, 4학년)에 따른 진로준비행동의 차이' 등과 같은 연구문제를 수행하고자 할 때 적용할 수 있는 분석방법이다.

여러 개의 집단을 비교하고 있는 F 검정에서는 집단 간 분산과 집단 내 분산을 모두 고려해야 한다. 집단 간(between group) 분산은 집단 평균값들의 분산을 의미하는 것이며, 집단 내(within group) 분산은 각 집단 내에서의 분산, 다시 말해서 각 개별 점수가 해당 집단의 평균에 대하여 가지는 분산을 나타낸다. 이 두 개의 분산을 고려하여 집단을 비교한 결과가 유의한지 유의하지 않은지를 판단하게 된다.

만일 F 검정을 실시한 결과로 집단 간에 유의한 차이가 있다는 결론이 도출되었다면, 구체적으로 어떤 집단 간에 차이가 있었는지를 확인해 보아야 한다. 즉, F 검정은 여러 모집단 평균과의 많은 대비 중 최소한 하나 이상의 대비가 통계적으로 차이가 나면 영가설을 기각하므로(성태제, 2011), 이후의 통계분석을 추가로 실시하여 어떤 대비에서 차이가 나타나는지를 찾아내야 한다. 이러한 통계적 방법을 사후비교분석(post-hoc comparison analysis)이라 한다. F 검정과 관련된 다양한 개념에 대한 보다 자세한 내용은 통계학 관련 교재를 참조하기 바란다.

F 검정을 실시한 연구 사례

- 학년에 따른 진로준비행동의 수행경험과 도움정도의 차이를 알아보기 위해 F 검정을 실시하였다.
- 그 결과, 학습영역에 대한 수행경험은 2학년의 평균이 가장 낮지만 학년이 올라갈수록 상승하고 있음을 볼 수 있다. 또한 상담 및 정보수집영역과 취업실전영역에서도 학년이 올라감에 따라 수행경험이 많아지고 있음을 볼 수 있으며, 세 영역 모두 .001 수준에서 유의미한 차이를 보이고 있다. 그러나 수행경험이 얼마나 도움이 되었는지 확인한 결과에서는 학습영역에서만 .001 수준에서 유의미한 차이가 있었다.
- 의미 있는 차이를 보인 결과를 토대로 사후검증을 실시한 결과, 1학년의 평균이 다른 학년에 비해 많이 낮음을 알 수 있었다.

〈표 10-7〉 학년에 따른 진로준비행동의 차이분석

하위영역		수행경험			도움정도		
		M	SD	F	M	SD	F
학습영역	1학년	3.35	1.46		2.38	0.55	
	2학년	2.87	1.93	39.16***	2.52	0.61	7.94***
	3학년	3.93	1.89		2.52	0.56	
	4학년	5.02	1.86		2.72	0.54	
상담 및 정보 수집영역	1학년	4.83	2.23		2.45	0.53	
	2학년	5.08	2.68	13.30***	2.46	0.57	1.83
	3학년	5.53	2.47		2.47	0.53	
	4학년	6.63	2.66		2.60	0.59	
취업실전 영역	1학년	0.71	1.03		2.57	0.74	
	2학년	0.80	1.18	63.65***	2.79	0.75	2.08
	3학년	1.39	1.27		2.75	0.71	
	4학년	2.67	1.91		2.79	0.68	

***$p < .001$

출처: 서희정, 윤명희(2011).

4) x^2 검정

집단비교를 위해 앞서 소개한 z 검정, t 검정, F 검정은 모집단의 분포에 관한 어떤 가정에 입각한 통계적 방법으로 모수 통계방법(parametric statistics)이라 부르는 반면, x^2 검정(x^2 test)은 모집단의 분포에 관해 특정한 가정을 하지 않기 때문에 비모수 통계방법(nonparametric statistics)이라 한다(김석우, 성태제, 2011). 이러한 x^2 검정은 종속변수가 명명척도에 의한 질적변수이거나 범주변수일 때, 여러 모집단으로부터 각각의 표본을 추출하여 각 모집단의 속성이 유사한지를 검정하는 데 사용하는 통계방법이다. 예를 들어, 고등학교 남학생과 여학생 간의 전공계열 선호도에 차이가 있는지, 거주지에 따라 평생학습도시에 대한 인식이 어떻게 다른지 등과 같은 연구문제를 해결할 때 사용할 수 있다.

x^2 검정을 실시하기 위해서는 다음과 같은 조건이 충족되어야 한다.

---

x^2 검정의 실시조건

- 첫째, 종속변수가 명명변수에 의한 질적변수이거나 최소한 범주변수(categorical variable)여야 한다.
- 둘째, 각 범주에 포함되어 있는 획득빈도(obtained frequency)나 기대빈도(expected frequency)가 5보다 작은 칸(cell)이 전체 칸 수의 20% 이하여야 한다.
- 셋째, 각 칸에 속한 도수는 각각 독립적이어야 한다.

둘째와 셋째 조건에서 유추할 수 있듯이, x^2 검정 과정에서는 연구대상 전체를 두 가지 분류기준에 의하여 구분하고, 각 칸에 해당되는 빈도를 조사하여 기록한 교차표를 이용한다. 만약 고등학교 남학생과 여학생 간의 전공계열 선호도에 차이가 있는지를 알아보는 연구에서 전공계열을 인문계열, 이공계열, 예체능계열로 구분하고 성별은 남녀로 구분하였다면, 3개의 전공계열로 이루어진 행(row)과 2개의 성별로 이루어진 열(column)로 구분되는 교차표를 작성할 수 있다. 이때 모든 칸에서는 적어도 5이상의 사례 수가 있어야 한다는 사실을 상기하여 사례 수를 확보해야 한다.

---

x^2 검정을 실시한 연구 사례

- 대학생들의 자격증 소지 여부를 조사한 결과, 연구대상자의 58.6%가 자격증을 소지하고 있었다.
- 이는 대학별, 학년별, 전공계열에 따라 .001의 유의수준에서 의미 있는 차이를 보이고 있었다. 즉, 4년제 대학생(54.5%)보다는 2년제 대학생(67.7%)이, 저학년보다는 고학년의 자격증 소지율이 더 높았다.
- 또한 전공계열에 따른 결과의 차이를 보면, 의학계열 학생들(76.9%)의 자격증 소지율이 가장 높고 자연계열 학생들(45.4%)의 자격증 소지율이 가장 낮음을 알 수 있었다.

〈표 10-8〉 자격증 소지 여부   단위: 명(%)

구분		있다	없다	x^2
대학	2년제	334(67.7)	159(32.3)	24.70***
	4년제	575(54.5)	482(45.6)	
성별	남	503(57.4)	373(42.6)	1.25
	여	406(60.2)	268(39.8)	
학년	1학년	25(41.7)	35(58.3)	30.08***
	2학년	355(64.4)	196(35.6)	
	3학년	332(52.3)	303(47.7)	
	4학년	197(64.8)	107(35.2)	
전공계열	인문	55(61.1)	35(38.9)	30.15***
	사회	253(60.2)	167(39.8)	
	자연	79(45.4)	95(54.6)	
	공학	366(57.5)	270(42.5)	
	의학	93(76.9)	28(23.1)	
	예체능	63(57.8)	46(42.2)	
전체		909(58.6)	641(41.4)	

***p < .001

출처: 안영식 외(2011).

3. 관계분석을 위한 통계방법

　조사에 참여한 집단 또는 변수들 간의 관련성을 분석하는 대표적인 통계방법으로 상관분석이 있다. 상관분석(correlation analysis)은 하나의 변수가 다른 변수와 어느 정도 밀접한 상관관계를 갖고 있는가를 알아보기 위해 이용하는 통계방법이므로, 어떤 사건이나 현상에 내재하고 있는 다양한 변인 간의 관계 패턴이나 경향을 규명하고자 할 때 실시한다.

　여기에서 상관이란 특정 사건과 사건 또는 현상과 현상 사이에 존재하는 어떤 형태의 관계를 의미하는 것으로, 두 개 이상의 변수가 어느 정도로 함께 변화하는지를 의미한다. 따라서 상관관계에는 한 변수값이 증가할 때 다른 변수값도 증가하는 정적 상관과 한 변수값이 증가할 때 다른 변수값이 감소하는 부적상관이 존재한다. 완벽한 정적상관의 관계에 놓여 있을 때 상관계수 r값은 1이며, 완벽한 부적상관에 있을 때 r값은 −1이 된다. 따라서 상관계수 r은 −1부터 1까지의 값을 취할 수 있고, 상관계수의 절대값이 클수록 관련성이 높음을 의미한다.

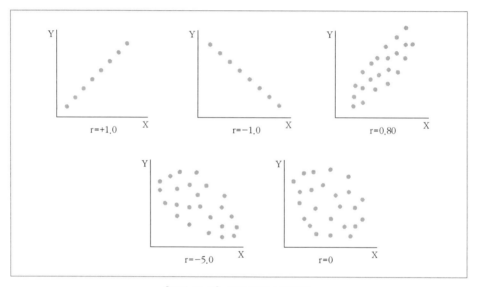

[그림 10-7] 여러 가지 상관관계

예를 들어, 'IQ와 학업성취도와의 관계'를 알아보고자 하는 연구주제를 해결하기 위해 상관분석을 실시할 수 있다. 그 결과, 만약 정적상관의 결과가 나왔다면 IQ가 높은 사람일수록 학업성취도도 높은 경향이 있다고 해석할 수 있을 것이다. 또한 '정부의 평생교육기관에 대한 재정지원과 수강료와의 관계' 연구에서 부적상관이 나왔다고 한다면, 정부의 평생교육기관에 대한 재정지원이 많을수록 수강료는 적어진다는 결과를 얻을 수 있다. 상관관계에 대한 해석 시 주의할 점은 상관분석에서 보여 주는 상관관계는 두 변수 간의 관련성에 대한 설명일 뿐, 원인과 결과를 보여 주는 인과관계와는 다르다는 점이다. 즉, 변수 간의 상관이 있다는 이유만으로 그 변수들 간에 인

상관분석을 실시한 연구 사례

- 학업적 자기효능감, 대인관계능력, 학교생활적응 간의 관련성을 알아보기 위해 상관분석을 실시하였다.
- 학교생활적응은 학업적 자기효능감 및 대인관계능력과 유의미한 정적상관을 보였다. 학업적 자기효능감과 학교생활적응의 상관계수가 .62로 가장 높은 상관을 보였으며, 대인관계와 학교생활적응의 상관계수도 .60으로 높은 상관관계를 보였다.

〈표 10-9〉 변수들 간의 상관관계

	학업적 자기효능감	대인관계능력	학교생활적응
학업적 자기효능감	1.00		
대인관계능력	0.48	1.00	
학교생활적응	0.62	0.60	1.00

출처: 김지한(2015).

과관계가 존재한다고 해석해서는 안 된다.

변수들 간의 관계분석은 상관분석 외에 회귀분석과 구조방정식모형을 통해서도 확인할 수 있다.

회귀분석(regression analysis)은 한 개 이상의 독립변수가 종속변수에 어떤 영향을 미치는지 알아보거나 독립변수의 변화에 따른 종속변수의 변화를 예측하기 위해서 사용하는 통계적 분석방법이다. 지능이 성적에 미치는 영향을 알아보는 연구에서와 같이 독립변수가 한 개인 경우는 단순회귀분석(simple regression analysis), 청소년의 문제행동과 심리적 부적응이 교우관계에 미치는 영향을 분석하려는 연구에서와 같이 독립변수가 둘 이상인 경우는 중다회귀분석(multiple regression analysis)이라고 한다. 상관분석은 단순히 두 변수 사이의 상관만을 분석하는 것이지만, 회귀분석은 두 변수 간의 관계뿐 아니라 이를 통해 한 변수로부터 다른 변수의 변화까지도 예측할 수 있다.

회귀분석을 실시한 연구 사례

• 청소년의 부–모간 관계가 청소년의 인터넷 중독에 미치는 영향을 알아보기 위해 회귀분석을 실시하였다.

• 그 결과, 친밀성의 표준화계수는 -.36, 협력성의 표준화계수는 -.31, 상수는 3.94로서 모두 .001 수준에서 유의미한 차이가 있다.

• 수치를 활용하여 다음과 같은 회귀방정식을 설정할 수 있다.

청소년의 인터넷 중독 = 친밀성(-.36) + 협력성(-.31) + 3.94

• 이와 같이 부–모간 관계는 청소년의 인터넷 중독에 통계적으로 유의미한 영향을 미치고 있으므로, 부–모간 관계가 원만할수록 청소년의 인터넷 중독은 낮아진다고 할 수 있다.

출처: 권영길, 이영선(2009).

구조방정식모형(Structural Equation Modeling: SEM)은 변수들 간의 관계분석뿐 아니라 인과관계까지도 분석할 수 있는 통계방법이다. 이 방법은 변수들 간의 선형적 관계를 분해하고 해석하는 경로분석(path analysis), 독립변수의 변화에 따른 종속변수의 변화를 예측하는 회귀분석(regression analysis), 변수들 간의 상호 연관성을 분석하여 공통적으로 작용하고 있는 요인을 추출하는 요인분석(factor analysis)이 결합되어 발전된 통계방법이다. 따라서 구조방정식모형을 적용하여 도출된 결과에서는 변수들 간의 선형적 관계를 확인할 수 있고, 변수들 간의 관계뿐 아니라 독립변수의 변화가 종속변수의 변화에 미치는 직접적인 영향 및 매개변수를 통한 간접적인 영향을 분석하여 변수들 간의 인과관계도 이해할 수 있다.

구조방정식모형을 실시한 연구 사례

• 학습참여도와 평생학습성과가 관련 변수들에 의해 설명되는 정도는 각각 67%, 66%다.
• 참여동기가 평생학습성과에 미치는 영향은 정적으로 유의하게 나타났으며, 자아개념과 참여동기가 학습참여도에 미치는 영향도 각각 정적으로 유의하게 나타났다. 자아개념이 평생학습성과에 미치는 영향은 유의하게 나타나지 않아 점선으로 표시되었다.
• 학습참여도는 자아개념과 참여동기에 의해 영향을 받지만, 동시에 평생학습성과에도 정적으로 유의한 영향을 미치고 있었다.

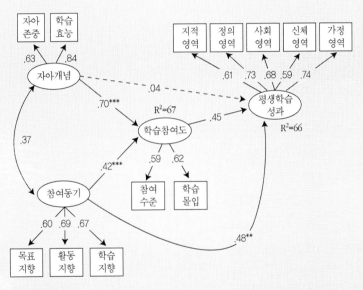

[그림 10-8] 성인학습자의 자아개념, 참여동기 및 학습참여도와 평생학습성과의 구조분석

출처: 김영미, 한상훈(2012).

용어 정리

- **자료분석**: 수집된 자료를 통합하여 최종적인 결론을 도출해 나가는 과학적 활동
- **코딩**: 설문자료를 숫자로 변환하는 과정
- **기술통계**: 자료를 이해하기 쉽도록 간결하게 요약·정리하여 기술하고자 하는 목적으로 사용하는 통계분석 방법
- **중심경향값**: 최빈값, 중앙값, 평균과 같이 모집단 혹은 표본으로부터 얻어진 자료의 중심경향을 나타내는 특정한 값
- **변산도**: 자료의 흩어진 정도를 의미하는 것으로 범위, 사분편차, 표준편차 등을 통해 확인할 수 있음
- **표준점수**: 어떤 점수와 평균 간의 차이인 편차를 표준편차로 나누어서 변환시킨 점수
- **상관분석**: 하나의 변수가 다른 변수와 어느 정도 밀접한 상호관계를 갖고 있는가를 알아보기 위해 이용하는 통계방법

📖 학 / 습 / 문 / 제

1. 질적연구에서 자료수집과 동시에 자료분석이 이루어져야 하는 이유를 생각해 보세요.

2. 잘못 응답된 설문지가 수집되었을 때 어떻게 처리하는 것이 좋은지 구체적인 방법을 제안하세요.

3. 중심경향값의 유형별 특성을 진술하세요.

4. 변산도를 확인할 수 있는 방법을 소개하세요.

5. 설문조사를 통해 '고등학생의 생활역량이 학교생활적응에 미치는 영향'에 대한 주제로 연구를 진행하고 있습니다. 다음의 내용을 알아보고자 할 때 어떤 통계방법으로 분석하는 것이 가장 적절한지 제시하세요.
   (단, 생활역량과 학교생활적응은 리커트 척도형의 문항으로 이루어져 있습니다.)

   ① 고등학생의 생활역량의 특성은 어떠한가?

   ② 남학생과 여학생의 학교생활적응 정도에 차이가 있는가?

   ③ 1, 2, 3학년 간의 학교생활적응에는 차이가 있는가?

   ④ 고등학생의 생활역량과 학교생활적응과의 관계는 어떠한가?

통계분석 실습

다음은 '제10장 자료분석'의 이해를 돕기 위해 SPSS 프로그램(버전 22)을 활용하여 조사된 자료를 통계처리하고 해석하는 실습과정을 소개한 내용이다.

1. 코 딩

코딩은 일반적으로 편집기에 입력하여 통계 프로그램에서 불러들이거나 통계 프로그램에 직접 입력하는 방식으로 이루어진다. 다음의 코닝 자료는 본문의 [그림 10-1]의 요구조사 설문지를 통해 조사한 10명의 자료를 입력한 예시다.

[그림 1] 편집기를 이용한 코딩　　　　　[그림 2] 통계 프로그램을 이용한 코딩

2. 자료 변환하기

코딩한 자료를 통계분석하기 위해서는 통계 프로그램에서 활용할 수 있도록 변환해야 한다. 사회과학 통계분석 과정에서 가장 많이 활용되고 있는 SPSS 통계 프로그램을 통해 코딩한 자료를 변환하는 과정은 다음과 같다.

• 메뉴 선택	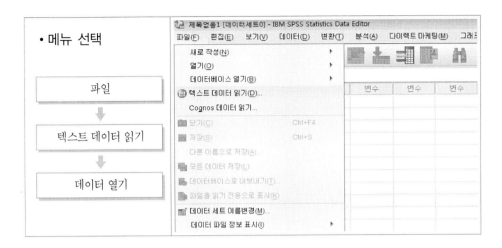
파일 ⬇ 텍스트 데이터 읽기 ⬇ 데이터 열기	

데이터 열기를 통해 저장되어 있는 코딩 자료를 선택하면 텍스트 가져오기 마법사가 진행된다.

• 1단계 - 사전 정의된 형식과 일치 여부: '아니오' 텍스트 파일을 처음 여는 것이므로 '아니오'를 선택한다.	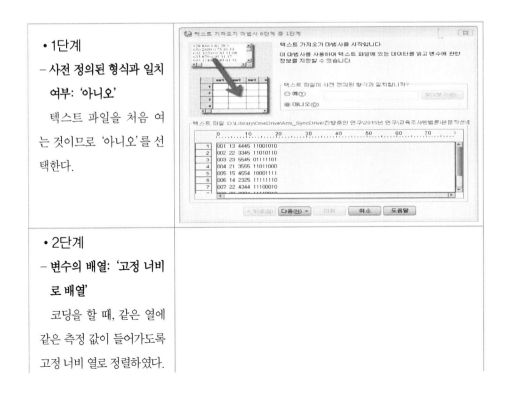
• 2단계 - 변수의 배열: '고정 너비 로 배열' 코딩을 할 때, 같은 열에 같은 측정 값이 들어가도록 고정 너비 열로 정렬하였다.	

– 변수이름 제시: '아니오'

코딩을 할 때, 변수이름
을 작성하지 않고 자료만
입력하였다.

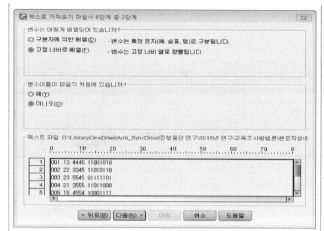

• 3단계

–데이터의 시작: '1'

첫 번째 행부터 데이터
의 첫 번째 케이스가 있다.

–한 케이스: '1'

한 개의 행이 한 케이스
를 의미한다.

**–불러올 케이스: '모든 케
이스'**

통계분석을 실행할 양만
큼 선택한다. 이 실습에서는
모든 케이스를 선택한다.

• 4단계

-변수 구분

구분 선을 삽입하여 개별변수를 구분한다.

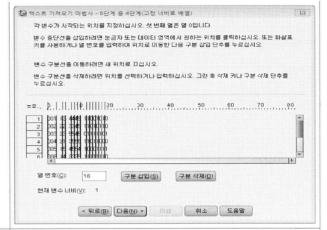

• 5단계

-변수이름

개별 변수의 이름을 입력한다.

-데이터 형식

개별 변수의 특성, 즉 숫자 또는 문자인지 등에 대한 정보를 선택한다.

※ 변수이름과 데이터 형식은 '데이터 가져오기'를 마무리한 후에 수행할 수도 있다.

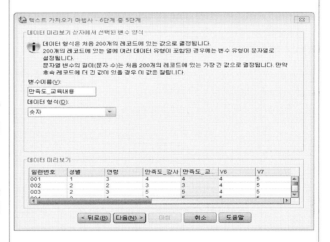

• 6단계

–파일형식 저장: '아니오'

–마침

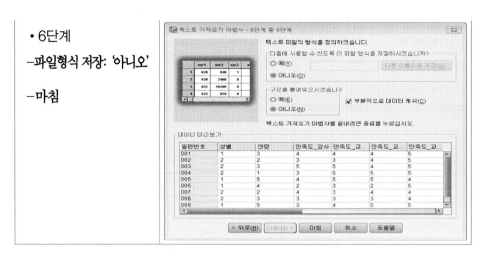

[그림 3] 텍스트 가져오기 마법사

텍스트 가져오기 마법사 6단계를 마치면, [그림 4]와 같은 데이터 파일이 형성된다. 다양한 통계분석은 코딩 자료를 이와 같은 형태로 변환시킨 이후 가능하다.

	일련번호	성별	연령	만족도_강사	만족도_교육내용	만족도_교육방법	만족도_교육시설	요구_미디어교육	요구_전통문화교육	요구_시민문화예술교육	요구_지역학	요구_사이버평생학습	요구_중소기업평생학습	요구_소외계층	요구_기타
1	1	1	3	4	4	4	5	1	1	0	0	1	0	1	0
2	2	2	2	3	3	4	5	1	1	0	1	0	1	1	0
3	3	2	3	5	5	4	5	0	1	1	1	1	1	0	1
4	4	2	1	3	5	5	5	1	1	0	1	1	0	0	0
5	5	1	5	4	5	5	4	1	0	0	0	1	1	1	1
6	6	1	4	2	3	2	5	1	1	1	1	1	1	1	0
7	7	2	2	4	3	4	4	1	1	1	0	0	0	1	0
8	8	2	3	3	3	3	4	1	1	1	1	0	0	1	0
9	9	1	5	3	4	5	5	0	0	1	1	1	1	1	0
10	10	2	5	3	4	3	5	1	0	1	1	1	1	1	0

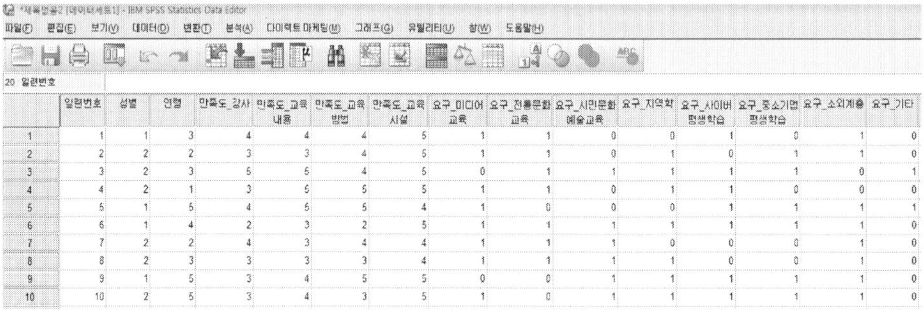

[그림 4] 변환된 데이터

3. 통계분석 방법

1) 빈도분석

변환된 데이터를 활용하여 빈도분석을 실행해 보자.

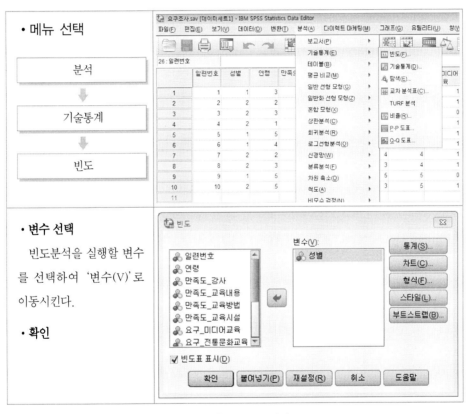

[그림 5] 빈도분석 과정

이러한 빈도분석의 과정을 거치면 결과 페이지에 [그림 6]과 같은 결과가 제시된다.

빈도

통계

성별

N	유효함	10
	결측값	0

성별

		빈도	퍼센트	올바른 퍼센트	누적 퍼센트
유효함	1	4	40.0	40.0	40.0
	2	6	60.0	60.0	100.0
	총계	10	100.0	100.0	

[그림 6] 성별에 대한 빈도분석 결과

통계분석 결과를 통해 남자는 4명(40%), 여자는 6명(60%)으로 구성되어 있음을 알수 있다.

2) 중심경향값

최빈값, 중앙값, 평균과 같은 중심경향값의 확인은 빈도분석의 메뉴 선택과 동일한 과정으로 이루어진다. 변환된 데이터 중 '강사에 대한 만족도' 변수를 선택하여 중심 경향값을 확인하는 연습을 해 보자.

- **변수 선택(①)**

  '만족도_강사'를 선택하여 '변수(V)' 영역으로 이동시킨다.

- **통계 선택(②)**

  중심 경향 항목에서 '평균(M)', '중앙값(D)', '최빈값(O)'을 선택한다.

- **계속(③)**

  본래 메뉴로 돌아온다.

- **확인(④)**

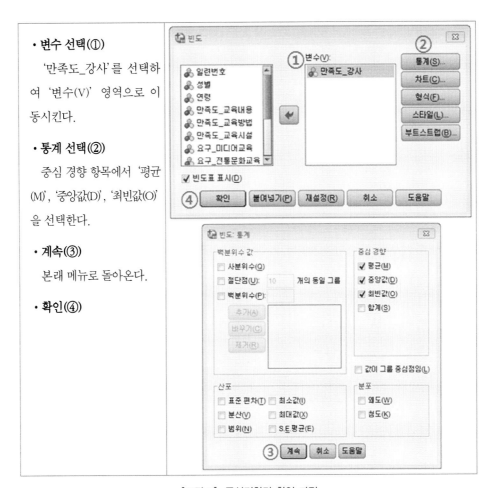

[그림 7] 중심경향값 확인 과정

이 과정을 수행하면 결과 페이지에 [그림 8]과 같이 '만족도_강사'에 대한 중심경향값과 빈도분석 결과가 제시된다.

빈도

통계

만족도_강사

N	유효함	10
	결측값	0
평균		3.40
중앙값		3.00
최빈값		3

만족도_강사

		빈도	퍼센트	올바른 퍼센트	누적 퍼센트
유효함	2	1	10.0	10.0	10.0
	3	5	50.0	50.0	60.0
	4	3	30.0	30.0	90.0
	5	1	10.0	10.0	100.0
	총계	10	100.0	100.0	

[그림 8] 강사에 대한 만족도의 중심경향값

이를 통해 강사에 대한 만족도의 평균은 3.40으로 보통보다 조금 높음을 알 수 있다. 또한, 중앙값과 최빈값은 모두 3으로 확인되었다.

3) 집단 간 차이 검정

집단 간 차이를 확인하는 통계분석 방법 중 교육조사연구 과정에서 가장 많이 활용되고 있는 t 검정과 F 검정 과정을 실습하고자 한다. 이를 위해 다음과 같은 가상의 자료를 만들었다.

임의로 만든 자료의 변수는 성별, 집단, 중간시험 점수, 기말시험 점수로 이루어져 있다. 성별은 남학생(1)과 여학생(2), 집단은 1, 2, 3집단으로 구성되어 있으며, 중간시험 점수와 기말시험 점수는 학업성취도 점수를 제시하였다.

25 : 성별						
	성별	집단	중간시험점수	기말시험점수	변수	변수
1	1	1	78	75		
2	1	2	82	80		
3	2	2	88	90		
4	2	3	95	90		
5	2	1	70	75		
6	1	1	56	60		
7	1	1	65	70		
8	2	2	88	85		
9	1	3	77	75		
10	1	3	60	66		
11	2	3	88	89		
12	1	1	75	80		
13	2	2	85	84		
14	1	2	76	73		
15	1	3	80	85		
16						

[그림 9] 어떤 집단의 중간시험 점수와 기말시험 점수

(1) 대응표본 t 검정

앞의 자료에 제시된 15명의 중간시험 점수와 기말시험 점수 간에 차이가 있는지를 알아보기 위해서는 대응표본 t 검정을 수행해야 한다. 이는 [그림 10]과 같은 과정을 거친다.

• **대응변수 선택**

차이를 보고 싶은 두 종류의 변수를 짝지어 '대응변수(V)'로 이동시킨다.

• **확인**

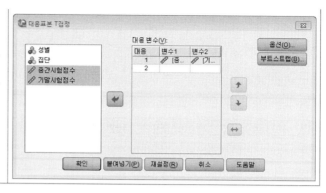

[그림 10] 대응표본 t 검정 과정

이와 같이 대응표본 t 검정을 수행하면 [그림 11]의 결과가 제시된다.

T검정

대응표본 통계

		평균	N	표준편차	표준오차평균
쌍1	중간시험 점수	77.53	15	11.051	2.853
	기말시험 점수	79.40	15	8.526	2.201

대응표본 통계

		대응 차이					t	df	유의수준 (양쪽)
		평균	표준편차	표준오차 평균	차이의 95% 신뢰구간				
					하한	상한			
쌍1	중간시험 점수 기말시험 점수	-1.867	4.257	1.099	-4.224	.491	-1.698	14	.112

[그림 11] 중간시험 점수과 기말시험 점수의 차이

통계분석 결과를 통해 중간시험 점수의 평균은 77.53이고, 기말시험 점수의 평균은 79.40임을 확인할 수 있었다. t 통계값은 −1.698, 유의확률은 .112이므로 중간시험 점수와 기말시험 점수의 평균은 유의한 차이가 없다고 결론 내릴 수 있다.

(2) 독립표본 t 검정

성별에 따라 중간시험 점수 또는 기말시험 점수에 차이가 있는지를 알아보기 위해서는 독립표본 t 검정을 수행해야 한다.

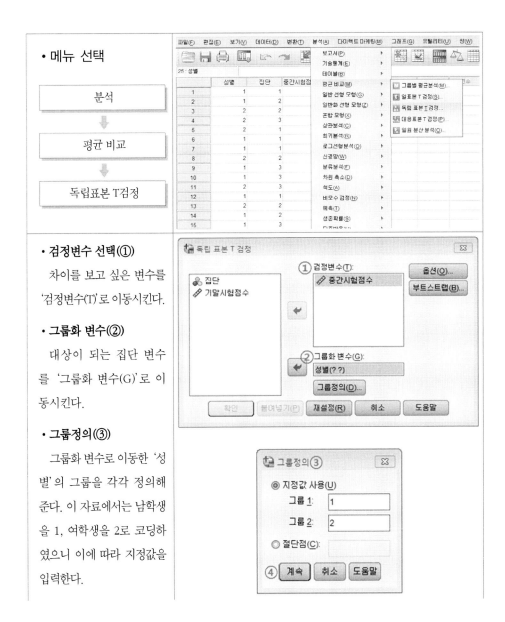

• **메뉴 선택**

분석
↓
평균 비교
↓
독립표본 T검정

• **검정변수 선택(①)**

차이를 보고 싶은 변수를 '검정변수(T)'로 이동시킨다.

• **그룹화 변수(②)**

대상이 되는 집단 변수를 '그룹화 변수(G)'로 이동시킨다.

• **그룹정의(③)**

그룹화 변수로 이동한 '성별'의 그룹을 각각 정의해 준다. 이 자료에서는 남학생을 1, 여학생을 2로 코딩하였으니 이에 따라 지정값을 입력한다.

• 계속(④)

　　그룹정의를 하고 난 이후 본 메뉴로 돌아오면 성별의 괄호 안에 지정한 값이 나타난다.

• 확인(⑤)

[그림 12] 독립표본 t 검정 과정

이와 같이 독립표본 t 검정을 수행하면 [그림 13]과 같은 결과를 얻을 수 있다.

T검정

그룹 통계

성별		N	평균	표준편차	표준오차평균
중간시험 점수	1	9	72.11	9.347	3.116
	2	6	85.67	8.359	3.412

독립표본 결정

		대응 차이		평균 등식에 대한 T 검정						
		F	유의수준	t	df	유의수준(양쪽)	평균차이	표준오류편차	차이의 95% 신뢰구간	
									하한	상한
중간시험 점수	등분산을 가정함	.860	.371	-2.864	13	.013	-13.556	4.733	-23.780	-3.331
	등분산을 가정하지 않음			-2.934	11.720	.013	-13.556	4.621	-23.650	-3.461

[그림 13] 성별에 따른 중간시험 점수의 차이

　　먼저, [그림 13]의 통계분석 결과를 통해 남학생의 평균은 72.11이고, 여학생의 평균은 78.67임을 확인할 수 있다.

　　독립표본 t 검정을 실행하여 집단 간에 유의한 차이가 있는지를 확인하기 위해서는 'Levene의 등분산 검정' 결과를 먼저 확인해야 한다. 이 결과에서는 Levene의 등분산 검정결과 F 통계값이 .860이며 유의확률이 .371이므로 t 검정을 위한 등분산 가정을 충족하지 않는다. 따라서 분석결과에서 '등분산을 가정하지 않음' 부분을 보아야 한다.

t 검정 결과, t 통계값은 −2.934, 유의확률은 .013이므로 .05 유의수준에서 남학생과 여학생의 중간시험 점수가 차이 있다고 결론 내릴 수 있다. 즉, 여학생의 중간시험 점수가 남학생에 비해 유의하게 높음을 알 수 있다.

(3) F 검정

1, 2, 3 집단 간의 중간시험 점수 또는 기말시험점수에 유의한 차이가 있는지는 F 검정을 수행하여 확인할 수 있다.

[그림 14] F 검정 과정

이상과 같이 F 검정을 수행하면 [그림 15]의 결과를 확인할 수 있다.

F 검정

분산분석

기말시험 점수

	제곱합	df	평균 제곱	F	유의수준
그룹 사이	163.600	2	81.800	1.149	.349
그룹 내	854.000	12	71.167		
총계	1017.600	14			

[그림 15] 집단에 따른 기말시험 점수의 차이

F 검정의 결과로 제시된 분산분석표를 보면 F 통계값은 1.149이고, 유의확률은 .349이므로 집단에 따른 기말시험 점수에는 유의한 차이가 없다고 결론 내릴 수 있다.

4) 상관분석

앞의 자료를 토대로 중간시험 점수와 기말시험 점수 간에 상호 관련성이 있는지를 확인해 보고자 한다. 이는 상관분석을 통해 수행된다.

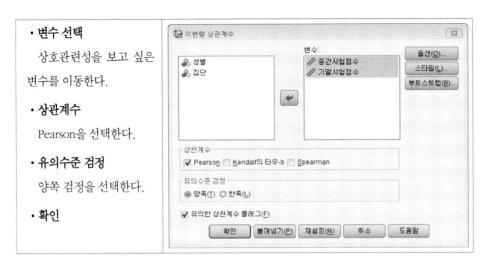

- **변수 선택**

  상호관련성을 보고 싶은 변수를 이동한다.

- **상관계수**

  Pearson을 선택한다.

- **유의수준 검정**

  양쪽 검정을 선택한다.

- **확인**

[그림 16] 상관분석 과정

중간시험 점수와 기말시험 점수 간의 상관분석을 통해 [그림 17]과 같은 결과를 얻었다.

통계분석 결과를 통해 중간시험 점수와 기말시험 점수의 상관계수는 0.94로 매우 높은 관련성이 지니고 있는 것으로 확인되었다.

상관

		중간시험 점수	기말시험 점수
중간시험 점수	Pearson 상관계수	1	.938**
	유의수준(양쪽)		.000
	N	15	15
기말시험 점수	Pearson 상관계수	.938**	1
	유의수준(양쪽)	.000	
	N	15	15

[그림 17] 중간시험 점수와 기말시험 점수의 상관

제 **11** 장

조사 계획서 및 보고서 작성

제1절 조사 계획서
제2절 조사 보고서

제1절 조사 계획서

　교육조사를 위한 주제와 방향이 결정되면 연구를 진행하기에 앞서 실제로 어떻게 수행해 나갈 것인지를 사전에 구체적으로 서술해 보는 조사 계획서를 작성해야 한다. 이 절에서는 조사 계획서의 가치를 이해하고 구체적으로 작성하는 과정에 대해 살펴본다.

1. 조사 계획서의 이해

　조사 계획서는 본격적인 조사에 앞서 향후 진행하게 될 과정이 효율적이고 체계적으로 이루어질 수 있도록 사전에 계획한 청사진이라 할 수 있다. 건축을 할 때 미리 작성된 설계도에 따라 집을 짓는 것과 같이, 교육조사 과정에서도 설계도의 역할을 담당할 조사 계획서가 필요하다.

1) 조사 계획서의 기능

　조사 계획서를 작성하면서 연구자는 향후 진행하게 될 조사과정에 대해 보다 조직적으로 사고하게 된다. 이러한 과정을 통해 조사계획에 결함이나 비합리적인 부분이 없었는지를 사전에 찾아내어 교정할 수 있게 되며, 필요한 자료의 수집방법과 진행절차에 대해서도 보다 명확히 할 수 있게 된다. 또한 완성된 조사 계획서를 토대로 관련 분야의 다른 전문가들로부터 향후 수행될 조사연구의 향상을 위해 여러 가지 조언을 들을 수 있어 연구의 질이 높아질 수 있다.

　조사 계획서의 주요 기능은 구체적으로 다음과 같다.

　첫째, 조사 계획서는 의사소통의 기능을 한다. 연구자는 본격적으로 연구를 수행하기에 앞서 다른 전문가들로부터 자신의 연구에 대한 의견이나 조언을 얻고는 하는데, 이때 조사 계획서는 의사소통을 위한 매개체 역할을 한다. 구체적이고 명백한 조사 계획서의 작성 없이는 다른 사람들로부터 세부적인 조언을 얻을 수 없기 때문이다.

둘째, 연구자는 체계적인 조사 계획서의 작성을 통해 연구 상황에서 발생할 수 있는 문제를 사전에 검토해 볼 수 있기 때문에 연구의 과정에서 발생할 수 있는 문제를 미리 방지할 수 있다. 특히, 교육조사는 과학적인 탐구방법이 뒷받침되어야 하므로, 조사에 사용될 연구방법을 비롯한 조사과정 전반에서의 객관성 및 정확성을 확보해야 한다. 조사 계획서를 작성해 봄으로써 이러한 과정을 미리 확인하고 교정할 수 있다.

셋째, 조사 계획서는 연구자가 수행할 연구의 범위를 확정하는 기능도 한다. 석사·박사 학위논문을 준비하고 있는 연구자가 전공 교수와 동료 연구자들이 모인 자리에서 자신의 연구계획을 발표하는 것과 같이 공식적인 자리를 통해 조사 계획서에 대해 조언을 받기도 한다. 연구자는 이러한 과정을 거쳐 연구를 수행하기 위한 구체적 계획을 확정하게 된다. 이는 연구자가 속한 행정기관에서의 승인이라는 행정적인 의미도 있지만 연구자 개인의 입장에서는 연구의 범위를 확정하는 과정이 된다.

이처럼 조사 계획서를 작성하면 연구의 질은 그만큼 더 높아지게 된다.

2) 조사 계획서의 작성기준

연구자는 조사 계획서를 작성할 때 실제 연구활동과 마찬가지로 윤리적 지침에 위배되지 않는 범위 내에서 작성해야 한다. 일반적으로 조사 계획서를 작성할 때는 다음과 같은 기준을 만족시키는 것이 바람직하다(김석우, 최태진, 2011).

첫째, 조사 계획서는 논리적이어야 한다. 이는 연구의 전 과정이 일관성을 가질 수 있도록 연구자 자신의 연구주제, 이를 달성하기에 적합한 연구방법 및 도출될 것이라 기대되는 연구결과를 논리적이고 체계적으로 서술해야 함을 의미한다.

둘째, 조사 계획서는 명확성을 확보해야 한다. 명확성은 계획서의 표현이 이해하기 쉽고, 모호한 단어나 어구가 없이 진술된 것을 말한다. 연구라는 것이 어느 한 분야에서의 전문성을 바탕으로 하기 때문에 때로는 명확성의 측면이 간과되기도 하는데, 조사 계획서는 그 분야에 대한 전문지식이 없는 사람도 쉽게 이해할 수 있도록 난해한 표현을 지양하고 간단명료하게 표현해야 한다.

셋째, 조사 계획서는 정확성을 갖추어야 한다. 이는 읽는 사람들의 주의를 집중하고, 어떤 오해나 논리적 비약 없이 전달될 수 있도록 구성해야 함을 의미한다. 조사 계획서의 모든 측면에서 정확성이 필요하지만, 특히 수집할 자료의 정확성은 명확한 자료처리와 분석을 위해 더욱 요구된다. 이 외에도 보고서 내용상의 오자, 탈자, 문법에 어긋나는 표현 등에 대한 정확성도 함께 고려해야 한다.

넷째, 조사 계획서는 간결해야 한다. 이는 반드시 필요한 내용만을 조사 계획서에 수록해야 한다는 것을 의미한다. 즉, 필요한 정보를 최소한의 단어와 문장으로 완벽하게 표현하는 것이 바람직하다.

3) 조사 계획서 작성 시의 검토사항

조사 계획서에는 지금까지 이 책에서 소개한 전반적인 내용, 즉 연구제목, 연구문제, 연구목적, 가설, 모집단 및 표집방법, 자료수집 방법과 절차, 참고문헌을 비롯하여 기대되는 연구결과까지 포함되어야 한다. 따라서 조사 계획서를 작성하는 과정에서 다음과 같은 목록을 만들고 수시로 검토하는 것이 필요하다(Boling & Condry, 1992).

- 나의 연구제목은 _____ 이다.
- 연구목적은 _____ 이다.
- 연구주제에 포함된 중요한 변수는 _____ 이다.
- 연구가설 및 연구문제는 _____ 이다.
- 연구에 포함된 모집단은 _____ 이다.
- 표집방법은 _____ 이다.
- 자료수집방법과 절차는 _____ 가 될 것이다.
- 자료분석 방법은 _____ 가 될 것이다.
- 기대되는 연구결과는 _____ 일 것이다.

- 참고문헌을 작성하는 지침은 _____ 을 따를 것이다.
- 주요 참고문헌은 _____, _____, _____ 등이다.

2. 조사 계획서의 작성

양호한 조사 계획서인지 아닌지는 연구에 대한 아이디어와 수행계획이 얼마나 논리적이고 체계적으로 제시되느냐에 달려 있다. 이는 연구의 전체 과정에 대한 지속적이고 반복적인 고민을 통해 이루어질 수 있다.

1) 조사 계획서의 작성과정

좋은 조사 계획서를 작성하기 위해서는 일련의 흐름을 따라 사고하고 검토하는 과정이 필요하다. [그림 11-1]은 하나의 조사 계획서를 완성해 나가기 위해 어떤 과정을 거쳐야 하는지를 흐름도로 제시한 것이다. 제시된 과정은 조사 계획서 작성의 필수적인 과정으로 이해하기보다 조사의 특성에 따라 다른 과정을 첨가하거나 일부 과정을 빼도 무방한 융통적인 과정으로 이해하는 것이 적절하다.

2) 조사 계획서의 체제

조사 계획서의 체제란 조사 계획서에 포함되어야 하는 요소를 의미하는 것으로, 연구유형에 따라 조금씩 달라질 수 있다. 그러나 보편적으로 연구의 목적과 필요성을 진술하는 서론과 수행하고자 하는 연구의 이론적·경험적 근거를 탐색하여 기술하는 이론적 배경, 구체적인 연구수행 방법 및 절차와 관련된 연구방법, 이 연구를 통해 나타날 것이라 예상되는 결과 등이 포함되어야 한다. 또한 다른 기관이나 정부의 재정적 지원을 받아 이루어진 연구일 경우, 소요 예산 및 일정에 대한 계획을 추가하기도 한다.

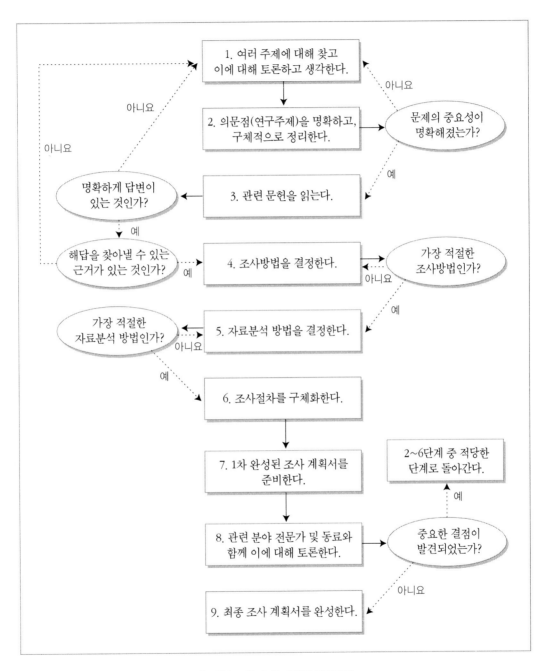

[그림 11-1] 조사 계획서 작성과정

출처: Lawrence & Waneen(1976) 재구성.

(1) 서론

조사 계획서의 서론은 자신의 연구계획을 소개하는 도입 부분이므로 자신이 설정한 연구주제의 필요성과 연구의 목적을 분명하게 밝혀야 한다. 일반적으로 연구의 필요성을 먼저 제시하고, 마지막에 연구목적을 논리적으로 추론하여 제시하는 것이 좋다(김석우, 최태진, 2011).

서론은 기본적으로 읽는 사람들의 관심을 유도할 수 있는 일반적인 사실로부터 시작하여 연구와 관련된 사회적 현상을 설명하면서 자신의 구체적인 연구분야와 영역이 무엇인지를 자연스럽게 인식할 수 있도록 서술하는 것이 적절하다(성태제, 시기자, 2011). 또한 이론적이고 학술적인 틀 안에서 연구의 필요성과 중요성을 강조한다. 마지막 부분에는 연구의 목적이 무엇인지를 제시하고 이러한 연구가 갖는 학문적 · 실제적 의의와 기여점 등을 체계적이고 설득력 있게 기술한다.

```
1. 서론
   1) 연구의 필요성
   2) 연구의 목적
   3) 연구문제 및 가설
   4) 연구의 범위 및 제한점

2. 이론적 배경

3. 연구방법
   1) 조사대상
   2) 조사도구
   3) 연구절차 및 자료수집 방법
   4) 자료분석 방법

4. 기대되는 연구결과

5. 참고문헌
```

[그림 11-2] 조사 계획서의 체제

(2) 이론적 배경

이론적 배경은 연구 주제 또는 구체적인 연구문제와 가설을 설정하게 된 이론적·경험적 근거로서 기존 이론과 선행연구 자료들을 개관하는 부분이다. 따라서 다양한 학술논문 및 학위논문, 보고서, 교과서, 신문 등과 같은 무수히 많은 자료를 탐색하여 연구주제와 관련된 변수, 최근의 연구 경향 등을 제시하고, 이를 토대로 자신의 연구를 뒷받침하는 이론적 구조를 논리적으로 제시하게 된다.

다양한 선행연구물을 분석하여 이론적 배경을 작성하는 과정은 연구에 대한 계획뿐 아니라 연구의 결과를 도출해 나가는 과정에서 매우 중요한 영향을 미친다. 먼저, 연구자는 선행연구를 탐색해 봄으로써 기존 연구와의 반복을 피할 수 있다. 가설을 설정하기 위한 구체적인 근거를 마련할 수 있으며, 유사한 연구 주제의 진행과정을 분석하여 자신의 연구설계 및 연구방법과의 차별성이나 유사성을 찾을 수도 있다. 또한, 이론적 배경은 연구를 종료한 후 도출된 연구결과를 해석하거나, 다른 연구결과와 비교하며 논의할 수 있는 자료가 된다.

따라서 이론적 배경을 성실하게 작성하면 자신이 수행하고자 하는 연구의 타당성 및 논리적 근거를 마련할 수 있게 된다.

〈표 11-1〉 서론의 주요 내용

구 성	주요 내용
연구의 필요성	• 사회적 측면의 필요성 • 학문적 측면의 필요성
연구의 목적 및 기여도	• 연구주제 • 연구의 학문적 기여도 • 연구의 실제적 활용성
연구문제 및 가설	• 연구를 통해 해결하고자 하는 구체적인 연구문제 • 선행연구를 근거로 하여 실증적으로 검증 가능한 가설
용어의 정의	• 핵심 용어의 조작적 정의
연구의 범위	• 연구의 범위 및 제한점

(3) 연구방법

조사 계획서에서 중요하지 않은 부분이 없겠지만, 특히 연구방법의 구체적이고 상세한 기술은 매우 중요하다. 연구방법에는 〈표 11-2〉에 소개된 것과 같이 향후 수행하게 될 연구의 과정에서 구체적으로 조사에 참여시킬 대상, 자료를 수집하는 데 사용할 조사도구, 구체적인 자료수집 방법 및 절차, 수집한 자료의 분석방법 등을 진술해야 한다.

첫째, 조사대상은 조사연구 과정에 참여하는 사람들로서 연구결과에 결정적인 역할을 하게 된다. 연구가 실험연구인지, 관찰연구인지, 조사연구인지에 따라 연구대상 선정방법이 달라지는데, 특히 조사연구를 할 때는 모집단에서 연구대상을 추출하는 방법을 상세히 설명하여야 한다. 조사연구의 타당성은 일반화 가능성에 달려 있으며, 일반화는 표본이 모집단을 얼마나 잘 대표하고 있는지와 관련이 있으므로 타당한 표집방법을 사용하여 조사가 이루어져야 한다(성태제, 시기자, 2011).

둘째, 자료를 얻기 위해서는 연구대상의 속성을 측정하는 도구가 필요하다. 교육조사연구에서는 주로 설문지를 사용하는 경우가 많은데, 이때 설문지의 목적, 구성, 측정하려는 내용 등을 상세히 기술해야 한다.

셋째, 연구절차 및 자료수집 방법에서는 연구대상이 선정된 후 연구결과를 얻기 전까지 일어날 모든 연구 행위를 단계적으로 기술해야 한다. 조사연구의 경우, 표집방법이 결정되었으면 어떤 방법으로 연구를 실시할 것인지를 설명해야 한다. 예를 들어, 설문지를 사용할 것이라면 언제 어떤 방법으로 연구대상에게 배포하고 회수하며, 어떤 절차에 의하여 자료를 분석할 것인지를 기술하여야 한다.

넷째, 자료분석 방법은 연구문제에 대한 해답을 얻기 위해 어떤 방법을 사용할 것인지를 진술하는 부분이다. 간단한 기초통계를 사용할 수도 있고, 가설검증을 하는 것과 같은 추리통계를 사용할 수도 있다. 조사 계획서에 자료분석 방법을 제시해야 다른 전문가로부터 이와 같은 분석방법이 타당한지에 대한 조언을 얻을 수 있으므로 최대한 구체적으로 기술하는 것이 좋다.

〈표 11-2〉 연구방법의 주요 내용

구 성	주요 영역
조사대상	• 모집단의 특성 • 구체적인 표집방법 및 표집과정 • 조사에 참여시킬 대상
조사도구	• 측정영역 • 척도의 종류 • 문항 수 • 예상되는 소요 시간
연구절차 및 자료수집 방법	• 연구를 수행할 과정과 절차의 소개 • 자료수집 방법 및 기간
자료분석 방법	• 통계적 분석방법의 소개

연구방법에 대한 보다 구체적인 내용은 이 책의 제4장부터 제10장까지의 내용을 참조하기 바란다.

(4) 기대되는 결과

조사 계획서를 작성할 때 기대되는 결과를 진술하는 것이 필수적인 사항은 아니다 (성태제, 시기자, 2011). 그럼에도 불구하고 연구를 통해 도출하게 될 것이라 기대되는 결과를 서술하도록 권하는 이유는 향후 작성하게 될 조사 보고서의 서술이 용이할 뿐만 아니라 작성하는 시간도 절약할 수 있기 때문이다. 일반적으로 양적연구의 경우 자료수집이 마무리되면 통계분석을 통한 연구결과의 서술이 바로 이루어지므로, 조사 계획서 작성 시 선행연구의 탐색을 통하여 어떤 결과가 나타날 것인가를 미리 예상해 보는 것은 이후 보고서 작성에 도움이 된다.

(5) 참고문헌

참고문헌을 기록하는 형태는 각주와 후주가 있는데 일반적으로 후주를 많이 사용한다. 후주는 모든 참고문헌의 내용을 맨 뒤에 함께 기록하는 형태이며, 각주는 참고문헌이 인용된 해당 페이지의 하단에 참고문헌 정보를 기록하는 형태이다. 참고문헌을 후주로 기록할 경우 조사 계획서의 본문에서 인용한 모든 문헌을 기록해야 하며, 일반적으로 미국심리학회(APA) 양식을 따른다.

　　참고문헌을 작성하는 구체적인 양식은 이 교재의 제12장을 참조하기 바란다.

연구 계획서 체크리스트 예시

1) 연구제목

- 연구제목은 간결하면서도 연구의 내용을 파악할 수 있을 만큼 적절한가?
- 연구제목은 연구의 성격을 분명하게 해 줄 정도로 명료한가?

2) 문제의 진술

- 연구문제를 간결하고 분명하게 진술하였는가?
- 문제와 관련된 모든 사실과 설명에 대해 철저한 분석이 이루어졌는가? 또한 이들 사실이나 요인 간의 상호관계가 철저하게 체계적으로 탐색되어 있는가?

3) 관련 문헌의 탐색

- 관련 문헌의 탐색은 포괄적이면서도 심층적으로 이루어졌는가?
- 해당 분야의 현재 연구동향을 충분히 참고하고 있는가?

4) 가설의 설정

- 가설을 명확하게 진술하였는가?
- 가설은 다른 어떤 경쟁가설보다도 연구문제와 관련하여 많은 사실을 설명할 수 있는가?
- 가설은 검증이 가능한 것인가?
- 가설은 이전에 알려져 있지 않은 사실과의 관계를 예언하는 데 도움을 주는 것인가?

5) 용어의 정의

- 중요한 변인이나 용어가 분명하게 정의되어 있는가?
- 용어나 개념은 연구 계획서 내에서 일관되게 사용되고 있는가?
- 조작적 정의가 필요한 개념이나 변인을 제대로 정의하였는가?

6) **연구의 방법**

(1) 일반적 사항

- 연구자는 선정된 문제를 연구하기에 필요한 도구, 기술, 대상을 확보할 수 있는가?
- 연구의 실제는 이 연구에서 제기한 연구문제에 대해 명확하고 타당한 해답을 얻을 수 있도록 되어 있는가?
- 계획서에 제시된 절차와 방법에 따라 다른 사람도 그 연구를 반복할 수 있는가?
- 사전 예비조사가 필요한 경우, 그 절차에 대해서도 정확하고 간결한 기술이 있는가?
- 역사적 연구일 경우 원자료와 이차적 자료 중 어느 것을 더 의존하려고 하는가?

(2) 표집

- 연구대상인 모집단을 분명하게 규정하고 있는가?
- 표집을 추출하는 과정이 분명하게 제시되어 있는가?
- 표본의 크기는 적절하며 모집단의 특성을 대표할 수 있는가?
- 피험자, 교사, 관찰자 등을 실험 및 통제 집단에 무선적으로 배정하는 계획을 세우고 있는가?

(3) 도구

- 연구자가 제작한 도구를 사용할 것인가? 아니면 기존의 도구를 이용할 것인가? 그리고 그 도구는 적절한 신뢰도와 타당도가 있는 것인가?
- 연구자 자신이 여러 가지 척도, 검사 및 도구를 사용할 능력이 있다고 판단되는가?

(4) 자료의 수집 및 분석 계획

- 자료수집의 방법과 절차를 명확히 제시하고 있는가?
- 자료수집은 타당하고 신뢰할 수 있게 이루어질 수 있는가?
- 자료분석을 위한 구체적인 방법과 절차를 제시하고 있는가?
- 가설검증에 적합한 통계적 분석방법을 적용하고 있는가?

7) **연구의 기대효과와 활용방안**

- 예상되는 결과를 제시하고 있는가?
- 예상되는 결과는 학문적 발전 또는 실천적 문제를 해결하는 데 도움을 줄 수 있는 것인가?

- 예상되는 결과는 연구문제, 가설들과 관련지어 볼 때 타당성이 있는 것인가?
- 연구결과의 활용방안은 현실성이 있는 것인가?

8) 참고문헌
- 참고문헌이나 자료는 충분히 포괄적이고 관련 있는 것인가?
- 관련 참고자료는 신빙성이 있고 최근의 자료인가?
- 본문에서 언급된 문헌이나 자료 중 참고문헌 목록에 빠진 것은 없는가?

출처: 이종승(2011).

제2절 조사 보고서

조사 보고서는 수집된 자료를 분석하고 도출된 연구결과를 작성하는 것이다. 아무리 체계적으로 연구를 수행하여 훌륭한 연구결과를 얻었다 할지라도 이를 보고서에 제대로 표현하지 못하면 연구의 완성도는 떨어지고 연구의 가치가 감해지게 된다. 따라서 조사 계획서를 작성하는 것만큼 조사 보고서를 잘 작성하는 것이 필요하다.

1. 조사 보고서의 체제

조사 보고서의 양식은 일반적으로 학위논문 형태, 학회지에 게재되는 형태, 특정 기관에 제출되는 형태 등 보고해야 할 기관에 따라 상이하다. 또한 연구주제 및 연구방법에 따라 다소 다른 목차를 사용할 수 있으나 일반적으로 [그림 11-3]과 같은 내용이 포함되어야 한다.

조사 보고서가 조사 계획서와 크게 다른 부분은 연구결과, 결론 및 논의에 대한 부분이 추가되었다는 점이다. 큰 틀에서 본다면 서론, 이론적 배경, 연구방법에 대한 진술 등은 조사 계획서의 형식과 동일하지만, 이론적 배경의 보충, 연구결과, 결론 및 논의 부분의 내용이 진술되면서 분량이 많이 늘어나게 된다.

　　조사 계획서는 계획이라는 특성상 문장의 진술이 종종 미래형으로 표현된다. 예를 들어, 조사대상 부분에서 "본 연구의 대상은 원격대학에 참여하고 있는 성인학습자다. 따라서 본 연구를 위해 우리나라 2년제 및 4년제 사이버대학에서 300명을 할당 표집 할 것이다."라는 형태로 표현될 수 있다. 반면 조사 보고서에서는 '~300명을 할당 표집하였다.'라는 과거형으로 진술된다.

1. 서론
　1) 연구의 필요성
　2) 연구의 목적
　3) 연구문제 및 가설
　4) 연구의 범위 및 제한점

2. 이론적 배경

3. 연구방법
　1) 조사대상
　2) 조사도구
　3) 연구절차 및 자료수집 방법
　4) 자료분석 방법

4. 연구결과
　1) 연구결과 1
　2) 연구결과 2

5. 결론 및 논의

6. 참고문헌

7. 부록

[그림 11-3] 조사 보고서의 체제

　　여기서는 조사 보고서의 체제를 구성하고 있는 주요 항목 중 조사 계획서 작성방법에서 소개되지 않은 연구결과 부분과 결론 및 논의 부분의 작성방법에 대해서만 소개하고자 한다.

1) 연구결과

연구의 결과 부분은 연구방법에 따라 수행하여 도출된 연구의 결과를 기록하는 부분이다. 즉, 연구자가 설정한 연구문제나 가설에 따라 분석결과를 서술하는 부분이라 할 수 있다. 연구결과는 기본적으로 문장을 통해 내용이 구성되지만, 양적연구에서는 통계적 분석결과를 명료하고 이해하기 쉽게 보여 주기 위해 다수의 표와 그림을 제시하면서 서술하는 경향이 있다. 이처럼 연구결과 부분에서는 자신이 수행한 연구의 결과를 가장 효율적으로 보여 주도록 구성하는 것이 필요하다.

연구의 결과를 진술할 때는 다음과 같은 사항을 유의해야 한다.

첫째, 연구결과에는 연구를 통해 얻은 내용만을 객관적으로 서술해야 한다. 따라서 연구결과를 해석하거나 결론을 진술하는 것과 같이 연구자의 주관적 판단이 포함될 가능성이 있는 서술은 하지 않는 것이 바람직하다.

둘째, 표와 그림으로 분석결과를 제시할 때는 정해진 형식을 지켜야 한다. 이에 대한 형식은 보고서를 제출할 기관에 따라 상이하므로 각 기관에서 요구하는 형식을 준수하여 표나 그림을 제시하고, 표 또는 그림의 제목을 서술할 때도 정해진 형식을 준수하여 위치나 정렬방식을 선택하도록 한다.

셋째, 통계적 분석결과는 연구결과의 내용을 잘 이해할 수 있도록 서술해야 한다. 이를 위해 분석결과에 대한 설명을 본문에 구체적으로 서술하고, 이해를 돕기 위해 표나 그림을 활용하여 통계분석 결과를 제시하기도 한다. 이때 표나 그림 자체만으로도 현상에 대한 이해를 충분히 할 수 있도록 필요한 정보가 정확하게 포함되어 있어야 한다.

넷째, 연구를 하다 보면 주요 변수들에 대한 의미 있는 결과가 보이지 않거나 집단 간에 유의한 차이가 발견되지 않는 등 기대했던 연구결과가 도출되지 않는 경우가 있다. 그렇다 할지라도 연구결과는 그대로 진술하는 것이 바람직하다. 이론적 근거를 토대로 하여 합리적인 절차에 따라 연구를 수행하였다면 집단 간에 차이가 없다는 사실을 밝혀 낸 것 또한 학술적인 기여를 한 것이라 볼 수 있으며, 불필요한 후속 연구를 줄여 줄 수도 있으므로 연구 자체만으로도 가치가 있다고 할 수 있다.

2) 결론 및 논의

결론 및 논의 부분에서는 연구의 결과에 기초하여 결론을 내리고, 자신의 연구결과를 다른 연구들과 비교하여 논의하는 부분이다. 이와 더불어 연구에서의 제한점과 관련하여 후속 연구를 위한 몇 가지 제언을 하기도 한다.

먼저, 연구의 결론은 도출된 연구결과를 바탕으로 하여 연구문제에 대한 최종적인 해답을 제시하는 형태로 진술되어야 한다. 최대한 간략하고 명확하게 진술해야 하므로 연구결과 내용을 재정리하거나 연구결과에서 얻은 수치를 중복적으로 서술하는 것은 바람직하지 못하다.

또한, 자신의 연구결과를 기존의 다른 연구와 비교·분석하여 일치하는 면과 그렇지 않은 면에 대해 논의한다. 이를 통해 자신이 수행한 연구가 기존의 선행연구들과 어떤 관계에 있는지를 알게 되어 연구결과를 보다 심층적으로 해석할 수 있게 된다. 즉, 어떻게 이러한 연구결과가 나왔으며 자신의 연구결과가 의미하는 바가 무엇인지에 대한 연구자의 주관적 견해가 비교적 자유롭게 표현될 수 있는 부분이다.

연구의 결과 및 한계와 논의를 바탕으로 후속 연구를 위한 제언이 이루어질 수 있다. 연구과정에서 산출된 새로운 아이디어나 특이한 결과, 해당 연구를 토대로 탐구할 만한 가치 있는 연구주제 등 자신의 연구를 바탕으로 확장해 볼 수 있는 새로운 연구에 대한 아이디어와 연구방향을 공유하는 것이다. 따라서 구체적으로 잘 진술된 제언은 후속 연구자에게는 새로운 연구를 시작할 수 있도록 안내하는 역할을 할 수 있으며, 연구자 자신에게는 연구가 지속적으로 이어질 수 있는 가능성을 발견하는 과정이 될 수 있다.

3) 부 록

부록에서는 연구의 과정에서 사용한 설문지나 기타 조사도구 등을 수록하고, 통계적인 추정을 하였을 때 사용한 통계값 및 가설검증의 과정 등을 자세히 제시하기도 한다. 그리고 본문에서 다루지 못한 조사 결과의 자세한 표나 그림, 내용을 첨가할 수도 있다.

2. 조사 보고서 작성 시의 윤리적 지침

조사 보고서를 작성하고, 이를 대외적으로 공개하기 위해서는 조사대상 및 자신의 보고서를 읽는 독자에 대한 최소한의 윤리를 지켜야 한다.

교육조사를 비롯한 사회조사 활동은 대부분의 경우 설문지나 면접 등을 통해 얻은 정보를 분석하게 된다. 따라서 많은 조사대상자가 참여하게 되는데, 이들로부터 얻은 개인적인 정보 및 응답은 공개하지 않아야 한다. 만약 개인적인 정보를 수록해야 할 경우가 생긴다면, 반드시 조사대상자들에게 이에 대한 허락을 사전에 받아야 한다.

또한 자신의 조사 보고서를 읽게 될 독자에게 지켜야 할 윤리가 있다. 이는 자신의 연구결과를 왜곡하여 일반 대중 및 학자들을 혼동시키지 말아야 함을 의미한다. 예를 들어, 검증이 안 된 내용을 무리하게 검증되었다고 발표하거나 연구과정에서 자신이 원하는 결과가 나오도록 특수한 연구방법을 선택하거나 연구결과를 조작하는 행위 등은 윤리에 어긋나는 일이다.

이처럼 연구자는 조사 보고서를 작성하여 발표할 때뿐 아니라 연구를 수행하는 전 과정에서 윤리적이어야 한다. 이에 대한 부분은 제13장에서 구체적으로 소개하고 있으니 참조하기 바란다.

조사 보고서 체크리스트 예시

1) 내용 측면에서 검토할 사항
- 서론의 내용은 본론의 길잡이로 충분한가?
- 서론에 연구의 필요성과 목적이 분명하게 표현되었는가?
- 연구에 사용된 조사방법은 무엇이고, 그 방법을 사용한 이유를 밝혔는가?
- 질문문항의 수와 질문내용을 간략하게 요약하여 서술했는가?
- 연구에서 척도를 사용한 경우에는 척도의 내용이 무엇이고, 질문들에 대해서는 어떻게 점수가 부여되었는가?

- 조사에 대한 타당도와 신뢰도는 각각 어떻게 측정되었으며, 사용된 방법이 적절한지를 서술했는가?
- 조사관리적인 측면을 서술했는가? 조사원의 훈련방법, 조사기간, 각 조사대상자를 조사하는 데 걸리는 시간 등을 기술했는가?
- 표본추출과정이나 표본 크기의 결정, 결측값의 처리과정 등에 대해서 기술했는가?
- 보고서의 세부내용들은 주제와 연관이 있으며, 주요한 내용이 누락되지는 않았는가?
- 치우친 자료수집을 바탕으로 작성되지는 않았는가?
- 주제와 관련이 적거나 불필요한 내용이 포함되어 있지는 않는가?
- 연구의 주제와 부합하는 결론을 제시하고 있는가?

2) 형식 측면에서 검토할 사항

- 표지에는 필요한 사항들이 다 포함되어 있는가?
  - 보고서의 제목은 간략하고 분명한가?
  - 보고서 집필자와 조사책임자 등이 누구인지 밝혔는가?
  - 조사에 대해서 재정적으로 후원한 단체가 있다면 이를 밝혔는가?
  - 보고서 작성 시점을 밝혔는가?
- 내용 차례, 표 차례, 그림 차례는 제시되어 있으며 본문의 것과 일치하는가?
- 논문의 부호체계(글씨의 크기, 글자체 등)는 정확하게 표기되어 있는가?
- 서론, 조사설계, 설문지 관련 내용, 표본추출, 주요 분석결과, 결론 등은 양적인 면에서 균형을 이루고 있는가? 서론과 결론이 너무 길거나 지나치게 짧지는 않는가?
- 참고문헌, 각주, 인용은 바르게 잘 정리되어 있는가?
- 오자, 탈자의 교정과 문장부호, 띄어쓰기는 바르게 되었는가?
- 어색한 문장, 주어와 서술어가 호응하지 않는 문장, 불명확한 표현은 없는가?
- 쪽수는 매겼는가?
- 부록은 제시되었는가?

출처: 배규한, 이기재(2008).

용어 정리

- **조사 계획서**: 연구의 과정이 효율적이고 체계적으로 이루어질 수 있도록 사전에 수립한 구체적인 계획서
- **조사 보고서**: 연구의 전반적인 과정 및 수집된 자료의 분석결과 등을 체계적으로 작성한 보고서

학 / 습 / 문 / 제

1. 연구를 수행하는 과정에서 조사 계획서를 작성하면 어떤 점이 좋은지 생각해 보세요.

2. 조사 계획서에 포함되어야 할 주요 내용은 무엇인지 서술하세요.

3. 조사 계획서와 조사 보고서의 다른 점이 무엇인지 설명하세요.

제 **12** 장

참고문헌 작성

제1절 참고문헌 작성원칙
제2절 참고문헌 표기 방식

제1절 참고문헌 작성원칙

1. 참고문헌 목록의 이해

연구를 수행하는 전체 과정에서 참고한 문헌 및 자료를 일정한 형식에 맞추어 정리한 목록을 연구 보고서나 논문의 마지막 부분에 제시하는데, 이를 참고문헌 목록이라 한다. 즉, 참고문헌 목록은 연구 보고서나 논문의 본문에서 직접 인용한 문헌을 비롯하여 연구를 수행하는 과정에 참고한 여러 가지 문헌과 자료 등을 알기 쉽게 전체적으로 제시한 일람표라고 할 수 있다.

참고문헌 목록의 형태는 일반적으로 '참고문헌(reference)'과 '서지정보(bibliography)'로 구분할 수 있다. 참고문헌이란 본문에 인용한 문헌 및 자료를 제시하는 것이고, 서지정보의 경우는 본문에 인용한 문헌과 자료뿐 아니라 연구하는 데 있어서 간접적으로 사용한 보충자료와 독자의 이해를 돕기 위한 추천자료까지 포함한다. 따라서, 참고문헌보다는 더 광범위한 개념이라 할 수 있다(성태제, 시기자, 2014). 보편적으로 연구 보고서 혹은 논문에서 참고문헌 목록이라고 하면 'reference'를 지칭한다.

참고문헌을 목록으로 작성하여 제시하는 목적은 연구 주제나 내용에 관심 있는 독자가 인용된 각각의 자료를 확인하고 검색하는 데 필요한 정보를 일목요연하게 제공하고, 인용한 자료의 출처를 밝혀 연구의 타당성을 보여 주기 위한 것이다. 본문에 사용되는 '각주(脚註)'가 자료의 출처를 밝히거나 본문의 내용을 부연설명하기 위하여 표기하는 것이라면, 참고문헌 목록은 직접 인용한 자료를 포함하여 연구를 수행하는 과정에 참고한 전반적인 자료들의 정보를 제공하기 위한 것이다. 경우에 따라서는 참고문헌 목록이 연구 보고서나 논문의 성격과 질적 수준을 판단하는 자료로 활용되기도 하므로 본문에서 인용되었거나 언급한 문헌은 빠짐없이 정확하게 제시될 필요가 있다. 그렇지만 실제로 참고하지도 않은 문헌을 과시하기 위하여 나열하는 것은 바람직하지 않으므로 주의하여야 한다.

참고문헌 목록을 통해서 독자는 연구에 관한 개괄적인 내용과 연구의 충실성 및 깊이를 간접적으로 파악할 수 있다. 그러므로 참고문헌 목록은 독자가 연구에 대해 좀더 자세하게 알아보고자 하는 경우뿐만 아니라 연구의 타당성을 확인하기 위해서도 꼭 필요하다. 따라서 연구자가 연구 보고서나 논문에서 인용한 학술논문이나 서적, 기타 자료는 반드시 참고문헌 목록의 정보와 일치해야 한다. 또한 연구자는 참고문헌 목록에 수록된 모든 정보에 대해 책임을 가진다. 정확하고 완전한 참고문헌 목록을 작성하는 것은 신중한 연구자로서 신뢰도를 증명하는 데도 도움이 된다.

참고문헌 목록 작성법은 학문 분야, 학술단체 및 기관, 출판사 등에 따라 다양한 방식이 있지만, 학회 또는 연구 보고서나 논문 발행기관의 편집지침에 따라 적합하게 제시하여야 한다. 교육학을 비롯한 사회과학 분야에서는 일반적으로 미국심리학회(American Psychological Association: APA) 양식과 시카고대학교 출판부 양식을 많이 사용하고 있다(이종승, 2012). 여기에서는 APA 양식을 토대로 참고문헌 목록 작성방식을 정리하고자 한다.

2. 참고문헌 작성의 일반원칙

참고문헌 목록을 작성할 때 준수하여야 하는 일반원칙은 다음과 같다(APA, 2013).

첫째, 참고문헌 목록은 일반적으로 저자, 발행연도, 저작물의 제목, 출판사항으로 구성된다.

저자명(발행연도). 저작물의 제목. 출판사항.

둘째, 참고문헌 목록은 기본적으로 저자의 이름을 기준으로 국내 자료, 동양권 자료와 서양권 자료로 구분하여 제시하고, 이때 배열순서는 한국, 중국, 일본, 서양 자료의 순으로 작성된다.

셋째, 국내문헌의 배열은 저자명을 기준으로 하여 가나다순으로 제시하고, 서양 자료의 경우는 알파벳순으로 한다. 저자가 여러 명일 때는 첫째 저자, 둘째 저자 등의 순으로 앞서 언급한 기준을 적용하여 배열한다.

넷째, 동일한 저자의 문헌이 2편 이상일 경우 배열 기준은 발행연도순이며, 두 번째부터는 저자의 이름은 생략하고 _____의 표시로 대신할 수 있다.

오혁진(2006). **지역공동체와 평생교육**. 서울: 집문당.

_____(2012). **(新)사회교육론**. 서울: 학지사.

다섯째, 동일한 저자의 단독 저서는 공동으로 집필한 다른 저서보다 앞에 싣는다.

김경희(2014).

김경희, 윤명희(2014).

여섯째, 동일한 사람이 여러 편의 문헌 가운데 그 역할을 다르게 한 경우는 직접 저술한 문헌을 먼저 싣고, 그 다음에는 번역서와 편저를 발행연도의 순서로 싣는다.

김영석(2009).

김영석(역).(2013).

일곱째, 참고문헌이 두 줄 이상으로 계속 이어질 경우는 첫째 줄 글자를 기준으로 둘째 줄부터는 5칸 정도 들여쓰기를 한다.

> Kaplan, R. S., & Norton, D. P. (1998). *The Balanced Scorecard.* Boston: Harvard Business School Press.

    마지막으로 영어로 된 자료의 참고문헌 목록을 작성할 때 주로 사용하는 약자를 정리하면 다음과 같다.

⟨표 12-1⟩ 참고문헌 목록 작성 시 사용하는 영문약자

약 자	원 어
ed.	edition, 판
Rev. ed.	Revised edition, 개정판
2nd ed.	second edition, 제2판
Ed. (Eds.)	Editor (Editors), 편집자
n.d.	no date, 발행일자 불명
p. (pp.)	page (pages), 쪽 번호
Vol. (Vols)	Volume (Volumes), 권
No.	Number, 호

제2절 참고문헌 표기 양식

    이 절에서는 APA 양식에 따라 단행본, 정기간행물, 학위논문, 기타 특수 형태의 자료별로 참고문헌 목록의 표기 양식에 대해 설명한다.

1. 단행본

    단일 저서나 총서 가운데 어느 한 책과 같이 단행본(books)으로 되어 있는 도서의 경우 참고문헌 목록은 일반적으로 다음과 같은 순서대로 작성하여야 한다.

저자이름(발행연도). **도서명**. 출판사의 소재지: 출판사.

1) 저자이름

① 참고문헌 작성은 저자의 성명을 기재하는 것부터 시작하며, 저자이름 다음에는 온점(.)을 찍지 않는다.

② 서양 사람의 이름을 표기할 때는 먼저 성(last name)을 쓰고 반점(,)을 찍은 다음 이름(first name)을 쓰는데, 첫 글자(initial)만 대문자로 쓴 후에 온점을 찍는다.

③ 저자가 2명 이상일 경우에는 저자이름 사이에 가운뎃점(·) 혹은 반점(,)을 표기하여 구별한다. 가운뎃점과 반점 가운데 어느 것을 사용해도 무방하지만 동일 연구 보고서나 논문에서는 표기 방식에 일관성을 유지해야 한다. 서양문헌의 경우에는 저자이름 사이에 반점을 찍고, 마지막 저자 이름 앞에 '&' 혹은 'and'를 사용하여 표기한다.

④ 문헌의 저자가 6명 이상이 나열되어 있을 때는 6명까지는 모두 저자이름을 밝혀 표기하고, 그 이상의 저자이름은 생략하고 '외' 혹은 '등'이라고 작성한다. 영문으로 작성할 경우는 'et al.'로 작성한다.

⑤ 단체 혹은 기관에서 발행한 도서는 저자이름 자리에 단체나 기관의 이름으로 작성한다.

김경희(2014).

윤명희, 서희정, 김경희(2015).

Kaplan, R. S., West, S. G., & Norton, D. P. (2000).

국가평생교육진흥원(2015).

2) 발행연도

① 발행연도는 저자이름 다음에 ( ) 속에 표기하고 온점(.)을 찍는다.

② 동일한 저자의 다른 저서가 같은 해에 2개 이상일 때는 도서명의 가나다 혹은 알파벳 순서로 배열하여 기재한다. 발행연도 다음에 'a, b, c …'를 부여하여 구별하고, 이를 연구 보고서나 논문 본문에서의 인용문과 일치하도록 한다.

③ 현재 발간 예정이라서 인쇄 중인 저서는 발행연도 대신 '출판예정' '인쇄중'이라고 표기한다. 영문은 'in press'라고 표기한다.

④ 발행연도를 확인할 수 없는 책은 '발행연도 불명'이라고 표기한다. 영문의 경우는 'n.d.'라고 한다.

안영식(2012a).

안영식(2012b).

윤명희(출판예정).

Baker, F. M.(in press).

성태제(발행연도 불명).

---

3) 도서명

① 보편적으로 국내에서 발간된 도서명은 『 』 또는 《 》로 묶어 표기하였으나, 최근에는 한글 워드프로세서의 사용이 일반화되면서 도서명을 진하게 표기하거나 고딕체로 표기하는 방식이 주로 사용되고 있다. 도서명을 작성한 다음에 온점(.)을 찍는다.

② 도서명에 부제가 있을 때는 쌍점(:)을 찍고 부제를 쓴다. 간혹 겉표지와 내지의 도서명이 다르게 간행된 경우에는 반드시 겉표지의 도서명으로 표기한다. 그리고 도서명 가운데 포함된 따옴표(" "), 물음표(?), 느낌표(!) 등의 문장부호는 있는 그대로 기재하는 것이 원칙이다.

③ 서양도서의 경우는 도서명을 이탤릭체로 표기한다. 서양도서의 도서명과 부제
는 조사를 제외한 모든 단어의 첫 글자를 대문자로 작성하며 나머지는 소문자로
작성한다.

④ 참고문헌이 총서 중 하나일 때는 도서명 다음에 온점(.)을 찍고 총서이름을 표기
한다. 그러나 총서이름을 표기하는 것이 해당 참고문헌을 검색 및 확인하는 데
별로 도움이 되지 않는다고 판단되면 표기하지 않을 수도 있다.

윤명희, 서희정(2013). **청소년 생활역량**. 서울: 집문당.

남명호(2003). **수행평가: 기술적 측면**. 교육 · 심리 · 사회 연구방법론 총서 측정 · 평가 16.
서울: 교육과학사.

Beck, C. A. J., & Sales, B. D. (2001). *Family Mediation: Facts, Myths, and Future
Prospects*. Washington, DC: American Psychological Association.

---

4) 편자 및 역자

① 편집하여 엮은 도서는 저자이름의 위치에 편집자 이름을 쓰고 괄호 속에 '편'이
라고 표기한 후에 온점(.)을 찍는다. 서양도서의 경우에는 편집자 이름을 쓴 다
음 괄호 속에 'Ed.', 편집자가 여러 사람인 경우는 'Eds.'라고 표기하고 온점(.)
을 찍는다.

② 원래 도서이름이 표시되는 번역서의 경우는 원저자 이름, 발행연도, 원저이름
을 먼저 쓰고 온점(.)을 찍는다. 그 뒤에 번역한 사람의 이름을 쓴 다음 괄호 속
에 '역'이라고 표기한 후 온점(.)을 찍고, 이어서 번역서의 명과 출판사항을 기
재한다. 그리고 괄호 속에 원서 출판년도를 쓰고 온점(.)을 찍는다.

③ 원래 도서이름이 표시되지 않은 번역서의 경우에는 먼저 원저자 이름과 발행
연도를 작성한 후에 번역서 명과 번역자 이름을 쓰고 이어서 괄호 속에 '역'이
라고 표기하고 온점(.)을 찍는다. 그리고 출판지명과 출판사를 표기한다. 다시

말해, 원저자의 이름을 먼저 표기하지만 그 밖의 출판사항에 관한 정보는 번역서의 내용을 작성한다. 마지막에 괄호 속에 원서 출판년도를 쓰고 온점(.)을 찍는다.

④ 원서의 저자명과 도서이름이 분명하지 않거나 원서보다는 번역서 그 자체에 중점을 두고 참고문헌을 표기하고자 할 때는 원서에 대해 작성하지 않고 저자이름 위치에 번역자를 쓴 다음 괄호 속에 '역'이라고 표기하고, 그 이하는 다른 단행본을 표기하는 방식과 동일하게 작성한다.

이종승, 허숙(편)(2003). 시험, 왜 보나? 서울: 교육과학사.

Stephen, D. B. (2009). *The Power of Critical Theory for Adult Learning and Teaching.* 기영화, 김선주, 조윤정(역). 성인학습을 위한 비판이론. 서울: 학지사. (원서 2005년 출판).

Creswell, J. W. (2005). 질적연구방법론: 다섯 가지 전통. 조흥식, 정선욱, 김진숙, 권지성(역). 서울: 학지사. (원서 1998년 출판).

김재오(역)(2008). 유럽적 보편주의: 권력의 레토릭. 서울: 창비.

---

5) 판차

① 판차(版次)가 있는 도서의 경우는 도서이름 다음에 온점(.)을 찍고, '개정판' '제2판' 등으로 표기하고 온점(.)을 찍는다. 서양도서의 경우는 도서이름 다음에 온점 없이 괄호 속에 'Rev. ed.'이나 '2nd ed.' '4th ed.' 등으로 판차를 기재하고 온점(.)을 찍는다.

② 판차는 도서 내용의 수정 및 보완 등으로 이전 본과 달라진 경우에 한하여 표기하며, 단순히 다시 인쇄의 경우는 판차로 표기하지 않는다.

성태제(2014). 현대교육평가. 제4판. 서울: 학지사.

Turabian, K. L. (1996). *A Manual for Writers of Term Papers, and Dissertation.* 6th ed. Chicago: University of Chicago Press.

6) 출판사항

① 출판사항은 발행지와 출판사 이름을 작성하는데, 발행지 이름 다음에 쌍점(:)을 찍고, 출판사 이름 다음에는 온점(.)을 찍는다.

② 발행지를 확인할 수 없는 경우에는 괄호 속에 '발행지 불명'이라 표기하고, 영어로는 'n.p'라고 쓴다.

③ 출판사를 알 수 없는 경우에는 괄호 속에 '출판사 불명'이라 표기하고, 영어로는 'n.p'라고 쓴다.

2. 정기간행물

정기간행물의 경우 참고문헌 목록은 다음과 같은 내용을 포함시켜 작성하여야 한다.

저자이름(발행연도). 논문제목. 정기간행물 이름, 권(호), 면수.

1) 저자이름과 발행연도의 표기 방식은 단행본의 저자이름 및 발행연도 표기 방식과 동일하다.

2) 논문제목의 경우 보통의 글씨체로 아무런 부호를 곁들이지 않고 쓰고 나서 온점(.)을 찍는다. 영문의 경우는 논문제목의 첫 단어, 첫 글자만 대문자로 표기하고 나머지는 모두 소문자로 표기하되, 부제가 있는 경우에 부제의 첫 단어 첫 글자는 대문자로 적는다.

3) 학술지(잡지)이름은 진한 글씨 또는 고딕체로 표기하여 드러나게 한다. 영문인 경우에는 이탤릭체로 표기하고 각 단어의 첫 글자는 대문자로 작성한다.

4) 국내 및 외국 학술지 권수와 호수를 작성할 때는 아래 예시 중 하나를 따른다. 학술지 이름과 권·호수 다음에는 각각 반점(,)을 찍는다.

> **교육평가연구**, 제28권, 2호,
> **교육평가연구**, 28(2),
> *American Psychologist, vol. 28, no. 1,*
> *American Psychologist, 28*(1),

5) 학술지에 논문이 게재된 쪽수(페이지)를 참고문헌 작성사항 맨 마지막에 기록하고 온점(.)을 찍는다. 과거에는 쪽수 표기를 할 때, 'p. 5' 또는 'pp. 5-27'과 같이 하였으나 최근에는 부호 없이 쪽수만 표기한다.

6) 서로 다른 곳에서 동일한 명칭의 학술지를 발행하고 있거나 잘 알려지지 않은 정기간행물의 경우 독자의 편의를 위하여 참고문헌 기록사항 맨 마지막 부분에 발행기관을 밝힌다.

> 서희정, 김경희(2013). 평생교육기관 성과평가를 위한 균형성과표(BSC)의 적용 가능성 탐색. 인간과문화연구, 22집, 5-27. 동의대학교 인문사회연구소.
> 윤명희, 서희정, 김경희, 조정은(2015). 청소년 생활역량 진단검사의 표준화 연구. **교육평가연구**, 28(2), 401-425.
> McClelland, D. C. (1973). Testing for competence rather for intelligence. *American Psychologist, 28*(1), 1-14.

3. 학위논문

학위논문의 경우 참고문헌 목록을 작성할 때 다음과 같은 사항을 명시하여야 한다.

> 저자이름(학위수여연도). 학위논문 제목. 학위수여기관 학위명.

저자이름, 학위논문 제목 등의 표기양식은 단행본과 동일하다. 단, 국내 학위논문 제목은 진하게 표시하지 않는다.

> 김경희(2014). 대학평생교육원의 BSC 성과평가모형 개발. 동의대학교 박사학위논문.
> Tognatta, N. (2014). Technical and Vocational Education and Training in India: A study of Choice and Returns. Unpublished doctorial dissertation, University of Pennsylvania, USA.

4. 기타 특수 형태의 자료

1) 학술대회 발표논문 및 기관의 연구보고서

학술대회 발표논문은 저자 이름, 발표연월, 논문제목, 학술대회 이름, 학술대회의 개최장소 순서로 표기한다. 발표연월은 괄호 속에 작성하고, 논문제목 다음에는 온점(.)을 찍는다. 이어서 학술대회 이름은 진하게 표기하거나 고딕체로 표기하고, 학술대회 자료집에 수록된 논문의 페이지를 작성하고 이를 온점(.)으로 구분한다. 그리고 마지막으로 개최장소를 작성하는데 이때 개최지 이름 다음에 쌍점(:)을 찍고, 개최장소 이름 다음에는 온점(.)을 찍는다.

기관의 연구보고서는 저자 이름, 발행연도, 연구보고서 제목, 발행지와 발행기관 이름의 순으로 작성한다. 연구보고서 제목은 진하게 또는 고딕체로 표기하고 이어 기관의 연구 번호를 괄호 속에 작성한다.

김진화(2013. 10. 17). 평생교육사 양성체제의 현황과 발전방안. **평생교육사 一石三鳥 세미나: 평생교육사 자격제도 정비를 위한 비전과 과제**. 11-27. 제천: 청풍리조트 레이크호텔.

방정은, 서희정(2014). **평생교육 프로그램 평가준거 개발 연구**(정책연구 14-03). 부산: 부산광역시평생교육진흥원.

2) 인터넷 웹 문서 자료

최근에 특수 형태의 자료로 인터넷 웹 자료가 가장 많이 활용되고 있다. 이 경우는 자료의 내용이 수시로 갱신되기 때문에 유일한 발행일이 존재할 수 없다. 따라서 검색한 일자를 출판일로 표기한다. 인터넷상의 웹 주소는 물론 가능하다면 해당 자료 작성자 이름과 제목도 함께 제시하여 다른 검색엔진을 통해서도 정보를 수집하거나 확인할 수 있도록 하는 것이 좋다. 가능하다면 작성자 이름, 제목, 웹 주소, 검색일자의 순으로 작성한다.

조선일보(2011. 03. 09). 실직자 줄 돈 2000억으로 초호화 건물 짓는 고용부. http://biz.chosun.com/site/data/html_dir/2011/03/09/2011030900262.html?Depl=news&Dep2=biz&Dep3=biz_news (검색일: 2013. 07. 20.)

3) 신문자료

사설이나 내용의 투고자에 대한 정보를 아는 경우와 모르는 경우에 따라 다르게 표기한다.

조선희(2006. 06. 02). "판타지 중독". 한겨레신문. 7면.

전국 교수들 "대학구조개혁법안 반대". (2014. 05. 08). 한겨레신문. 3면.

용어 정리

- **참고문헌**: 연구 보고서나 논문의 본문에서 직접 인용한 문헌 및 자료를 알기 쉽게 제시한 일람표
- **서지정보**: 연구 보고서나 논문의 본문에 인용한 문헌 및 자료뿐 아니라 연구하는 데 있어서 간접적으로 사용한 보충자료와 독자들의 이해를 돕기 위해 추천하는 자료를 포함하는 목록

📖 **학 / 습 / 문 / 제**

1. 다음에 제시된 용어를 설명하세요.

① APA 양식

② 참고문헌

③ 서지정보

2. 다음에 제시된 참고문헌의 예를 표기 양식에 맞게 작성해 보세요.

① 단행본

② 학술논문

③ 학위논문

④ 신문자료

제**13**장

연구윤리

제1절 연구윤리의 이해
제2절 연구과정에 따른 윤리적 쟁점

1. 연구윤리의 중요성을 안다.

2. 연구윤리의 일반적 원칙을 안다.

3. 연구윤리의 내용과 범위를 이해한다.

4. 연구과정에 따른 윤리적 쟁점을 이해한다.

제1절 연구윤리의 이해

　연구윤리에 관해 불모지라 할 수 있었던 우리나라는 2007년 교육인적자원부에서 「연구윤리 확보를 위한 지침」을 공포하면서 대학과 연구기관, 학술단체 등 연구현장에서는 연구윤리 관련 규정과 제도적 장치를 마련하기 시작하였다. 그러나 2007년에 공포된 지침은 연구부정 행위 범위에 대한 개념만을 간략히 규정하고 있기 때문에 실제 연구현장에서 판단기준으로 활용하기에는 한계가 있다는 지적이 있었다. 이에 교육부는 2015년 11월 3일 연구자의 연구부정 행위를 예방하고 책무성을 강화하기 위한 「연구윤리 확보를 위한 지침」을 개정·발표하였다([부록 3] 참조).

　이 절에서는 최근에 사회적으로 논의가 확산되고 있는 연구윤리의 개념, 원칙, 내용과 범위에 대해 설명하고자 한다.

1. 연구윤리의 개념

　보편적으로 연구자는 연구의 계획, 수행, 보고의 전 과정에서 정직하고 책임 있는 태도로 바람직한 연구를 수행해야 할 의무를 지니고 있다. 이를 위하여 지켜야 할 원칙이나 행동양식을 연구윤리라 한다. 즉, 연구윤리란 연구자가 정직하고 정확하며, 성실한 태도로 바람직하고 책임 있는 연구를 수행하기 위해 지켜야 할 윤리적 원칙이며 행동양식을 의미한다(이인재, 2015). 연구윤리는 연구내용상의 윤리뿐만 아니라 연구절차의 윤리를 포함하는 개념이며, 바람직한 연구를 수행하기 위해 연구과정 및 결과 도출에 있어 위조(fabrication), 변조(falsification), 표절(plagiarism) 등 의도적인 연구부정행위(research misconduct)를 하지 않는 것이다.

　다시 말해, 연구 절차의 세심함과 정확성은 물론 내용적 정직성을 포함하는 연구자로서 진실성을 확보하는 것이 연구윤리라 할 수 있다. 이는 연구비와 같은 금전적 이해관계의 투명성뿐만 아니라 연구의 수행과 보고 과정에서의 지적 정직성과 기술적 세심함, 다른 사람을 속이는 기만행위와 날조를 피하고 연구대상과 동료들에 대한 윤리적 접근을 할 때 이루어지는 것이다(이인재, 2015).

2. 연구윤리의 일반적 원칙

책임 있는 연구 수행에 대한 규범은 자연과학 또는 사회과학 등 학문에 따라 다를 수 있다. 하지만 책임 있고 바람직한 연구를 위해 연구자가 지키고 고려해야 할 윤리적 행위의 일반적 원칙은 다음과 같다(Resnik, 1998; 한국연구재단, 2015b).

① 정직성(honesty)

연구자는 데이터나 연구결과를 조작하거나 왜곡하지 말아야 한다. 연구자는 전체 연구과정에서 객관적이고 편향적이지 않으며 정직해야 한다.

② 조심성(carefulness)

연구자는 연구의 수행, 결과 보고에 있어서 오류를 범하지 않도록 조심해야 한다. 연구자는 실험적·방법적 오류를 최소화하고, 자기기만이나 주관적 편향, 이해갈등을 피해야 한다.

③ 개방성(openness)

연구자는 데이터, 결과, 방법, 아이디어, 기법, 도구 등을 공유해야 한다. 다른 연구자들이 자신의 연구를 심사하는 것을 허용하고 비판과 새로운 아이디어에 대해 열린 마음을 가져야 한다.

④ 자유(freedom)

연구자는 어떤 문제나 가설에 대해서 자유롭게 수행해야 한다. 연구자에게는 기존의 아이디어를 비판하고 새로운 아이디어를 추구할 자유가 허용되어야 한다.

⑤ 공로(credit)

연구의 공로는 실제로 기여한 사람에게만 주어져야 하고 공로를 인정받는 연구자는 그에 대한 책임을 져야 한다. 한 개인이 어떤 연구에 대해 책임을 질 수 있을 때에만 공로도 주어져야 한다.

⑥ 교육(education)

연구자는 예비연구자들을 교육시키고 그들이 더 나은 연구를 수행할 방법을 배울 수 있도록 도와야 한다. 더 나아가 연구자는 일반 대중에게도 연구에 대해서 교육하고 알려 줄 의무를 지닌다.

⑦ 사회적 책임(social responsibility)

연구자는 사회에 대해서 해를 끼치지 않도록 하고 사회적 이익을 창출하도록 노력해야 한다. 연구자는 사회적으로 가치 있는 연구를 수행하고, 공공 토론에 참여하여 전문가적 의견을 제공하는 의무를 지닌다.

⑧ 합법성(legality)

연구자는 자신의 활동에 적용되는 각종 법규를 준수할 의무가 있다. 여기에는 위해한 물질의 사용, 인간과 동물을 대상으로 한 실험, 폐기물의 처리, 고용관행, 연구비의 관리, 저작권과 특허 등에 관한 법규가 포함된다.

⑨ 기회(opportunity)

어떤 연구자라도 연구적 자원을 사용하거나 연구자로서 승진할 기회가 부당하게 거부되어서는 안 되며, 인종, 성별, 국적, 연령과 같이 연구 능력에 직접 관련되지 않은 특성으로 동료를 차별해서는 안 된다.

⑩ 상호존중(mutual respect)

연구자는 동료 연구자 등에 대해 서로를 존중함으로써 협력과 신뢰관계를 구축해야 한다. 신체적 또는 심리적으로 다른 연구자들을 해치지 않고, 개인의 사생활을 존중하며, 각자의 연구 혹은 연구결과에 대해서 간섭하지 않아야 한다.

⑪ 효율성(efficiency)

연구자는 자원을 효율적으로 사용해야 한다. 예를 들어, 논문을 통해 연구결과를 보고할 때, 일부러 여러 편의 논문으로 나누어 출간하거나 동일한 결과를 단지 미미한 수정을 통해 여러 편의 상이한 논문들로 이용하는 행위도 연구공동체의 자원을 낭비하는 일이므로 해서는 안 된다.

⑫ 실험대상에 대한 존중(respect for subjects)

연구자는 인간을 대상으로 연구를 할 경우에 인권이나 존엄성을 침해해서는 안 된다. 동물을 대상으로 연구를 할 때도 적절한 존엄성과 조심성을 가져야 한다.

앞에서 언급된 12가지 연구윤리의 원칙을 가장 중요한 핵심은 '진실성(integrity)'이라 할 수 있다. 연구자가 연구의 진실성을 확보하기 위한 논의와 실천이 연구윤리의 원칙으로 작용해야 하는 것이다. 즉, '바람직한 연구란 무엇인가'를 함축적으로 표현한 것이 진실성이며, 이는 연구절차에 있어 투명성과 내용의 객관성을 포괄하는 개념이다. 진실성과 유사한 의미로 무책임한 연구수행 방지에 초점을 둔 '책임 있는 연구수행(Responsible Conduct of Research: RCR)'과 연구윤리의 실천 고양을 강조한 '바람직한 연구실천(Good Research Practice: GRP)'이라는 용어가 사용되기도 한다.

3. 연구윤리의 내용과 범위

연구윤리가 포괄하는 내용과 범위는 이에 대해 논의하는 사람에 따라 차이를 가질 수 있으며, 아직 통일된 의견이 존재하지 않는다. 그렇지만 최근 들어 연구윤리에 대한 논의가 확산되면서 한국연구재단(2015b)에서는 세계적으로 통용되고 있는 연구윤리 교재들(Macrina, 2005; Shamoo & Resnik, 2003; Steneck, 2004)을 바탕으로 연구윤리의 범위를 도출하여 제시하고 있다.

이를 구체적으로 살펴보면 '연구수행의 과정' '연구결과의 출판' '연구실 생활' '생명체 연구의 윤리' '연구자의 사회적 책임'의 다섯 가지다. 이 가운데 '연구수행의 과정' '연구결과의 출판' '연구실 생활'의 경우는 주로 연구자 집단 내부의 윤리적 논의로서 모든 분야에 해당하는 내용이다. 그리고 '생명체 연구의 윤리'는 주로 동물이나 사람을 연구 대상으로 하는 생물학, 의학, 심리학, 교육학 등의 특정 분야에 적용되는 연구윤리 문제이며, '연구자의 사회적 책임'은 연구자나 연구자 집단이 외부 사회에 대하여 적절한 역할과 책임을 수행하고 있는가에 대한 논의에 해당한다.

1) 연구수행 과정에 대한 윤리

연구수행 과정에 대한 윤리는 정직하게 충분한 주의를 기울여 충실하게 연구수행이 이루어졌는지, 또는 의도적인 속임수와 부주의, 자기기만(self-deception) 등에 의한 부적절한 연구결과를 도출하지는 않았는지를 고려하는 것이다. 그 가운데 자료 또는 이론을 위조, 변조, 표절(Fabrication, Falsification, Plagiarism: FFP)한 것이 가장 큰 문제가 되고 있다.

FFP에 관하여서는 2015년 교육부가 개정 발표한 「연구윤리 확보를 위한 지침」 제3장 제12조에서 다음과 같이 밝히고 있다. 먼저, '위조'는 존재하지 않는 연구의 원자료 또는 연구자료, 연구결과 등을 허위로 만들거나 기록 또는 보고하는 행위이며, '변조'는 연구 재료·장비·과정 등을 인위적으로 조작하거나 연구 원자료 또는 연구 자료를 임의로 변형·삭제함으로써 연구 내용 또는 결과를 왜곡하는 행위를 말한다. 그리고 '표절'은 타인의 연구내용 전부 또는 일부나 독창적인 아이디어, 생각 혹은 창작물을 출처표시 없이 활용함으로써 제3자에게 자신의 창작물인 것처럼 인식하게 하는 행위를 의미한다. 하지만 정직한 실수나 의견 차이의 경우는 FFP에 해당되지 않는다.

또한, 자료를 분석할 때 통계기법을 잘못 사용하는 것과 실험에서 처음 도출된 자료(raw data)를 일정 기간 이상 충실하게 보관해 두는 것 등이 연구수행 과정에서 중요하게 다루어진다.

2) 연구결과 출판 관련 윤리

연구결과를 논문으로 출판하는 것은 연구자로서 인정받고 성장하는 데 매우 중요한 과정이다. 따라서 학술지나 연구 보고서에 논문을 발표할 때는 일정한 자격을 갖춘 이에게만 저자표시 자격(authorship)을 부여해야 하며, 연구에 실질적으로 기여한 정도에 따라 저자의 순서를 정하여 공로를 합당하게 배분해야 한다. 특히 연구에 실질적으로 기여하지 않은 사람을 저자로 올리는 '명예저자 표시(honorary authorship)'는 없어져야 한다. 또한 대학원생, 박사후 연구원과 같은 소장 연구자들에 대해서도 정당한 공로를 인정해야 한다.

이와 관련해서 「연구윤리 확보를 위한 지침」 제3장 제12조에서 '부당한 저자 표시'를 연구내용 또는 결과에 대하여 공헌이나 기여를 한 사람에게 정당한 이유 없이 저자 자격을 부여하지 않거나 공헌이나 기여를 하지 않은 사람에게 감사의 표시, 예우로 저자 자격을 부여하는 행위라고 명시하였다.

그리고 동일한 내용의 연구결과를 중복해서 발표하여 연구업적을 부풀리는 중복게재(duplicate publication) 행위, 연구자가 동료심사(peer review) 과정 없이 연구의 성과를 대중에 발표하여 대중적인 명성이나 금전적 이익을 추구하는 문제 등도 연구결과 출판과 관련하여 중요한 연구윤리의 문제에 해당된다.

3) 연구실 생활에 관한 윤리

최근 대부분의 연구활동은 연구실이나 실험실 등의 공동체를 통해 수행되고 있다. 이 경우에 여러 사람들이 오랜 시간 함께 생활하기 때문에 다양한 관계에 따른 윤리적 문제가 발생한다.

지도교수나 연구책임자는 소속 대학원생이나 연구원을 활용 가능한 연구 인력으로만 생각하지 말고 적절한 지도를 해야 할 책임을 가진다. 더불어 여성이나 사회적 소수자 집단에 대한 차별이나 괴롭힘은 없는지 살펴야 한다.

또한, 연구원 채용과 인정에 있어서 충분한 기회를 제공하는 것과 연구실에서 사용되는 자원을 공평하게 배분하고 적절히 활용하는 것도 필수적인 연구윤리다. 연구실의 안전에 관해 조치를 취하는 것, 연구 부정행위에 대한 내부제보자를 보호하는 것 등도 기억해야 할 중요한 내용이다.

4) 생명체 연구의 윤리

동물이나 인간과 같은 생명체를 연구의 대상으로 하는 경우 이에 따른 다양한 윤리적 문제들이 제기되고 있다. 무엇보다도 어떤 연구와 실험이 윤리적으로 가능하며 승인될 수 있는지에 대한 사회적 합의를 이끌어 내는 것이 중요한 과제로 떠오르고 있다.

생명체를 연구대상으로 하는 분야의 윤리에서는 '연구대상자에게 정보에 입각한 동의(informed consent)가 적절히 이루어지도록 하였는가?'와 '실험동물에 대한 충분한 주의와 배려가 있었는가?'가 중요한 쟁점이다. 전자의 경우는 연구대상자에게 연구에 대한 충분한 정보를 제공하고 연구대상자의 자발적인 동의를 얻는 것을 의미한다. 이 과정에서는 적절한 절차와 자료를 확보하는 것이 필수적으로 이루어져야 한다.

이와 관련하여 국내에서는 2013년 2월부터 「생명윤리 및 안전에 관한 법률」을 시행하여 모든 인간 대상 연구는 기관생명윤리위원회(Institutional Review Board: IRB)의 사전심의 및 서면동의를 의무화하였다. 따라서 의학·생명분야를 비롯하여 사회과학 및 행동과학 분야의 모든 인간 대상 연구는 IRB의 사전 심의를 받고 연구가 시행되어야 하고, 이와 같은 연구를 수행하는 대학 및 전문연구기관 등은 IRB를 등록해야 한다.

5) 연구자의 사회적 책임

연구자의 사회적 책임에 대한 연구윤리 부분은 전문직 윤리(professional ethics)에 관한 내용이라 할 수 있다. 전문직 윤리의 내용 가운데는 연구윤리와 중첩되는 부분이 많은데, 그 중에 특히 공공자금을 이용한 연구의 내용과 과정이 공공성을 바탕으로 이루어지고 있는지가 중요하게 다루어지고 있다. 이는 지나친 영리적 목적을 지닌 연구를 지양하고, 연구비를 적절한 방식으로 투명하게 관리하고 집행하며, 연구의 자료와 결과를 적절하게 공유하는 것을 내용으로 한다.

또한, 연구자의 사회적 책임과 관련하여 이해충돌(conflicts of interest)과 전문가 증언(expert witness)에 대한 내용이 있다. 전자는 진리탐구를 통해 인류에 기여한다는 연구의 일차적 목적이 연구자 개인의 경제적 이익이나 부수적인 목적에 영향을 받는 상황과 같은 이해충돌이 발생하는 경우에는 해당 연구자가 스스로 공표하여 다른 사람들의 의견을 구하는 것이 바람직한 방법이다. 후자인 전문가 증언은 연구자가 자신의 연구나 사회가 직면한 중요한 문제에 관해 책임 있는 조언을 하고 독립적인 의견을 제공하는 것을 말한다. 이 경우에는 관련 연구의 동향과 한계에 대해서 정직하면서도 현실적으로 이야기하는 것을 중요하게 여기고 있다.

제2절 연구과정에 따른 윤리적 쟁점

이 절에서는 연구계획과 설계, 연구방법, 연구결과 보고의 각 단계에서 연구자가 고려해야 할 윤리적 쟁점에 대해 설명하고자 한다(Gall, Gall, & Borg, 2003).

1. 연구 계획과 설계

가치 있는 연구성과를 얻기 위해서는 연구 계획과 설계 단계에서부터 윤리적으로 문제가 없도록 준비해야 한다. 이때 연구수행 중에 생길 수 있는 문제를 잘 예측하여 대비해야만 나중에 실제로 문제가 생기더라도 방지할 수 있다.

먼저, 연구를 계획하고 설계하는 단계에서 연구자는 자신이 하고자 하는 연구의 성격을 분명하게 인식하는 능력과 균형 잡힌 시각이 있어야 한다. 다시 말해, 연구는 아이디어와 가설 등으로 시작되기 때문에 연구자가 궁금해하는 문제를 해결하기 위해 연구를 본격적으로 시작하기 전부터 연구문제와 이를 해결하는 연구방법을 꼼꼼히 생각할 필요가 있다. 왜냐하면 잘못된 연구설계로 인해 연구대상자나 동료 연구자에게 시간적 심리적 피해를 입힐 수도 있으므로 치밀한 연구 계획을 마련할 수 있어야 한다.

따라서 연구 계획 및 설계 단계부터 동료 연구자들과 끊임없이 토론하고 의논하여 그들의 가치체계나 편견이 연구의 방향을 흐리거나 연구대상자들에게 피해를 주지 않는지 점검하는 것이 필요하다. 즉, 연구자는 바람직하고 유익한 연구성과를 얻기 위해 연구를 계획하고 설계하는 단계부터 자신의 연구가 다른 연구자들이나 학문공동체를 위해 기여하는지, 사회적 공공성을 침해하지 않는지, 자신이 연구를 성실하고 책임 있게 수행할 수 있는지 등을 숙고하여야 한다.

이와 더불어 다음의 구체적인 상황들을 고려하면서 책임 있는 연구수행을 위한 연구 환경을 조성하는 것도 연구자의 자질로 요구된다(이인재, 2015).

① 연구자들은 진실성과 자신의 연구에 의해 영향을 받는 자들의 권리를 존중해야 한다.
② 이해충돌을 관리하여 개인의 야망과 이익이 윤리적 혹은 학문적인 이해와 타협되지 않도록 한다.
③ 개별 연구계획의 목표를 성취하기 위하여 타당한 방법을 채택해야 한다.
④ 안전을 위한 적절한 실천사항을 따라야 한다.
⑤ 연구기관과 연구비 지원기관에 의해 채택된 정책을 반드시 따라야 한다.
⑥ 연구자들은 진실성, 인간존중, 정의, 선행의 윤리적 원칙을 준수해야 하며, 필요할 때에는 해당 윤리위원회, 안전과 다른 규제 기관으로부터 서면 승인을 받아야 한다.
⑦ 연구자들은 보다 넓은 공동체와 환경에 관한 역효과(adverse effects)를 최소화하기 위한 연구를 수행해야 한다.

2. 연구방법

연구를 수행하는 과정에서 연구자가 가장 유의해야 할 연구윤리의 내용은 연구 자료의 수집, 기록, 분석, 저장 및 공유와 관련된 것이다(이인재, 2013). 연구의 진실성은 이와 같은 자료 관리의 모든 측면에서의 진실성에 의존하기 때문에 연구 자료의 질을 확보하고 신뢰할 수 있는 연구결과를 얻기 위해서 연구자의 노력이 매우 중요하다. 잘못된 자료(misleading data)는 연구 전체의 진실성과 질을 크게 해치게 된다. 이는 잘못된 자료의 수집, 부주의하고 부정확한 측정, 관찰, 조사 또는 잘못된 자료의 가공, 편견이나 선입견에 의한 잘못된 분석이나 해석과 관련된다.

따라서 연구자들은 연구수행 과정에서 자료 관리에 관심을 가져야 하고 유의해야 할 사항을 제대로 알고 실천할 수 있어야 한다. 이를 위해서는 자료의 수집, 기록, 가공, 분석, 해석, 저장과 관련한 지속적이고 체계적인 교육과 훈련, 경험이 이루어지는 것이 필요하다. 연구자의 연구 능력, 경험, 태도, 노력 여하도 연구의 진실성에 영향을 미치기 때문이다. 그러므로 연구자는 연구 전·중·후의 연구방법과 연구 자료 관리와 관련된 방법론적 기술은 물론 기준(standards)과 규제 사항들(regulations)에 대해 정기적으로 토론할 수 있는 기회를 가질 필요가 있다.

3. 연구결과의 보고

연구결과를 보고하는 단계에서 비윤리적 행위로 동료 연구자나 연구의 전문성에 해를 가하는 경우들이 있다. 대표적으로 부분 출판과 이중 출판 그리고 표절 등이 최근 떠오르는 윤리적 쟁점들이다.

먼저, 부분 출판(partial publication)은 수행된 연구 전체를 보고하는 것이 아니라 연구를 '출판 가능한 최소 단위'로 쪼개어 발표하는 것을 말한다. 다양한 변수를 다루는 연구에서 이런 상황이 생길 수 있다. 이보다 더 심각한 윤리적 문제가 되는 것은 같은 연구결과를 하나 이상의 논문으로 출판하는 이중 출판(dual publication)이다. 이러한 '부당한 중복게재'로 인하여 학계는 동일한 주제에 대해 다양한 시각으로 다루는 연구 저작물들을 구별하고 이해하는 것이 어려워지며, 학회지의 지면과 시간을 낭비하게 된다. 이러한 방법을 이용한 연구자가 '부당한 중복게재'를 통해 마치 다양한 연구를 수행한 것처럼 연구업적 평가를 인정받게 되는 경우는 더욱 심각한 문제가 될 수 있다.

그리고 타인의 출판물 가운데 인용표기를 하지 않고 그대로 사용하는 표절 또한 동료 연구자와 연구의 전문성에 심각한 피해를 주는 행위다. 뿐만 아니라 다른 사람이 언급했던 단어나 개념, 글의 전개 방식 등을 인용 없이 자신의 글에 사용하는 '바꾸어 쓰기'도 심각한 문제다. 이와 같은 문제를 해결하기 위해 원문의 단어나 개념, 구조를 인용하는 방법과 출처를 펼쳐 둔 채 말을 바꾸어 쓰기보다 책을 덮은 상태에서 자신의 언어로 다시 쓰는 방법을 제안하고 있다. 그리고 이때 참고문헌 목록에 수록하는 것도 반드시 지켜야 한다.

최근에는 연구자 자신의 이전 저작물을 적절한 출처 표시 없이 인용하는 자기표절(self plagiarism)도 연구윤리의 쟁점이 되고 있다. 따라서 연구자의 이전 저작물을 바탕으로 발전·보완된 연구를 수행할 때에도 명확한 출처 제시를 하여 후속 연구의 결과물과 구분해야 한다.

표절을 피하기 위해서는 연구에서 인용한 자료들은 모두 정확한 출처를 제시하고 인용 원칙을 지키는 것이 중요하다. 이를 위하여 논문 및 연구 보고서 본문에서 각주 및 인용 표시를 명확히 하는 것은 물론 참고문헌 목록도 꼼꼼하게 작성하여야 한다.

용어 정리

- **연구윤리**: 연구자가 정직하고 성실한 태도로 책임 있는 연구를 수행하기 위해 지켜야 할 윤리적 원칙
- **표절**: 타인의 연구내용 전부 또는 일부나 독창적인 아이디어, 생각 혹은 창작물을 출처표시 없이 활용함으로써 제3자에게 자신의 창작물인 것처럼 인식하게 하는 행위

📖 학 / 습 / 문 / 제

1. 연구자의 사회적 책임에 대해 설명하세요.

2. 일반적으로 FFP라고 불리는 연구부정행위에 대해 설명하세요.

3. 다음에 제시된 용어를 설명하세요.

   ① 부분 출판

   ② 이중 출판

   ③ 자기표절

4. 연구자가 지켜야 할 윤리문제와 관련된 신문기사나 뉴스를 찾아보고, 연구자들에게 시사하는 점이 무엇인지 토의해 보세요.

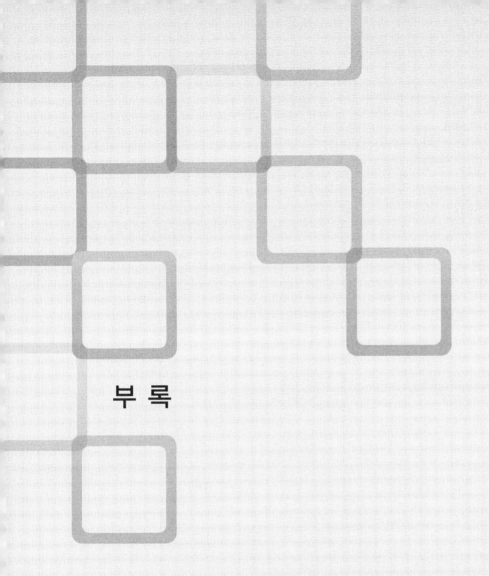

부 록

부록1 난수표

부록2 정규분포표

부록3 연구윤리 확보를 위한 지침

부록4 교육조사연구 보고서 예시

●●● **부록 1 난수표**

10 09 73 25 33	76 52 01 35 86	34 67 35 48 76	80 95 90 91 17	39 29 27 49 45
37 54 20 48 05	64 89 47 42 96	24 80 52 40 37	20 63 61 04 02	00 82 29 16 65
08 42 26 89 53	19 64 50 93 03	23 20 90 25 60	15 95 33 47 64	35 08 03 36 06
99 01 90 25 29	09 37 67 07 15	38 31 13 11 65	88 67 67 48 97	04 43 62 76 59
12 80 79 99 70	80 15 73 61 47	64 03 23 66 53	98 95 11 68 77	12 17 17 68 33
66 06 57 47 17	34 07 27 68 50	36 69 73 61 70	65 81 33 98 85	11 19 92 91 70
31 06 01 08 05	45 57 18 24 06	35 30 34 26 14	86 79 90 74 39	23 40 40 97 32
85 26 97 76 02	02 05 16 56 92	68 66 57 48 18	73 05 38 52 47	18 62 38 85 79
63 57 33 21 35	05 32 54 70 48	90 55 35 75 48	28 46 82 87 09	83 49 12 56 24
73 79 64 57 53	03 52 96 47 78	35 80 83 42 82	60 93 52 03 44	35 27 38 84 35
98 52 01 77 67	14 90 56 86 07	22 10 94 05 58	60 97 09 34 33	50 50 07 39 98
11 80 50 54 31	39 80 82 77 32	50 72 56 82 48	29 40 52 42 01	52 77 56 78 51
83 45 29 96 34	06 28 89 80 83	13 74 67 00 78	18 47 54 06 10	68 71 17 78 17
88 63 54 02 00	86 50 75 84 01	36 76 66 79 51	90 36 47 64 93	29 60 91 10 62
99 59 46 73 48	87 51 76 49 69	91 82 60 89 28	93 78 56 13 68	23 47 83 41 13
65 48 11 76 74	17 46 85 09 50	58 04 77 69 74	73 03 95 71 86	40 21 81 65 44
80 12 43 56 35	17 72 70 80 15	45 31 82 23 74	21 11 57 82 53	14 38 55 37 63
74 35 09 98 17	77 40 27 72 14	43 23 60 02 10	45 52 16 42 37	96 28 60 26 55
69 91 62 68 03	66 25 22 91 48	36 93 68 72 03	76 62 11 39 90	94 40 05 64 18
09 89 32 05 05	14 22 56 85 14	46 42 75 67 88	96 29 77 88 22	54 38 21 45 98
91 49 91 45 23	68 47 92 76 86	46 16 28 35 54	94 75 08 99 23	37 08 92 00 48
80 33 69 45 98	26 94 03 68 58	70 29 73 41 35	53 14 03 33 40	42 05 08 23 41
44 10 48 19 49	85 15 74 79 54	32 97 92 65 75	57 60 04 08 81	22 22 20 64 13
12 55 07 37 42	11 10 00 20 40	12 86 07 46 97	96 64 48 94 39	28 70 72 58 15
63 60 64 93 29	16 50 53 44 84	40 21 95 25 63	43 65 17 70 82	07 20 73 17 90

●●● 부록 2 정규분포표

표의 방에 들어 있는 수들은 정규분포곡선의 면적(p)을 나타낸다. 최댓값은 .5000인데 표준점수의 평균(0)에서 Z 점수 사이의 간격이 p다. 예를 들어, 한쪽 꼬리(one-tailed) 유의수준(α)이 .05라 하면, $.5000 - p = .0500$를 의미하므로 $p = .4500$을 찾아야 한다.

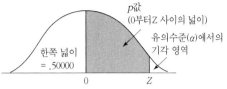

Z	Z 점수의 소수점 이하 둘째자리									
	0.00	0.01	0.02	0.03	0.04	0.05	0.06	0.07	0.08	0.09
0.0	.0000	.0040	.0080	.0120	.0160	.0199	.0239	.0279	.0319	.0359
0.1	.0398	.0438	.0478	.0517	.0557	.0596	.0636	.0675	.0714	.0753
0.2	.0793	.0832	.0871	.0910	.0948	.0987	.1026	.1064	.1103	.1141
0.3	.1179	.1217	.1255	.1293	.1331	.1368	.1406	.1443	.1480	.1517
0.4	.1554	.1591	.1628	.1664	.1700	.1736	.1772	.1808	.1844	.1879
0.5	.1915	.1950	.1985	.2019	.2054	.2088	.2123	.2157	.2190	.2224
0.6	.2257	.2291	.2324	.2357	.2389	.2422	.2454	.2486	.2517	.2549
0.7	.2580	.2611	.2642	.2673	.2703	.2734	.2764	.2794	.2823	.2852
0.8	.2881	.2910	.2939	.2967	.2995	.3023	.3051	.3078	.3106	.3133
0.9	.3159	.3186	.3212	.3238	.3264	.3289	.3315	.3340	.3365	.3389
1.0	.3413	.3438	.3461	.3485	.3508	.3531	.3554	.3577	.3599	.3621
1.1	.3643	.3665	.3686	.3708	.3729	.3749	.3770	.3790	.3810	.3830
1.2	.3849	.3869	.3888	.3907	.3925	.3944	.3962	.3980	.3997	.4015
1.3	.4032	.4049	.4066	.4082	.4099	.4115	.4131	.4147	.4162	.4177
1.4	.4192	.4207	.4222	.4236	.4251	.4265	.4279	.4292	.4306	.4319
1.5	.4332	.4345	.4357	.4370	.4382	.4394	.4406	.4418	.4429	.4441
1.6	.4452	.4463	.4474	.4484	.4495	.4505	.4515	.4525	.4535	.4545
1.7	.4554	.4564	.4573	.4582	.4591	.4599	.4608	.4616	.4625	.4633
1.8	.4641	.4649	.4656	.4664	.4671	.4678	.4686	.4693	.4699	.4706
1.9	.4713	.4719	.4726	.4732	.4738	.4744	.4750	.4756	.4761	.4767
2.0	.4772	.4778	.4783	.4788	.4793	.4798	.4803	.4808	.4812	.4817
2.1	.4821	.4826	.4830	.4834	.4838	.4842	.4846	.4850	.4854	.4857
2.2	.4861	.4864	.4868	.4871	.4875	.4878	.4881	.4884	.4887	.4890
2.3	.4893	.4896	.4898	.4901	.4904	.4906	.4909	.4911	.4913	.4916
2.4	.4918	.4920	.4922	.4925	.4927	.4929	.4931	.4932	.4934	.4936
2.5	.4938	.4940	.4941	.4943	.4945	.4946	.4948	.4949	.4951	.4952
2.6	.4953	.4955	.4956	.4957	.4959	.4960	.4961	.4962	.4963	.4964
2.7	.4965	.4966	.4967	.4968	.4969	.4970	.4971	.4972	.4973	.4974
2.8	.4974	.4975	.4976	.4977	.4977	.4978	.4979	.4979	.4980	.4981
2.9	.4981	.4982	.4982	.4983	.4984	.4984	.4985	.4985	.4986	.4986
3.0	.4987	.4987	.4987	.4988	.4988	.4989	.4989	.4989	.4990	.4990

●●● **부록 3** 연구윤리 확보를 위한 지침

연구윤리 확보를 위한 지침

제1장 총칙

제1조(목적) 이 지침은 「학술진흥법」 제15조에서 위임한 사항을 정함으로써, 연구자 및 대학등의 연구윤리를 확보하는 데 필요한 역할과 책임에 관하여 기본적인 원칙과 방향을 제시하고, 연구부정행위를 방지하기 위한 사항을 정함을 목적으로 한다.

제2조(정의) 이 지침에서 사용하는 용어의 정의는 다음과 같다.
1. "연구자"란 「학술진흥법」 제2조 제5호에서 규정한 연구자를 말한다.
2. "대학등"이라 함은 「학술진흥법」 제2조 제2호, 제3호, 제4호와 제5조 제2항에서 규정한 대학 · 연구기관 · 학술단체(이하 "대학등"이라 한다)를 말한다.
3. "전문기관"이라 함은 연구자 및 연구기관 등을 지원하고 관리 · 감독하는 기관(이하 "전문기관"이라 한다)을 말한다.
4. "연구 원자료"란 연구 목적을 달성하기 위해 연구자가 실험, 관찰, 조사 등을 거쳐 수집한 가공 이전의 자료와 문헌 등을 말한다.
5. "연구자료"란 연구 원자료를 가공한 자료와 이를 활용한 2차 자료 및 문헌을 말한다.
6. "연구결과"란 연구자가 연구 활동을 통해 얻은 연구자료를 활용하여 도출한 체계화된 결론을 말한다.
7. "연구결과물"이란 연구자가 연구 활동을 통해 최종적으로 얻은 결과를 기술한 보고서 · 논문 · 간행물 · 단행본 등의 학술적 저작물과 지식재산을 말한다.

제3조(적용대상 및 방법) ① 대학등 및 전문기관이 다음 각 호의 사업을 수행하는 경우 이 지침의 제2장, 제3장, 제4장 및 제5장을 적용한다.
  1. 「학술진흥법」 제5조에 따른 학술지원사업
  2. 「기초연구진흥 및 기술개발지원에 관한 법률」 제6조 및 제14에 따른 교육부 소관 기초

연구사업 및 특정연구개발사업

3. 제1호 및 제2호 외의 교육부 소관 연구개발사업

4. 그 밖에 교육부장관이 필요하다고 인정하는 사업 및 분야

② 대학등 및 전문기관은 자체의 연구 활동과 국가 이외의 외부기관으로부터 수탁받은 과제의 연구윤리 문제에 대해 이 지침 제2장, 제3장, 제4장을 토대로 자체적인 연구윤리 지침을 제정하여 시행할 수 있다.

③ 대학등 및 전문기관은 자체적인 연구윤리지침이 없을 경우, 이 지침 제2장, 제3장, 제4장의 사항을 자체의 연구 활동, 교육부 이외의 국가기관 및 국가 이외의 외부기관으로부터 지원받은 과제의 연구윤리 문제에 적용할 수 있다. 이때, '자체의 연구 활동'이란 학위논문 발표, 대학등 및 전문기관의 자체 예산으로 수행되는 연구 등을 포함하고, '교육부 이외의 국가기관 및 국가 이외의 외부기관으로부터 지원받은 과제'란 교육부를 제외한 국가기관, 기업 및 민간단체로부터 수탁받은 연구 등을 포함한다.

제4조(적용범위) 이 지침은 연구개발의 과제의 제안, 연구개발의 수행, 연구개발결과의 보고 및 발표 등 연구개발의 전범위에 적용하며, 다른 법령에서 정한 경우를 제외하고는 이 지침을 따른다.

제2장 연구자 및 대학등의 역할과 책임

제5조(연구자의 역할과 책임) 연구자는 연구의 자유에 기초하여 자율적으로 연구를 수행하되, 다음 각 호의 사항을 준수하여야 한다.

1. 연구대상자의 인격 존중 및 공정한 대우

2. 연구대상자의 개인 정보 및 사생활의 보호

3. 사실에 기초한 정직하고 투명한 연구의 진행

4. 전문 지식을 사회에 환원할 경우 전문가로서 학문적 양심 견지

5. 새로운 학술적 결과를 공표하여 학문의 발전에 기여

6. 자신 및 타인의 저작물 활용 시 적절한 방법으로 출처를 밝히는 등 선행 연구자의 업적 인정·존중

7. 연구계약의 체결, 연구비의 수주 및 집행 과정의 윤리적 책임 견지

8. 연구비 지원기관의 이해관계에 영향을 받지 않고, 연구결과물에 연구와 관련된 모든 이해관계 명시

9. 지속적인 연구윤리교육의 참여

제6조(대학등의 역할과 책임) ① 대학등은 연구자가 연구에 전념하고 연구윤리를 준수할 수 있도록 합리적이고 자율적인 연구 환경과 연구 문화를 조성하는 데 적극 노력하여야 한다.

② 대학등은 연구윤리 확립을 위하여 자체적으로 연구윤리 지침을 마련하여야 한다.

③ 대학등은 연구윤리를 확보하고 연구부정행위의 발생을 예방하기 위하여 연구수행 과정에서의 갈등이나 분쟁을 중재하거나 조정하는 기구를 설치 · 운영할 수 있다.

④ 대학등은 연구부정행위가 발생하였을 경우 이에 대해 검증 · 판단하는 기구를 설치 · 운영하여야 한다.

⑤ 대학등은 연구자가 연구수행 과정에서 연구윤리를 준수하고 연구부정행위를 예방할 수 있도록 정기적으로 연구윤리 교육을 실시하여야 한다.

⑥ 대학등은 교육부장관 또는 전문기관의 장이 연구윤리 실태 조사 등 연구윤리 확립을 위한 업무를 수행할 때 이에 적극 협조하여야 한다.

⑦ 대학등은 인지하거나 제보받은 연구부정행위 의혹에 대해 엄정하게 조사하여야 하며, 교육부장관, 전문기관 및 대학등으로부터 소속 연구자의 연구부정행위 의혹에 대한 조사 또는 자료를 요청받을 경우 이에 적극 협조하여야 한다.

제7조(전문기관의 역할과 책임) ① 전문기관의 장은 이 지침 제2장, 제3장, 제4장을 토대로 하여 자체 연구윤리 지침을 마련하여야 한다.

② 전문기관의 장은 소속 구성원을 대상으로 정기적으로 연구윤리 교육을 실시하여야 한다.

제8조(연구윤리 교육 및 지원) ① 교육부장관과 전문기관의 장은 연구윤리 인식 확산을 위한 교육 · 홍보 및 정보 제공, 연구윤리 교육 자료의 개발 · 보급 등을 위해 필요한 지원 시책을 마련하여야 한다.

② 교육부 소관 연구개발사업에 선정된 연구자는 협약에 따라 지정된 교육기관으로부터 연구윤리교육을 이수하여야 한다.

제9조(연구윤리 자체 규정 마련) 대학등이 자체적으로 연구윤리 규정을 마련할 때에는「학술진흥법 시행령」제17조 제1항에 따라 다음 각 호의 사항 및 이 지침의 내용 등을 포함하여야 한다. 다만, 정부출연연구기관이 교육부 소관 연구개발사업 협약 체결 시 협약 내용에 이 지침에서 제시하는 연구부정행위의 검증, 보고, 후속조치 등을 포함하는 경우 자체규정을 마련한 것으로 본다.

　1. 연구자의 역할과 책임

　2. 연구부정행위의 범위

　3. 연구부정행위의 신고접수 및 조사 등을 담당하는 기구, 부서 또는 책임자

　4. 연구부정행위 자체조사 절차 및 기간

　5. 예비조사 및 본조사 실시를 위한 위원회(이하 "조사위원회"라 한다) 등 검증기구의 구성 및 운영 원칙

　6. 제보자 및 피조사자 보호방안

　7. 판정 이후의 처리절차

제10조(연구윤리자문위원회의 구성 및 운영) ① 교육부장관은 연구윤리 정책 등에 대한 전반적인 자문을 받기 위하여 관계전문가로 구성된 연구윤리자문위원회를 둘 수 있다.

② 연구윤리자문위원회는 위원장 1명을 포함하여 15명 이내로 구성한다.

③ 연구윤리자문위원회의 위원은 관련분야의 학식과 경험이 풍부한 자 중에서 교육부장관이 위촉하며, 위원장은 위원 중에서 호선한다.

④ 그 밖의 위원회 운영을 위하여 필요한 사항은 위원장이 따로 정할 수 있다.

⑤ 연구윤리자문위원회의 운영에 필요한 비용은 예산의 범위 안에서 지출할 수 있다.

제11조(연구부정행위 접수 및 처리) ① 교육부장관, 전문기관 및 대학등의 장은 연구부정행위 제보 접수창구를 마련하여야 한다.

② 교육부 및 전문기관이 연구부정행위에 대한 제보를 접수하거나 그 발생 사실을 인지한 경우에는 해당 기관에 내용을 이관하여 조사할 수 있도록 조치하여야 한다.

제3장   연구부정행위

제12조(연구부정행위의 범위) ① 연구부정행위는 연구개발 과제의 제안, 수행, 결과 보고 및 발표 등에서 이루어진 다음 각 호를 말한다.

1. "위조"는 존재하지 않는 연구 원자료 또는 연구자료, 연구결과 등을 허위로 만들거나 기록 또는 보고하는 행위

2. "변조"는 연구 재료·장비·과정 등을 인위적으로 조작하거나 연구 원자료 또는 연구자료를 임의로 변형·삭제함으로써 연구 내용 또는 결과를 왜곡하는 행위

3. "표절"은 다음 각 목과 같이 일반적 지식이 아닌 타인의 독창적인 아이디어 또는 창작물을 적절한 출처표시 없이 활용함으로써, 제3자에게 자신의 창작물인 것처럼 인식하게 하는 행위

   가. 타인의 연구내용 전부 또는 일부를 출처를 표시하지 않고 그대로 활용하는 경우

   나. 타인의 저작물의 단어·문장구조를 일부 변형하여 사용하면서 출처표시를 하지 않는 경우

   다. 타인의 독창적인 생각 등을 활용하면서 출처를 표시하지 않은 경우

   라. 타인의 저작물을 번역하여 활용하면서 출처를 표시하지 않은 경우

4. "부당한 저자 표시"는 다음 각 목과 같이 연구내용 또는 결과에 대하여 공헌 또는 기여를 한 사람에게 정당한 이유 없이 저자 자격을 부여하지 않거나, 공헌 또는 기여를 하지 않은 사람에게 감사의 표시 또는 예우 등을 이유로 저자 자격을 부여하는 행위

   가. 연구내용 또는 결과에 대한 공헌 또는 기여가 없음에도 저자 자격을 부여하는 경우

   나. 연구내용 또는 결과에 대한 공헌 또는 기여가 있음에도 저자 자격을 부여하지 않는 경우

   다. 지도학생의 학위논문을 학술지 등에 지도교수의 단독 명의로 게재·발표하는 경우

5. "부당한 중복게재"는 연구자가 자신의 이전 연구결과와 동일 또는 실질적으로 유사한 저작물을 출처표시 없이 게재한 후, 연구비를 수령하거나 별도의 연구업적으로 인정받는 경우 등 부당한 이익을 얻는 행위

6. "연구부정행위에 대한 조사 방해 행위"는 본인 또는 타인의 부정행위에 대한 조사를

고의로 방해하거나 제보자에게 위해를 가하는 행위

7. 그 밖에 각 학문분야에서 통상적으로 용인되는 범위를 심각하게 벗어나는 행위

② 대학등의 장은 제1항에 따른 연구부정행위 외에도 자체 조사 또는 예방이 필요하다고 판단되는 행위를 자체 지침에 포함시킬 수 있다.

제13조(연구부정행위의 판단) ① 연구부정행위는 다음 각 호의 기준으로 판단한다.

1. 연구자가 속한 학문 분야에서 윤리적 또는 법적으로 비난을 받을 만한 행위인지

2. 해당 행위 당시의 '연구윤리 확보를 위한 지침' 및 해당 행위가 있었던 시점의 보편적인 기준을 고려

3. 행위자의 고의, 연구부정행위 결과물의 양과 질, 학계의 관행과 특수성, 연구부정행위를 통해 얻은 이익 등을 종합적으로 고려

② 제12조 제1항 제7호에서 정한 '그 밖에 각 학문분야에서 통상적으로 용인되는 범위를 심각하게 벗어난 행위'를 판단하고자 할 때에는 대학등 연구자의 소속기관에서 금지되는 행위를 명문으로 정하고 있거나 연구자가 속한 학계에서 부정한 행위라는 인식이 널리 퍼져 있는지 등을 고려하여야 한다.

제4장   연구부정행위의 검증

제14조(제보자의 권리 보호) ① "제보자"란 연구부정행위를 인지하여 인지한 사실 또는 관련 증거를 해당 대학등 또는 교육부, 전문기관에 알린 자를 말한다.

② 제보는 구술·서면·전화·전자우편 등의 방법을 통하여 실명으로 하여야 한다. 단, 익명 제보라 하더라도 연구과제명, 논문명, 구체적인 연구부정행위 등이 포함된 증거를 서면이나 전자우편으로 받은 경우 전문기관 및 대학등은 실명 제보에 준하여 처리할 수 있다.

③ 교육부장관, 전문기관 및 대학등의 장은 제보자가 연구부정행위를 제보했다는 이유로 신분상의 불이익이나 근무 조건상의 차별을 받지 않도록 보호하여야 한다.

④ 제보자의 신원에 관한 사항은 정보공개의 대상이 되지 않는다.

⑤ 제보자가 제3항의 불이익 또는 차별을 받거나 자신의 의지에 반하여 신원이 노출될 경우 해당 기관은 이에 대한 책임을 진다.

⑥ 제보자는 제보 접수기관 또는 조사기관에 연구부정행위 신고 이후에 진행되는 절차 및 일정 등에 대해 알려줄 것을 요구할 수 있으며 해당 기관은 이에 성실히 응하여야 한다.

⑦ 제보내용이 허위인 줄 알았음에도 이를 제보한 제보자는 보호 대상에 포함하지 않는다.

제15조(피조사자의 권리 보호) ① "피조사자"란 제보자의 제보나 대학등의 인지로 연구부정행위의 조사 대상이 된 자 또는 조사과정에서 연구부정행위에 가담한 것으로 추정되어 조사 대상이 된 자를 말하며, 조사과정에서의 참고인이나 증인은 이에 포함되지 아니한다.

② 조사기관은 검증과정에서 피조사자의 명예나 권리를 침해하지 않도록 주의하여야 한다.

③ 연구부정행위에 대한 의혹은 판정 전까지 외부에 공개되어서는 아니 된다. 다만, 제29조 제3항 각 호의 사항이 발생하여 필요한 조치를 취하고자 할 경우에는 해당되지 아니한다.

④ 피조사자는 조사기관에 연구부정행위의 절차 및 일정 등에 대해 알려 줄 것을 요구할 수 있으며, 해당 기관의 장은 이에 성실히 응하여야 한다.

제16조(연구부정행위 검증 책임주체) ① 연구부정행위에 대한 검증 책임은 해당 연구가 수행될 당시 연구자의 소속 기관에 있다.

② 대학등은 연구부정행위 검증을 위하여 조사위원회 등 관련 기관(이하 "조사위원회"라 함)을 두어야 한다.

제17조(연구부정행위 검증원칙) ① 연구부정행위 여부를 입증할 책임은 해당 기관의 조사위원회에 있다. 단, 조사위원회가 요구한 자료를 피조사자가 고의로 훼손하거나 제출을 거부한 경우에 그 책임은 피조사자에게 있다.

② 조사위원회는 제보자와 피조사자에게 의견진술, 이의제기 및 변론의 권리와 기회를 보장하여야 하며 관련 절차 및 일정을 사전에 알려 주어야 한다. 이 경우 피조사자에게는 해당 제보 내용을 함께 알려주어야 한다.

③ 대학등의 장은 조사위원회가 부당한 압력이나 간섭을 받지 않고 독립성과 공정성을 유지할 수 있도록 노력하여야 한다.

제18조(연구부정행위 검증 절차) ① 전문기관 및 대학등의 장이 연구부정행위를 검증하고자 할 경우에는 "예비조사"와 "본조사", "판정"의 절차를 거쳐야 한다.

② 해당 기관의 장은 연구부정행위에 대한 충분한 혐의를 인지하였을 경우에는 예비조사 없이 바로 본조사에 착수할 수 있다.

③ 대학등의 장은 연구부정행위 검증을 위해 제16조 제1항에 따른 해당 연구가 수행될 당시 연구자의 소속 기관에서 협조를 요청할 경우 이에 적극 응하여야 한다.

④ 대학등의 장이 연구자의 연구부정행위를 제보받아 검증하였을 때에는 그 결과를 해당 연구자의 소속 기관 및 해당 논문의 발간 학술단체에 통보하여야 한다.

제19조(예비조사) ① 예비조사는 연구부정행위 의혹에 대하여 본조사 실시 여부를 결정하기 위한 절차로, 제보를 접수한 날로부터 30일 이내에 착수하여야 한다. 예비조사기구의 형태는 해당기관의 장이 자율적으로 정한다.

② 해당 기관의 장은 피조사자가 연구부정행위 사실을 모두 인정할 경우에는 본조사를 거치지 않고 바로 판정을 내릴 수 있다.

③ 해당기관의 장은 증거자료에 대한 중대한 훼손 가능성이 있다고 판단되는 경우에는 조사위원회 구성 이전이라도 제23조 제2항에 따른 증거자료 보전을 위한 조치를 취할 수 있다.

④ 해당기관의 장은 예비조사가 종료된 날로부터 10일 이내에 제보자에게 예비조사 결과를 문서로 통보하여야 하며, 본조사를 실시하지 않기로 결정한 경우에는 이에 대한 구체적인 사유를 포함하여야 한다. 단, 익명제보의 경우는 그러하지 않는다.

제20조(본조사) ① 본조사는 연구부정행위의 사실 여부를 입증하기 위한 절차로, 제21조에 따른 조사위원회를 구성하여 실시하여야 한다.

② 조사위원회는 제보자와 피조사자에게 의견진술 등의 기회를 주어야 하며, 당사자가 이에 응하지 않을 경우에는 이의가 없는 것으로 간주한다.

제21조(조사위원회 구성 등) ① 해당기관의 장은 본조사를 위해 위원장 1명을 포함한 5명 이상으로 조사위원회를 구성하여야 한다.

② 제1항의 조사위원회 또는 검증기구를 구성할 경우에는 다음 각 호의 조건을 모두 충족하여야 한다.

1. 조사 위원 전체에서 외부인의 비율이 30% 이상이어야 함

2. 조사 위원 중 해당 연구 분야 전문가 50% 이상으로 하되, 이 중 소속이 다른 외부 전문가 1인 이상이 반드시 포함되어야 함

제22조(조사위원의 제척·기피·회피 등) ① 다음 각 호의 어느 하나에 해당하는 경우에는 당해 사건에 조사위원이 될 수 없다.

　　1. 제보자 또는 피조사자와 「민법」 제777조에 따른 친인척 관계가 있거나 있었던 자

　　2. 제보자 또는 피조사자와 사제관계에 있거나 공동으로 연구를 수행하거나 하였던 자

　　3. 기타 조사의 공정성을 해할 우려가 있다고 판단되는 자

② 해당기관의 장은 본조사 착수 이전에 제보자에게 제18조 제1항에 따른 조사위원 명단을 알려야 하며, 제보자가 정당한 사유로 조사위원에 대해 기피 신청을 할 경우 이를 수용하여야 한다. 단, 제보자의 사정에 의해 연락을 취할 수 없을 경우에는 해당하지 않으며, 이 경우 관련 내용을 조사결과보고서에 포함시켜야 한다.

③ 조사위원이 조사대상 과제와 이해관계가 있는 경우 스스로 회피 신청을 하여야 한다.

제23조(조사위원회의 권한) ① 조사위원회는 조사과정에서 제보자, 피조사자, 증인 및 참고인에게 진술을 위한 출석을 요구할 수 있으며, 이 경우 피조사자는 반드시 이에 응하여야 한다.

② 조사위원회는 피조사자에게 자료의 제출을 요구할 수 있으며, 증거자료의 보전을 위하여 해당 기관의 장의 승인을 얻어 연구부정행위 관련자에 대한 실험실 출입제한 및 관련 자료의 보전을 위한 조치를 취할 수 있다.

③ 조사위원회는 해당기관의 장에게 연구부정행위 관련자에 대한 적절한 제재조치를 건의할 수 있다.

제24조(판정) ① "판정"은 해당기관의 장이 조사 결과를 확정하여 이를 제보자와 피조사자에게 문서로 통보하는 것을 말한다.

② 예비조사 착수 이후 판정까지의 모든 조사는 6개월 이내에 종료하여야 한다. 단, 이 기간 내에 조사가 이루어지기 어렵다고 판단될 경우 해당 기관은 제보사실 이관기관, 제보자 및 피조사자에게 그 사유를 통보하고 조사 기간을 연장할 수 있다.

제25조(이의신청) ① 제보자 또는 피조사자는 예비조사 결과 또는 판정 결과에 이의가 있는

경우 그 결과를 통보받은 날부터 30일 이내에 조사를 실시한 기관의 장에게 서면으로 이의신청을 할 수 있다.

② 조사를 실시한 기관의 장은 제1항에 따른 이의신청이 특별한 사유가 없으면 이의신청이 접수된 날로부터 60일 이내에 처리하여야 한다.

제26조(연구부정행위에 대한 조치) ① 대학등의 장은 연구부정행위에 대한 판정과 이의신청에 관한 모든 절차를 종료한 후, 연구부정행위에 대해 적절한 조치를 취하여야 한다.

② 연구부정행위에 대한 조치의 내용은 대학등의 내부 규정과 관련 법령 그리고 사회 일반의 인식에 반하지 않도록 하여야 한다. 이때 대학등의 장은 징계 등의 조치가 당해 연구부정행위에 상당한 수준으로 비례성이 있는지 등을 고려하여야 한다.

제5장   교육부 소관 연구개발사업에 대한 특칙

제27조(연구부정행위 검증 책임주체의 예외) ① 대학등의 장은 제16조 제1항에도 불구하고 다음 각 호의 어느 하나에 해당되는 때에는 교육부장관이 지정하는 전문기관의 장에게 조사를 실시해 줄 것을 요청할 수 있다. 요청을 받은 전문기관의 장은 특별한 사유가 없는 한 이에 응하여야 한다.

  1. 검증 전문가 확보가 어려워 자체조사가 곤란한 경우
  2. 공정하고 합리적인 조사를 할 수 없다고 판단한 경우
  3. 2개 이상의 연구기관이 참여한 연구부정행위에 대한 검증이 원활하게 이루어지지 않을 경우

제28조(재조사) ① 제보자 또는 피조사자는 제25조의 이의신청에 대한 처리결과에 이의가 있는 경우 그 결과를 통보받은 날부터 30일 이내에 교육부장관 또는 교육부장관이 지정하는 전문기관의 장에게 당해 건에 대하여 재조사를 요청할 수 있다.

② 교육부장관 또는 교육부장관이 지정하는 전문기관의 장은 다음 각 호의 경우 적절한 조치를 취하여야 한다.

  1. 제28조 제1항에 따른 제보자 또는 피조사자의 재조사 요청 내용에 합리적인 이유가 있다고 인정되는 경우

2. 대학등의 판정 또는 절차에 중대한 하자가 발견되어 재조사가 필요한 경우

제29조(조사 결과의 제출) ① 전문기관 및 대학등의 장은 이 지침 제3조 제1항의 사업 수행 결과에 대해 예비조사 및 본조사를 실시한 경우, 이의신청 처리를 포함한 조사 결과를 종료 후 각각 30일 이내에 교육부장관에게 그 결과를 제출하여야 한다.

② 제1항의 보고서에는 다음 각 호의 사항이 반드시 포함되어야 한다.

   1. 예비조사의 경우

      가. 제보의 내용

      나. 조사 결과

      다. 본조사 실시 여부 및 판단의 근거

      라. 제보자와 피조사자의 진술내용

   2. 본조사의 경우

      가. 제보의 내용

      나. 조사 결과

      다. 조사위원회의 위원 명단

      라. 해당 연구에서의 피조사자의 역할과 연구부정행위의 사실 여부

      마. 관련 증거 및 증인, 참고인 기타 자문에 참여한 자의 명단

      바. 제보자와 피조사자의 진술내용

      사. 검증결과에 따른 판정 결과

③ 대학등의 장은 제2항의 조사 과정에서 다음 각 호의 사항을 발견한 경우 즉시 교육부장관 및 전문기관의 장에게 보고하여야 하며, 이를 보고받은 교육부장관 및 전문기관의 장과 조사를 실시한 연구기관 등의 장은 수사기관에 수사의뢰 또는 고발 등의 조치를 취해야 한다.

   1. 법령 또는 해당 규칙에 중대한 위반사항

   2. 공공의 복지 또는 안전에 중대한 위험이 발생하거나 발생할 우려가 명백한 경우

   3. 기타 전문기관 또는 공권력에 의한 조치가 필요한 경우

제30조(조사 결과에 대한 후속조치) ① 교육부장관은 제29조 제1항에 따라 통보받은 조사결과가 연구부정행위로 판단되는 경우에는 연구부정행위자에 대한 징계 요구, 「학술진흥

법」제19조 및 제20조에 의한 사업비 지급 중지 및 환수, 학술지원대상자 선정 제외 등의 후속조치를 취할 수 있으며, 이를 연구자의 소속기관에 통보하여야 한다.

② 교육부장관은 제29조 제1항에 따른 보고서가 합리성과 타당성에 문제가 있다고 판단되는 경우, 조사를 실시한 기관에 대하여 추가조사 및 조사와 관련된 자료의 제출을 요구하거나 필요한 경우 직접 재조사를 실시할 수 있다.

제31조(조사의 기록과 정보의 공개) ① 조사를 실시한 기관은 조사 과정의 모든 기록을 음성, 영상, 또는 문서의 형태로 반드시 5년 이상 보관하여야 하며, 교육부는 제29조 제1항에 따라 제출받은 해당 보고서를 10년 이상 보관하여야 한다.

② 조사보고서 및 조사위원 명단은 판정이 끝난 이후에 공개할 수 있다.

③ 조사위원, 증인, 참고인, 자문에 참여한 자의 명단 등은 당사자에게 불이익을 줄 가능성이 있을 경우 공개하지 않을 수 있다.

제32조(업무의 위탁) 교육부장관은 이 지침에서 정한 교육부 소관 연구개발사업에 대한 연구부정행위의 접수 및 조사에 관한 사항, 수사의뢰 또는 고발 등에 관한 사항, 후속조치 및 조사, 보고서의 보관 등에 관한 사항을 전문기관에 위탁할 수 있다.

제33조(재검토 기한) 「훈령 · 예규 등의 발령 및 관리에 관한 규정」(대통령훈령 제248호)에 따라 이 훈령 발령 후의 법령이나 현실 여건의 변화 등을 검토하여 이 훈령의 개정 등의 조치를 하여야 하는 기한은 2017년 12월 31일까지로 한다.

부 칙

제1조(시행일) 이 지침은 발령한 날부터 시행한다.

제2조(소급 적용) 이 지침 시행 이전의 사안에 대해서는 당시의 규정이나 학계에서 통상적으로 적용되는 관례에 따른다.

●●● **부록 4** 교육조사연구 보고서 예시

D대학교 신입생의 진로준비 실태조사[1]

Ⅰ. 서 론

최근에는 인적자원의 개발이 어느 때보다 중요한 관심영역으로 부각되면서 고학력 인적자원의 활용과 관리가 국가의 핵심과제로 대두되고 있다. 이에 따라 각 대학에서는 학문적 고양뿐 아니라 직업세계를 준비하는 실용적 교육을 통해 대학생들이 평생에 걸쳐 직업생활을 영위할 수 있는 고용가능성을 높이고 다양한 직무에 유연하게 적응할 수 있는 다기능을 갖출 수 있도록 지원하기 위해 노력하고 있다. 즉, 학교에서 취업으로의 원활한 이행을 위한 방향으로 자신의 진로를 스스로 설계하고 개발하는 능력을 길러 줄 수 있는 진로교육에 대한 관심이 커지고 있다.

이러한 관점에서 OECD(2004)는 개인의 진로개발을 지원하는 방향으로의 진로교육은 일생의 어느 한 시점에서 결정을 내리는 과정만을 지원하는 것이 아니라 학생들의 진로 인식과 탐색 및 진로준비를 체계적으로 지원하여 잠재된 진로개발역량(career development competency)을 길러 주어 졸업 후 취업으로의 자연스러운 연계과정을 촉진할 수 있는 중간 매개역할을 해야 함을 주장한 바 있다. 즉, 언제, 어디서나, 자신의 진로를 슬기롭게 헤쳐 나갈 수 있는 능력을 진로교육의 우선목표로 강조하고 있는 것이다(윤명희, 서희정, 2009).

한편, 우리나라의 경우 노동시장 전반의 고용흡수력이 저하되는 가운데 청년실업이 심각한 상황이며, 대졸자 중심으로 취업재수생이 누적되는 상황에서 대학교육이 노동시장에서 요구하는 인력을 적절하게 양성·배출하고 있지 못하고 있다는 비판을 받고 있다. 더불어 대학생은 자신의 진로에 대해 큰 관심을 갖고 있고 다른 영역보다 진로와 관련된 고민을 가장 많이 하고 있으나, 자기 이해나 직업정보에 정확하지 못하여 장래에 대한 구체적인 계획을 갖지 못한 것으로 나타났다(임언, 정윤경, 2003; 김헌수, 2001).

이러한 사실은 주요 대학 상담기관의 주요 호소 문제점으로 학업 및 진로문제가 가장 많

---

[1] 윤명희, 서희정(2010). 재구성.

이 분포되어 있고(김희수, 2005), 대학생들의 각종 실태조사에서 다양한 진로 프로그램 중 참여하고 싶은 영역으로 진로 관련 심리검사 및 상담 프로그램에의 참여를 가장 많이 희망하고 있다는 사실을 통해 유추할 수 있다(김헌수, 2001; 홍후조 외, 2007; 진미석, 2004; 윤명희, 서희정, 2007, 2008).

따라서 대학에서는 진로지도의 내실화를 통하여 자신과 직업세계에 대한 이해를 돕고 합리적으로 의사결정을 내리며, 일의 세계로 나갔을 때 자신을 지속적으로 개발하고 발전시킬 수 있는 능력을 길러 줌으로써 급격하게 변화하는 사회에 유연하게 적응할 수 있는 능력을 함양시킬 수 있어야 한다. 즉, 대학생이 되도록 이른 시기에 자신을 좀 더 정확하게 이해하는 가운데 자신의 진로를 결정하고 그에 따른 준비를 할 수 있도록 도와주는 전문적인 조력체제가 시급히 필요한 것이다(임언 외, 2004; 이현청, 1999).

현재 각 대학에서는 주로 취업정보센터, 여대생커리어개발센터, 진로 및 취업 관련 교과목의 개설 등을 통해 온라인 및 오프라인으로 진로 및 취업 관련 서비스를 제공하고 있다. 효과적인 진로지도를 제공하기 위해서는 대학 진로지도 서비스 기구 간의 효율적인 연계를 통해 질적으로 높은 진로지도 서비스가 제공되어야 한다. 먼저 대학 내에서 이루어지고 있는 각 진로지도 운영체제의 특성과 장단점을 잘 고려해야 하며, 진로지도 서비스 기구 간에 역할 및 기능의 중첩 없는 효과적인 연계체제를 확립하고 각 기관의 진로지도 서비스를 특성화시켜 효율성을 극대화해야 할 것이다(윤명희, 서희정, 2007, 2008). 이러한 과정을 통해 대학생의 진로의식 고취 및 적극적인 진로준비행동의 수행을 지원할 수 있을 것이다.

이에 본 연구는 신입생의 진로의식을 토대로 학년에 따른 체계적인 진로교육을 실시하고자 D대학교 신입생을 대상으로 진로의식 및 진로준비와 관련된 실태를 조사하였다. 조사된 결과는 저학년부터 체계적인 진로지도가 이루어져야 한다는 전제 아래, 신입생들의 진로지도를 위한 기초자료로 삼을 것이며 취업준비에 필요한 실질적인 도움을 제공하는 데 활용할 것이다.

II. 이론적 배경[2]

1. 대학생의 자기주도적 평생진로개발 역량

---

2) 지면의 한계가 있어 이론적 배경의 내용은 제목만 제시하였으니, 구체적인 내용은 원본을 찾아보기 바람.

2. 대학생을 위한 진로지원체제

1) 대학 내 진로교육 및 취업지원 기관을 통한 지원

2) 정부주도의 지원사업을 통한 지원

3) 진로정보 네트워크의 연계 · 강화를 통한 지원

3. 여대생을 위한 진로지원체제

1) 여대생특화 진로지원체제의 필요성

2) 여대생특화 진로지원체제

Ⅲ. 연구방법

1. 연구대상자

본 조사에는 2009학년도 D대학교 신입생으로서 남학생 2,144명, 여학생 1,585명, 총 3,729명이 참여하였다. 단과대학별 연구대상자는 〈표 1〉에 제시된 바와 같다.

〈표 1〉 연구대상자

단과대학	남(%)	여(%)	전체(%)
인문대	206(9.6)	405(25.6)	611(16.4)
법정대	163(7.6)	145(9.1)	308(8.3)
상경대	339(15.8)	329(20.8)	668(17.9)
자연대	151(7.0)	203(12.8)	354(9.5)
한의대	36(1.7)	15(0.9)	51(1.4)
생과대	26(1.2)	122(7.7)	148(4.0)
공과대	939(44.0)	139(8.8)	1,078(28.9)
영화영상대	127(0.6)	84(5.3)	211(5.7)
예술대	32(1.5)	119(7.5)	151(4.1)
체육대	125(5.8)	24(1.5)	149(4.0)
전 체	2,144(100.0)	1,585(100.0)	3,729(100.0)

2. 측정시기

본 연구를 위한 신입생의 진로준비 실태조사는 2009년 3월 신입생 입학식 후 '신입생 실태 조사'와 함께 실시되었다. 학과별로 지시에 따라 실시되었으며, 단과대학별로 취합되었다.

3. 측정도구

신입생의 진로준비 실태를 조사하기 위한 설문지는 총 8개의 문항으로 구성되어 있다. 희망직종, 직업적 가치, 직장생활기간, 취업준비시기, 취업준비항목, 자격증 취득 여부, 진로준비행동 및 여대생커리어개발센터의 사업 참여 희망 여부 등으로 구분하여 조사하였다. 구체적인 문항은 〈표 2〉와 같다.

〈표 2〉 신입생 진로준비 실태조사 문항

번호	항 목	문 항
1	희망직종	미래에 어떤 직종에 종사하길 원하십니까?
2	직업적 가치	장래 직업선택 시 본인이 가장 중요하게 생각하는 것은 무엇입니까?
3	직장생활기간	장래에 직장생활은 어느 정도 하고 싶습니까?
4	취업준비시기	취업에 대한 준비는 언제부터 시작하는 것이 적당하다고 생각합니까?
5	취업준비항목	취업을 위해 반드시 갖추어야 할 가장 중요한 항목은 무엇입니까?
6	자격증 취득	지금까지 취득한 자격증이 있다면, 어떤 종류의 자격증입니까?
7	진로준비행동	장래 취업을 위해 고등학교 시절 해 본 적이 있는 진로관련 행동 중 가장 많이 했던 것은 무엇입니까?
8	여대생커리어 개발센터 사업 참여	'여대생커리어개발센터'에서 진행하고 있는 사업 중 참여하고 싶은 것은 어느 것입니까?

IV. 결 과

D대학교 신입생의 진로준비 실태조사 결과를 문항별로 제시하면 다음과 같다. 각 표에서 성별 또는 단과대학별로 가장 높은 선호도를 나타내는 부분은 음영으로 처리하여 표시하였다.

1. 희망직종

학생들의 잠정적인 진로방향을 알아보기 위해 '미래에 어떤 직종에 종사하길 원하는가' 라는 질문을 하였다. 응답자의 24.0%가 공무원이라고 응답하여 가장 높은 선호도를 보였으며, 두 번째로는 문화 · 예술 · 디자인 · 방송직에 12.3%가 응답하였다. 이 질문은 남학생과 여학생의 응답에 약간의 차이가 있었다. 남학생은 공무원(24.9%), 일반사무직(12.5%), 그리고 문화 · 예술 · 디자인 · 방송직(8.0%) 순으로 응답하였고, 여학생은 공무원(22.9%), 문화 · 예술 · 디자인 · 방송직(18.1%), 교사/교육서비스업(10.7%) 순으로 응답하였다(〈표 3〉 참조).

이 문항에 대한 응답은 2006, 2007, 2008년도에 조사한 신입생 진로준비 실태조사 결과와 매우 유사하게 나타난 것으로, 우리대학 신입생들은 안정적인 직장으로 알려진 공무원을 많이 선호하고 있음을 알 수 있었다.

〈표 3〉 희망직종에 대한 남녀별 응답

희망직종	남(%)	여(%)	전체(%)
공무원	533(24.9)	363(22.9)	896(24.0)
일반사무직	267(12.5)	137(8.6)	404(10.8)
연구직	110(5.1)	52(3.3)	162(4.3)
교사/교육서비스업	101(4.7)	170(10.7)	271(7.3)
사회복지 및 종교 관련직	26(1.2)	33(2.1)	59(1.6)
보건, 의료직	59(2.8)	142(9.0)	201(5.4)
금융 및 보험	47(2.2)	29(1.8)	76(2.0)
식품가공	22(1.0)	16(1.0)	38(1.0)
경영 및 회계	120(5.6)	79(5.0)	199(5.3)
영업 및 판매	37(1.7)	44(2.8)	81(2.2)
건설 및 기계	161(7.5)	21(1.3)	182(4.9)
IT 관련	146(6.8)	27(1.7)	173(4.6)
문화 · 예술 · 디자인 · 방송	172(8.0)	287(18.1)	459(12.3)
자영업	72(3.4)	47(3.0)	119(3.2)
군인	20(0.9)	6(0.4)	26(0.7)
무응답	251(11.7)	132(8.3)	383(10.3)
전체	2,144(100.0)	1,585(100.0)	3,729(100.0)

■ 1순위   ■ 2순위   ■ 3순위

〈표 4〉 희망직종에 대한 단과대학별 응답

선호 직업	인문대 (%)	법정대 (%)	상경대 (%)	자연대 (%)	한의대 (%)	생과대 (%)	공과대 (%)	영화영상대(%)	예술대 (%)	체육대 (%)	전체 (%)
공무원	121 (19.8)	193 (62.7)	120 (18.0)	81 (22.9)	1 (2.0)	27 (18.2)	266 (24.7)	27 (12.8)	13 (8.6)	47 (31.5)	896 (24.0)
일반사무직	55 (9.0)	18 (5.8)	96 (14.4)	21 (5.9)	3 (5.9)	11 (7.4)	174 (16.1)	17 (8.1)	5 (3.3)	4 (2.7)	404 (10.8)
연구직	7 (1.2)	1 (0.3)	4 (0.6)	38 (10.7)	2 (3.9)	3 (2.0)	102 (9.5)	2 (1.0)	3 (2.0)	–	162 (4.3)
교사/ 교육서비스업	118 (19.3)	8 (2.6)	29 (4.3)	28 (7.9)	–	12 (8.1)	17 (1.6)	2 (1.0)	11 (7.3)	46 (30.9)	271 (7.3)
사회복지 및 종교 관련직	13 (2.1)	22 (7.1)	5 (0.8)	4 (1.1)		5 (3.4)	5 (0.5)	4 (1.9)	1 (0.7)	–	59 (1.6)
보건, 의료직	3 (0.5)	1 (0.3)	6 (0.9)	112 (31.6)	34 (66.7)	8 (5.4)	23 (2.1)	–	2 (1.3)	12 (8.1)	201 (5.4)
금융 및 보험	6 (1.0)	3 (1.0)	54 (8.1)	7 (2.0)		2 (1.4)	3 (0.3)		1 (0.7)		76 (2.0)
식품가공	6 (1.0)	1 (0.3)	7 (1.1)	5 (1.4)	3 (5.9)	8 (5.4)	8 (0.7)	–	–	–	38 (1.0)
경영 및 회계	28 (4.6)	6 (2.0)	122 (18.3)	4 (1.1)	–	2 (1.4)	32 (3.0)	1 (0.5)	1 (0.7)	3 (2.0)	199 (5.3)
영업 및 판매	14 (2.3)	2 (0.6)	38 (5.7)	2 (0.6)	1 (2.0)	9 (6.1)	10 (0.9)		1 (0.7)	4 (2.7)	81 (2.2)
건설 및 기계	4 (0.7)	–	1 (0.2)	2 (0.6)		–	174 (16.1)	1 (0.5)		–	182 (4.9)
IT 관련	4 (0.7)	2 (0.6)	13 (2.0)	12 (3.4)			98 (9.1)	44 (20.9)	–		173 (4.6)
문화 · 예술 · 디자인 · 방송	146 (23.9)	12 (3.9)	48 (7.2)	4 (11)	–	31 (21.0)	27 (2.5)	92 (43.6)	90 (59.6)	9 (6.0)	459 (12.3)
자영업	10 (1.6)	3 (1.0)	41 (6.1)	3 (0.9)	2 (3.9)	10 (6.8)	38 (3.5)	6 (2.8)	1 (0.7)	5 (3.4)	119 (3.2)
군인	4 (0.7)	2 (0.7)	4 (0.6)	2 (0.6)	–	–	6 (0.6)	2 (1.0)	–	6 (4.0)	26 (0.7)
무응답	72 (11.8)	34 (11.0)	80 (12.0)	29 (8.2)	5 (9.8)	20 (13.5)	95 (8.8)	13 (6.2)	22 (14.6)	13 (8.7)	383 (10.3)
전체	611 (100.0)	308 (100.0)	668 (100.0)	354 (100.0)	51 (100.0)	148 (100.0)	1,078 (100.0)	211 (100.0)	151 (100.0)	149 (100.0)	3,729 (100.0)

■ 1순위   ▨ 2순위   ▧ 3순위

향후 대학 내의 진로교육과정 및 진로지원체제의 서비스를 통해 한정된 직업에서 벗어나 다양한 직업에 대한 탐색이 이루어질 수 있도록 지원해야 하며, 자신의 특성과 직업에 대한 깊이 있는 이해를 통해 직업을 선택해 나갈 수 있도록 지원해야 할 것이다.

신입생의 선호직업에 대한 단과대학별 결과를 살펴보면, 법정대(62.7%), 공과대(24.7%), 체육대(31.5%) 소속 신입생들이 장래 직업으로 공무원을 가장 선호하고 있는 것을 알 수 있다. 그중 특히 법정대학은 다른 대학에 비해 가장 공무원을 선호하는 비율이 월등히 높게 나타났다. 반면, 상경대학은 경영 및 회계직(18.3%), 한의대학(66.7%)과 자연과학대학(31.6%)은 보건·의료직을, 그리고 인문대학(23.9%), 생활과학대학(21.0%), 영화영상대학(43.6%) 및 예술대학(59.6%)에서는 문화·예술·디자인·방송직을 1순위로 선택하는 등, 몇몇의 단과대학에서 대학의 특성을 엿볼 수 있었다(〈표 4〉 참조).

신입생의 선호직업에 대한 단과대학별 결과는 전반적으로 2008도의 결과와 유사하나 각 단과대학에 따라 약간의 차이가 있다. 예를 들어, 자연과학대학이 전년도엔 공무원을 가장 선호하였으나 올해엔 보건·의료직을 가장 선호하는 것으로 나타났고, 생활과학대학은 전년도엔 교사/교육서비스업을 가장 선호하였으나 2009년도엔 문화·예술·디자인·방송직을 가장 선호하는 것으로 나타났다. 이처럼 2009년도 신입생의 선호직업은 2008년도의 조사 결과와 일부 달라지긴 했으나 큰 변화는 없는 것을 알 수 있다.

2. 직업적 가치

장래 직업선택 시 가장 중요하게 생각하는 것에 대한 문항에 대해 26.6%의 신입생이 보수가 가장 중요하다고 응답하였다. 다음으로 적성(23.4%)과 안정성(17.4%)을 선택하였다. 이 질문은 남학생과 여학생의 응답에 차이가 있었다. 남학생은 직업선택 시 가장 중요한 것으로 보수(27.2%)라고 응답하였고, 다음으로 적성(18.6%)과 안정성(17.8%)이라고 하였다. 반면 여학생은 가장 직업선택 시 가장 중요한 것으로 적성(30.0%), 보수(25.6%), 안정성(17.0%)이라고 응답하였다(〈표 5〉 참조).

이 결과는 남학생과 여학생 모두 보수, 적성, 안정성의 순으로 제시하였던 2006년 및 2007년도의 신입생 진로준비 실태조사 결과와 차이가 있고, 2008년도 신입생 진로준비 실태조사에서 남학생들이 보수, 적성, 전공 분야의 순으로 선택하였던 결과와도 다소 상이하지만, 전체적인 결과는 동일함을 볼 수 있다.

〈표 5〉 직업적 가치에 대한 남녀별 응답

직업적 가치	남(%)	여(%)	전체(%)
보수	584(27.2)	406(25.6)	990(26.6)
전공 분야	294(13.7)	163(10.3)	457(12.3)
적성	399(18.6)	475(30.0)	874(23.4)
시간적 여유	69(3.2)	39(2.5)	108(2.9)
명성·명예	87(4.1)	46(2.9)	133(3.6)
직장환경 및 분위기	63(2.9)	49(3.1)	112(3.0)
안정성	381(17.8)	269(17.0)	650(17.4)
기타	17(0.8)	20(1.3)	37(1.0)
무응답	250(11.7)	118(7.4)	368(9.9)
전체	2,144(100.0)	1,585(100.0)	3,729(100.0)

███ 1순위   ▒▒▒ 2순위   ░░░ 3순위

　　향후 대학 내의 진로교육과정 및 진로지원체제의 서비스를 통해 다양한 직업가치관이 있음을 지도해야 할 것이다. 또한 신입생들이 지나치게 외적인 가치를 추구하기보다 자신의 자아실현과 같은 내적인 가치에도 초점을 두고 직업을 준비하며 직업세계에 들어갈 수 있도록 지원해야 할 것이다.

　　장래 직업선택 시 중요하게 생각하는 것에 대한 단과대학별 결과는 전체 결과가 약간씩 다르게 나타났다. 상경대학(30.4%), 자연대학(29.1%), 공과대학(31.7%)은 보수를 가장 중요하게 생각한다고 응답하였으며, 한의대학(29.4%)은 전공 분야를, 인문대학(31.8%), 생활과학대학(28.4%), 영화영상대학(32.7%) 및 예술대학(25.8%)은 적성을, 그리고 법정대학(22.4%)과 체육대학(23.5%)은 안정성을 가장 중요하게 생각한다고 응답하였다(〈표 6〉 참조).

　　2008년도 한의대학 신입생이 적성을 가장 고려한다고 응답하였으나 2009년도에는 전공 분야를 가장 많이 고려한다고 응답하여 다소 달라진 결과를 보여 주고 있으나, 그 외의 결과는 전반적으로 2008년도 신입생 진로준비 실태조사 결과와 유사함을 볼 수 있다.

〈표 6〉 직업적 가치에 대한 단과대학별 응답

직업적 가치	인문대 (%)	법정대 (%)	상경대 (%)	자연대 (%)	한의대 (%)	생과대 (%)	공과대 (%)	영화영 상대(%)	예술대 (%)	체육대 (%)	전체 (%)
보수	132 (21.6)	65 (21.1)	203 (30.4)	103 (29.1)	11 (21.6)	34 (23.0)	342 (31.7)	41 (19.4)	26 (17.2)	33 (22.2)	990 (26.6)
전공 분야	45 (7.4)	28 (9.1)	54 (8.1)	47 (13.3)	15 (29.4)	23 (15.5)	151 (14.0)	29 (13.7)	35 (23.2)	30 (20.1)	457 (12.3)
적성	194 (31.8)	69 (22.4)	162 (24.3)	61 (17.2)	10 (19.6)	42 (28.4)	199 (18.5)	69 (32.7)	39 (25.8)	29 (19.5)	874 (23.4)
시간적 여유	19 (3.1)	14 (4.6)	16 (2.4)	20 (5.7)	–	2 (1.4)	24 (2.2)	3 (1.4)	4 (2.7)	6 (4.0)	108 (2.9)
명성·명예	21 (3.4)	14 (4.6)	25 (3.7)	8 (2.3)	1 (2.0)	3 (2.0)	38 (3.5)	13 (6.2)	6 (4.0)	4 (2.7)	133 (3.6)
직장환경 및 분위기	16 (2.6)	12 (3.9)	23 (3.4)	12 (3.4)	1 (2.0)	2 (1.4)	35 (3.3)	7 (3.3)	4 (2.7)	–	112 (3.0)
안정성	106 (17.4)	69 (22.4)	103 (15.4)	72 (20.3)	6 (11.8)	21 (14.2)	193 (17.9)	31 (14.7)	14 (9.3)	35 (23.5)	650 (17.4)
기타	10 (1.6)	3 (1.0)	6 (0.9)	2 (0.6)	2 (3.9)	3 (2.0)	5 (0.5)	5 (2.4)	1 (0.7)	–	37 (1.0)
무응답	68 (11.1)	34 (11.0)	76 (11.4)	29 (8.2)	5 (9.8)	18 (12.2)	91 (8.4)	13 (6.2)	22 (14.6)	12 (8.1)	368 (9.9)
전체	611 (100.0)	308 (100.0)	668 (100.0)	354 (100.0)	51 (100.0)	148 (100.0)	1,078 (100.0)	211 (100.0)	151 (100.0)	149 (100.0)	3,729 (100.0)

■ 1순위 ▨ 2순위 ▢ 3순위

3. 직장생활기간

장래에 직장생활을 어느 정도 하고 싶은지에 대한 신입생들의 생각이 〈표 7〉에 제시되어 있다. 신입생들은 평생 직장생활을 하고 싶다(68.7%)는 생각을 대부분 갖고 있었으며, 그 외의 의견은 소수 나타났다.

자녀 출산 전까지 직장생활을 하고 싶다는 답변은 남학생과 여학생의 응답에 큰 차이가 있었다. 즉, 남학생의 2.0% 만이 답변한 반면, 여학생의 13.5%가 자녀 출산 전까지 직장생활을 하고 싶다는 응답을 보여, 여학생이 남학생에 비해 육아에 대한 부담감을 더 가지고 있는 것을 알 수 있었다.

이 문항에 대한 전체적인 결과는 2008년도 신입생 진로준비 실태조사 결과와 동일하였으

〈표 7〉 직장생활기간에 대한 남녀별 응답

직장생활기간	남(%)	여(%)	전체(%)
평생	1,545(72.1)	1,017(64.2)	2,562(68.7)
결혼 전까지	7(3.5)	67(4.2)	143(3.8)
자녀 출산 전까지	43(2.0)	214(13.5)	257(6.9)
자녀양육 후부터	69(3.2)	41(2.6)	110(3.0)
필요시에만 일시적으로	80(3.7)	64(4.0)	144(3.9)
기타	75(3.5)	61(3.9)	136(3.7)
무응답	256(11.9)	121(7.6)	377(10.1)
전체	2,144(100.0)	1,585(100.0)	3,729(100.0)

■ 1순위   ▨ 2순위

나, 남학생의 응답에 약간의 차이가 있다. 전년도 조사에서 남학생은 평생 직장생활을 하고 싶다는 응답을 가장 많이 하여 올해와 동일한 결과를 보였으나, 두 번째로 높은 응답에서는 차이를 보였다. 즉, 필요시에만 일시적으로 하고 싶다는 응답이 두 번째로 높은 2009년도 조사에서와 달리 2008년도 조사에선 자녀양육 후부터 하고 싶다는 응답이 두 번째로 높음을 볼 수 있다.

향후 대학 내의 진로교육과정 및 진로지원체제의 서비스를 통해 신입생들이 바람직한 성인지적 관점을 가질 수 있도록 지도해야 할 것이며, 양성평등에 대한 의식을 가지고 이를 실천할 수 있도록 다양한 교육 프로그램과 체험활동이 마련되어야 할 것이다.

직장생활을 어느 정도 하고 싶은지에 대한 단과대학별 결과를 비교해 보았다. 〈표 8〉에 제시된 바와 같이, 단과대학별 결과는 전체 결과와 유사하게 나타났다. 모든 단과대학이 평생 직장생활을 하고 싶다는 응답을 하였다. 두 번째로 높은 응답률을 보인 것은 자녀 출산 전까지 직장생활을 하고 싶다는 의견인데, 다른 단과대학에 비해 생활과학대학(16.9%)이 조금 더 높은 비율을 나타내고 있음을 볼 수 있다. 이는 다른 단과대학에 비해 여학생의 비율이 많기 때문인 것으로 추측된다. 이 문항에 대한 단과대학별 결과는 전체 결과와 마찬가지로 2008년도 신입생 진로준비 실태조사 결과와 동일하게 나타났다.

⟨표 8⟩ 직장생활기간에 대한 단과대학별 응답

직장생활 기간	인문대 (%)	법정대 (%)	상경대 (%)	자연대 (%)	한의대 (%)	생과대 (%)	공과대 (%)	영화영 상대(%)	예술대 (%)	체육대 (%)	전체 (%)
평생	402 (65.8)	216 (70.1)	434 (65.0)	240 (67.8)	29 (56.9)	80 (54.1)	797 (73.9)	138 (65.4)	101 (66.9)	125 (83.9)	2,562 (68.7)
결혼 전까지	13 (2.1)	13 (4.2)	29 (4.3)	14 (4.0)	5 (9.8)	9 (6.1)	37 (3.4)	16 (7.6)	5 (3.3)	2 (1.3)	143 (3.8)
자녀 출산 전까지	65 (10.6)	23 (7.5)	57 (8.5)	30 (8.5)	1 (2.0)	25 (16.9)	29 (2.7)	17 (8.1)	7 (4.6)	3 (2.0)	257 (6.9)
자녀양육 후부터	15 (2.5)	5 (1.6)	24 (3.6)	8 (2.3)	2 (3.9)	1 (0.7)	39 (3.6)	10 (4.7)	3 (2.0)	3 (2.0)	110 (3.0)
필요시에만 일시적으로	24 (3.9)	12 (3.9)	23 (3.4)	14 (4.0)	3 (5.9)	8 (5.4)	39 (3.6)	10 (4.7)	10 (6.6)	1 (0.7)	144 (3.9)
기타	23 (3.8)	5 (1.6)	21 (3.1)	19 (5.4)	6 (11.8)	7 (4.7)	42 (3.9)	7 (3.3)	3 (2.0)	3 (2.0)	136 (3.7)
무응답	69 (11.3)	34 (11.0)	80 (12.0)	29 (8.2)	5 (9.8)	18 (12.2)	95 (8.8)	13 (6.2)	22 (14.6)	12 (8.1)	377 (10.1)
전체	611 (100.0)	308 (100.0)	668 (100.0)	354 (100.0)	51 (100.0)	148 (100.0)	1,078 (100.0)	211 (100.0)	151 (100.0)	149 (100.0)	3,729 (100.0)

■ 1순위 ▨ 2순위

4. 취업준비 시기

취업에 대한 준비를 언제부터 시작하는 것이 적당하다고 생각하는지에 대한 문항에서는 3학년(37.6%)이라고 응답한 학생이 가장 많았고, 다음으로 2학년(30.4%), 1학년(15.7%), 4학년(5.7%) 순으로 나타났다. 이 결과는 남학생과 여학생에게서 동일하게 나타났으며(⟨표 9⟩ 참조), 2006년, 2007년 및 2008년도 결과와 동일한 것이다.

향후 대학 내의 진로교육과정 및 진로지원체제의 서비스를 통해 취업을 위한 준비는 단기간에 이루어지는 과정이 아니라 자신과 직업세계에 대한 탐색을 바탕으로 이루어져야 하는 것임을 인식시켜야 할 것이다. 또한 저학년부터 차분히 진행되어야 하는 과정이며, 자신의 진로 및 직업선택을 위해 학년마다 체계적으로 수행해야 할 과제가 있고, 이를 잘 수행해 나갈 수 있도록 지도해야 할 것이다.

〈표 9〉취업준비 시기에 대한 남녀별 응답

취업준비 시기	남(%)	여(%)	전체(%)
1학년	288(13.4)	299(18.9)	587(15.7)
2학년	625(29.2)	508(32.1)	1,133(30.4)
3학년	815(38.0)	586(37.0)	1,401(37.6)
4학년	149(7.0)	62(3.9)	211(5.7)
무응답	267(12.5)	130(8.2)	397(10.7)
전체	2,144(100.0)	1,585(100.0)	3,729(100.0)

▇▇▇ 1순위

단과대학별 응답을 보면, 법정대 학생들은 2학년부터(43.5%), 한의대 학생들은 1학년부터 (25.5%) 시작해야 한다고 응답하였는데, 이는 각종 자격증 획득이나 고시 준비를 염두에 두고 응답한 것으로 판단된다. 다른 단과대학의 학생들은 3학년부터 시작하면 적당하다고 응답하였다. 즉, 대부분의 단과대학 신입생들은 3학년 정도부터 취업에 대한 준비를 시작하면 된다고 인식하고 있음을 알 수 있다(〈표 10〉참조). 단과대학 간에 보이는 이러한 차이는 2007년도를 비롯하여 2008학년도 신입생 진로준비 실태조사와도 동일한 것이다.

〈표 10〉취업준비 시기에 대한 단과대학별 응답

취업준비 시기	인문대 (%)	법정대 (%)	상경대 (%)	자연대 (%)	한의대 (%)	생과대 (%)	공과대 (%)	영화영상대(%)	예술대 (%)	체육대 (%)	전체 (%)
1학년	111 (18.2)	52 (16.9)	122 (18.3)	52 (14.7)	13 (25.5)	28 (18.9)	133 (12.3)	34 (16.1)	19 (12.6)	23 (15.4)	587 (15.7)
2학년	179 (29.3)	134 (43.5)	204 (30.5)	91 (25.7)	10 (19.6)	42 (28.4)	321 (29.8)	71 (33.7)	42 (27.8)	39 (26.2)	1,133 (30.4)
3학년	221 (36.2)	77 (25.0)	239 (35.8)	145 (41.0)	12 (23.5)	48 (32.4)	450 (41.7)	78 (37.0)	61 (40.4)	70 (47.0)	1,401 (37.6)
4학년	29 (4.8)	10 (3.3)	24 (3.6)	31 (8.8)	9 (17.7)	9 (6.1)	75 (7.0)	15 (7.1)	5 (3.3)	4 (2.7)	211 (5.7)
무응답	71 (11.6)	35 (11.4)	79 (11.8)	35 (9.9)	7 (13.7)	21 (14.2)	99 (9.2)	13 (6.2)	24 (15.9)	13 (8.7)	397 (10.7)
전체	611 (100.0)	308 (100.0)	668 (100.0)	354 (100.0)	51 (100.0)	148 (100.0)	1,078 (100.0)	211 (100.0)	151 (100.0)	149 (100.0)	3,729 (100.0)

▇▇▇ 1순위   ▤▤▤ 2순위

5. 취업준비 항목

취업을 위해 자신이 반드시 갖추어야 할 항목으로 신입생들은 전공지식(30.7%)을 가장 우선적으로 제시하였다. 다음으로는 외국어능력(20.9%)과 실무경험(18.5%) 순으로 응답하였다. 취업을 위해 갖추어야 할 첫 번째 항목에 대한 응답은 남학생과 여학생 모두 동일한 결과를 나타내고 있으나, 2순위와 3순위에 대한 응답에는 다소 차이가 있었다. 즉, 남학생은 전공지식(30.5%), 실무경험(18.5%), 외국어 능력(18.4%)의 순으로, 여학생은 전공지식(30.7%), 외국어 능력(20.9%), 실무경험(18.5%)의 순으로 응답하고 있다(〈표 11〉 참조). 이 문항에 대한 결과는 2008학년도 신입생 진로준비 실태조사 결과와 동일하였다.

향후 대학 내의 진로교육과정 및 진로지원체제 서비스를 통해 이와 같은 신입생들의 요구에 부합하도록 전공지 뿐 아니라 취업에 필요한 외국어 능력을 향상시키는 교육 프로그램과 실무경험을 높이기 위한 현장실습 및 인턴십 교육의 기회 등을 확대·제공해야 할 것이다.

취업준비 내용에 대한 단과대학별 결과도 전체 결과와 다르지 않았으나, 상경대학은 취업을 위해 갖추어야 할 항목으로 외국어 능력(27.0%)을, 영화영상대학은 실무경험(30.8%)을 가장 우선적으로 선택하였다. 대부분의 단과대학에서 전공지식, 외국어 능력, 실무경험의 세

〈표 11〉 취업준비 항목에 대한 남녀별 응답

취업준비 항목	남(%)	여(%)	전체(%)
전공지식	653(30.5)	492(31.0)	1,145(30.7)
실무경험	396(18.5)	294(18.6)	690(18.5)
인성	140(6.5)	96(6.1)	236(6.3)
인간관계	130(6.1)	72(4.5)	202(5.4)
외국어 능력	395(18.4)	383(24.2)	778(20.9)
컴퓨터 활용 능력	24(1.1)	14(0.9)	38(1.0)
외모·이미지 관리	21(1.0)	29(1.8)	50(1.3)
자격증	116(5.4)	69(4.4)	185(5.0)
기타	12(0.6)	14(0.9)	26(0.7)
무응답	257(12.0)	122(7.7)	379(10.2)
전체	2,144(100.0)	1,585(100.0)	3,729(100.0)

■ 1순위　　■ 2순위　　□ 3순위

가지를 주요 내용으로 제시하였으나, 한의대학은 전공지식(33.3%), 실무경험(19.6%), 인성 (15.7%)을, 체육대학은 전공지식(24.2%), 자격증(17.5%), 외국어능력(14.8%)을 주요 내용으로 응답하였다(〈표 12〉 참조). 이 결과는 2008학년도 신입생의 진로준비 실태조사와 전반적으로 유사하지만, 영화영상대학에서는 다소 상이한 결과를 보여 주고 있다. 즉, 2008년도 조사에 서는 취업을 위해 갖추어야 할 항목으로 전공지식, 외국어 능력, 실무경험의 순으로 응답하 고 있으나, 2009년도 조사에서는 실무경험, 전공지식, 외국어 능력의 순으로 응답하고 있다.

〈표 12〉 취업준비 항목에 대한 단과대학별 응답

취업준비 항목	인문대 (%)	법정대 (%)	상경대 (%)	자연대 (%)	한의대 (%)	생과대 (%)	공과대 (%)	영화영 상대(%)	예술대 (%)	체육대 (%)	전체 (%)
전공지식	150 (24.6)	114 (37.0)	157 (23.5)	136 (38.4)	17 (33.3)	52 (35.1)	372 (34.5)	49 (23.2)	62 (41.1)	36 (24.2)	1,145 (30.7)
실무경험	111 (18.2)	44 (14.3)	141 (21.1)	53 (15.0)	10 (19.6)	25 (16.9)	196 (18.2)	65 (30.8)	24 (15.9)	21 (14.1)	690 (18.5)
인성	45 (7.4)	12 (3.9)	33 (4.9)	28 (7.9)	8 (15.7)	14 (9.5)	62 (5.8)	11 (5.2)	11 (7.3)	12 (8.1)	236 (6.3)
인간관계	34 (5.6)	17 (5.5)	34 (5.1)	17 (4.8)	5 (9.8)	4 (2.7)	56 (5.2)	14 (6.6)	7 (4.6)	14 (9.4)	202 (5.4)
외국어 능력	148 (24.2)	67 (21.8)	180 (27.0)	64 (18.1)	2 (3.9)	19 (12.8)	224 (20.8)	33 (15.6)	19 (12.6)	22 (14.8)	778 (20.9)
컴퓨터 활용 능력	5 (0.8)	2 (0.7)	4 (0.6)	3 (0.9)	—	2 (1.4)	8 (0.7)	13 (6.2)	1 (0.7)	—	38 (1.0)
외모·이미지 관리	9 (1.5)	3 (1.0)	10 (1.5)	7 (2.0)	—	2 (1.4)	7 (0.7)	6 (2.8)	2 (1.3)	4 (2.7)	50 (1.3)
자격증	33 (5.4)	13 (4.2)	31 (4.6)	11 (3.1)	—	8 (5.4)	54 (5.0)	5 (2.4)	4 (2.7)	26 (17.5)	185 (5.0)
기타	7 (1.2)	3 (1.0)	2 (0.3)	5 (1.4)	3 (5.9)	1 (0.7)	3 (0.3)	1 (0.5)	—	1 (0.7)	26 (0.7)
무응답	69 (11.3)	33 (10.7)	76 (11.4)	30 (8.5)	6 (11.8)	21 (14.2)	96 (8.9)	14 (6.6)	21 (13.9)	13 (8.7)	379 (10.2)
전체	611 (100.0)	308 (100.0)	668 (100.0)	354 (100.0)	51 (100.0)	148 (100.0)	1,078 (100.0)	211 (100.0)	151 (100.0)	149 (100.0)	3,729 (100.0)

■ 1순위   ■ 2순위   ■ 3순위

6. 자격증 취득(복수응답)

지금까지 취득한 자격증이 있다면, 어떤 종류의 자격증인지를 조사하였다. 전체적으로 신입생들은 컴퓨터 관련 자격증(31.8%)을 가장 많이 소유하고 있었으며, 다음으로 어학 관련 자격증(13.2%), 기타 자격증(6.2%), 기술·기능 관련 자격증(5.2%) 순으로 나타났다. 지금까지 취득한 자격증이 전혀 없다는 의견은 36.9%로 비교적 높게 나타났으나, 2006년도의 77.1%, 2007년도의 40.9%, 2008년도의 37.7%에 비하면 낮아진 수치다(〈표 13〉 참조).

2008학년도 신입생 진로준비 실태조사 결과와 비교해 보면, 컴퓨터 관련 자격증의 비율이 가장 높고 다음으로 어학 관련 자격증이라는 측면에서 유사한 결과를 보이고 있다. 또한 자격증 소지율이 증가하고 있음을 볼 수 있으나, 신입생들이 소지하고 있는 자격증 중 취업에 직접적인 도움을 제공하는 자격증만을 고려해 본다면 관련 자격증의 소지율은 많이 낮아질 것이다.

향후 대학 내의 진로교육과정 및 진로지원체제 서비스 제공 시, 전공 관련 자격증 및 취업에 도움이 되는 다양한 자격증을 소개하고, 유망 자격증의 취득과정을 개설하여 학생들의 취업경쟁력을 향상시킬 수 있는 지원책을 제공할 수 있어야 할 것이다.

〈표 13〉 취득한 자격증의 종류에 대한 남녀별 응답

취득한 자격증	남(%)	여(%)	전체(%)
어학 관련(영어, 일어, 중어, 한자 등)	281(13.1)	322(20.3)	603(16.2)
컴퓨터 관련(워드, 컴활, 정보처리 등)	648(30.2)	537(33.9)	1,185(31.8)
기술·기능 관련(건축, 기계, 미용 등)	142(6.6)	51(3.2)	193(5.2)
기타	150(7.0)	80(50.0)	230(6.2)
취득한 자격증 없음	779(36.3)	596(376)	1,375(36.9)
전체	2,144(100.0)	1,585(100.0)	3,729(100.0)

■ 1순위

단과대학별로 소지한 자격증의 종류를 살펴보면, 모든 단과대학이 동일하게 컴퓨터 관련 자격증이 가장 많음을 알 수 있다. 한의대학은 컴퓨터 관련 자격증을 소지자뿐 아니라 어학 관련 자격증 소지자의 비율도 높은 것으로 나타나 다른 단과대학 신입생들보다 자격증 소지율이 높고 다양함을 알 수 있다(〈표 14〉 참조).

〈표 14〉 취득한 자격증에 대한 단과대학별 응답

취득한 자격증	인문대 (%)	법정대 (%)	상경대 (%)	자연대 (%)	한의대 (%)	생과대 (%)	공과대 (%)	영화영 상대(%)	예술대 (%)	체육대 (%)	전체 (%)
어학 관련	139 (22.7)	66 (21.4)	15 (2.2)	50 (14.1)	17 (33.3)	24 (16.2)	13 (1.2)	40 (19.1)	16 (10.6)	8 (5.4)	603 (16.2)
컴퓨터 관련	203 (33.2)	104 (33.8)	197 (29.5)	123 (34.7)	21 (41.2)	32 (21.6)	354 (32.8)	72 (34.1)	43 (28.5)	36 (24.2)	1,185 (31.8)
기술·기능 관련	16 (2.6)	5 (1.6)	23 (3.4)	16 (4.5)	1 (2.0)	13 (8.8)	87 (8.1)	12 (5.7)	8 (5.3)	12 (8.1)	193 (5.2)
기타	43 (7.0)	22 (7.1)	45 (6.7)	17 (4.8)	2 (3.9)	4 (2.7)	56 (5.2)	11 (5.2)	11 (7.3)	19 (12.8)	230 (6.2)
취득한 자격증 없음	194 (31.8)	95 (30.8)	250 (37.4)	134 (37.9)	11 (21.6)	62 (41.9)	415 (38.5)	82 (38.9)	64 (42.4)	68 (45.6)	1,375 (36.9)
전체	611 (100.0)	308 (100.0)	668 (100.0)	354 (100.0)	51 (100.0)	148 (100.0)	1,078 (100.0)	211 (100.0)	151 (100.0)	149 (100.0)	3,729 (100.0)

█ 1순위

2008학년도 신입생 진로준비 실태조사의 결과와 비교해 보면, 컴퓨터 관련 자격증의 비율이 가장 높고, 다음으로 어학 관련 자격증의 비율이 높다는 측면에서 유의한 결과를 보이고 있으나, 소지율은 증가하였음을 보여 주고 있다. 특히 한의대학 신입생들의 어학 관련 자격증 소지율은 타 단과대학 신입생들의 소지율의 2배 정도로 높음을 볼 수 있어 다른 단과대학 학생들의 자격증 준비정도와 차이가 많이 나고 있음을 추측해 볼 수 있다.

7. 진로준비행동(2가지 선택)

신입생들이 하고 있는 진로준비행동을 알아보기 위해 고등학교 시절 해 본 적이 있는 진로관련 행동에 대해 질문하였다. 그 결과, 신입생의 61.5%가 적성 및 인성검사라고 하였고, 34.4%는 교사/상담원과 진로상담을, 그리고 31.5%는 서적 및 인터넷을 통한 정보 탐색을 해 봤었다고 응답하였다. 그 외 교과목 외 진로교육 참여(10.5%), 전문가와의 만남(4.6%), 기업체 탐방(2.8%)은 매우 소수가 응답하였다. 적극적인 진로준비행동이 이루어지지 못하고 있었는데, 특히 직업세계를 직접 경험할 수 있는 기업체 탐방이나 전문가와의 만남과 같은 구체적인 진로준비행동은 거의 이루어지지 못하고 있음을 볼 수 있었다(〈표 15〉 참조).

〈표 15〉 진로준비행동에 대한 남녀별 응답

진로준비행동	남(%)	여(%)	전체(%)
적성 및 인성 검사	1,255(58.5)	1,038(65.5)	2,293(61.5)
교사/상담원과 진로상담(대학진학상담 제외)	757(35.3)	527(33.2)	1,284(34.4)
교과목 외 진로교육 참여	238(11.1)	155(9.8)	393(10.5)
서적 및 인터넷을 통한 정보 탐색	585(27.3)	591(37.3)	1,176(31.5)
기업체 탐방	71(3.3)	32(2.0)	103(2.8)
전문가와의 만남	110(5.1)	62(3.9)	172(4.6)
전체	2,144(100.0)	1,585(100.0)	3,729(100.0)

■ 1순위　　　■ 2순위

　　향후 대학 내의 진로교육과정 및 진로지원체제의 서비스를 통해 진로인식의 함양만큼 실제적인 진로준비행동이 필요함을 지도해야 할 것이다. 또한 신입생들이 적극적인 진로준비행동을 수행할 수 있는 다양한 진로관련 프로그램의 제공이 이루어져야 한다. 예를 들어, 진로인식을 함양하는 데 도움을 주는 젠더의식 강화 프로그램이나 진로 교육과정, 자신을 객관적으로 이해하는 데 도움을 주는 각종 심리검사, 직업세계를 직접 경험하는 데 도움을 주는 기업탐방 및 인턴십, 진로관련 결정이나 고민을 해결하고 준비해 나가는 데 구체적인 도움을 주는 진로상담 및 멘토링, 자기주도적인 진로준비에 필요한 취업동아리, 어학 및 자격증 획득 프로그램, 실제적인 구직활동기술에 필수적인 이력서·자기소개서 작성 및 이미지 면접 프로그램, 그리고 직접 구직활동을 경험해 보는 각종 취업박람회 등과 같은 다양한 프로그램이 소개되어야 하고, 이러한 프로그램에 적극적으로 참여할 수 있도록 지원해야 할 것이다.

　　2009학년도 D대학교 신입생들의 진로준비행동에 대한 단과대학별 결과를 보면, 모든 단과대학에서 적성 및 인성 검사를 가장 많이 해 본 것으로 나타났다. 2순위와 3순위에 해당하는 진로준비행동은 단과대학에 따라 조금씩 다르지만, 교사/상담원과 진로상담이나 서적 및 인터넷을 통한 정보 탐색이 주로 이루어지고 있었다. 신입생들의 진로준비행동이 단과대학에 따라 크게 차이나지 않음을 알 수 있는 결과다(〈표 16〉 참조).

　　또한 적성 및 인성 검사, 교사/상담원과 진로상담이나 서적 및 인터넷을 통한 정보 탐색을 제외한 나머지 영역은 매우 낮은 비율로 나타나 세 가지 진로준비행동을 제외한 다른 진로준

〈표 16〉 진로준비행동에 대한 단과대학별 응답

진로준비행동	인문대 (%)	법정대 (%)	상경대 (%)	자연대 (%)	한의대 (%)	생과대 (%)	공과대 (%)	영화영상대(%)	예술대 (%)	체육대 (%)	전체 (%)
적성 및 인성 검사	395 (64.6)	176 (57.1)	412 (61.7)	211 (59.6)	28 (54.9)	89 (60.1)	669 (62.1)	134 (63.5)	89 (58.9)	90 (60.4)	2,293 (61.5)
교사/상담원과 진로상담	202 (33.1)	111 (36.0)	216 (32.3)	125 (35.3)	11 (21.6)	43 (29.1)	390 (36.2)	81 (38.4)	40 (26.5)	65 (43.6)	1,284 (34.4)
교과목 외 진로교육 참여	51 (7.7)	34 (11.0)	64 (9.6)	40 (11.3)	2 (3.9)	10 (6.8)	140 (13.0)	21 (10.0)	15 (9.9)	16 (10.7)	393 (10.5)
서적 및 인터넷을 통한 정보 탐색	227 (37.2)	92 (29.9)	215 (32.2)	106 (29.9)	21 (41.2)	61 (41.2)	300 (27.8)	63 (29.9)	47 (31.1)	44 (29.5)	1,176 (31.5)
기업체 탐방	14 (2.3)	7 (2.3)	16 (2.4)	10 (2.8)	1 (2.0)	2 (1.4)	39 (3.6)	6 (2.8)	4 (2.6)	4 (2.7)	103 (2.8)
전문가와의 만남	25 (4.1)	17 (5.5)	26 (3.9)	20 (5.6)	5 (9.8)	5 (3.4)	39 (3.6)	15 (7.1)	10 (6.6)	10 (6.7)	172 (4.6)
전체	611 (100.0)	308 (100.0)	668 (100.0)	354 (100.0)	51 (100.0)	148 (100.0)	1,078 (100.0)	211 (100.0)	151 (100.0)	149 (100.0)	3,729 (100.0)

■ 1순위   □ 2순위

비행동은 거의 이루어지지 않고 있음을 볼 수 있다. 그럼에도 불구하고, 그 외 영역에서 다른 단과대학에 비해 조금 높게 수치가 보인 부분이 있다면 공과대학 신입생들의 교과목 외 진로 교육참여(13.0%)와 한의대학 신입생들의 전문가와의 만남(9.8%)이 해당될 것이다.

8. 여대생커리어개발센터 사업 참여(복수응답)

여대생커리어개발센터에서 진행하고 있는 프로그램에 대한 관심도를 알아보기 위해 현재 진행하고 있는 프로그램 중 참여하고 싶은 프로그램에 대해 조사하였다. 〈표 17〉과 같이 영어, 일어, 중국어 등을 자기주도적으로 학습하는 어학실습과정(39.5%)과 금융기관 취업, 신문·방송업계 취업, 호텔 및 전시·컨벤션기업 취업과 관련된 직업훈련 프로그램(29.6%), 진로관련 심리검사 및 상담(28.6%)을 가장 많이 요구하고 있었다. 취업준비에 기본이라고 인식되어 있는 어학을 비롯하여 실제적인 직업훈련, 또한 진로와 관련된 자신 및 직업세계에 대한 이해를 위한 도움을 필요로 하고 있음을 알 수 있었다.

성별에 따라 결과의 차이가 있는지를 살펴보면, 여대생커리어개발센터에서 운영하는 프로그램이라는 특성 때문인지 대부분의 항목에서 남학생보다 여학생이 더 많은 관심을 보이고 있음을 알 수 있다. 젠더의식 강화 프로그램만이 여학생(8.7%)보다 남학생(12.5%)이 더 많은 관심을 가지고 있었다. 구체적으로 살펴보면, 여학생은 어학실습과정(52.2%), 진로관련 심리검사 및 상담(35.8%), 직업훈련 프로그램(34.6%), 영어 이력서 · 자기소개서 작성 클리닉(30.7%) 등을 다른 프로그램에 비해 많이 선호하고 있었으며, 남학생은 어학실습과정(30.1%), 직업훈련 프로그램(25.9%), 진로관련 심리검사 및 상담(23.2%), 영어 이력서 · 자기소개서 작성(21.6%) 등의 프로그램을 선호하고 있었다.

여대생커리어개발센터에서 운영한 2008년도 프로그램과 2009년도 프로그램이 많이 달라져서 이 문항에 대한 결과를 직접 비교하기는 어렵지만, 구체적인 취업준비와 관련된 프로그램이나 진로관련 심리검사 및 상담에 높은 관심을 보이고 있는 것은 전년도와 유사하다. 또한 각 프로그램에 참여하고 싶어하는 비율이 전년도에 비해 전체적으로 높아졌음을 볼 수 있어 신입생들의 진로관련 프로그램에 대한 관심이 커졌음을 추측해 볼 수 있다.

향후 대학 내의 진로교육과정 및 진로지원체제의 서비스는 신입생들의 이러한 요구를 잘 반영하여 운영되어야 할 것이다. 신입생들의 요구와 진로발달에 적합한 다양한 프로그램의 개발과 홍보를 통해 개개인이 필요로 하는 프로그램을 주도적으로 선택하여 잘 활용할 수 있

〈표 17〉 참여하고 싶은 여대생커리어개발센터의 사업에 대한 남녀별 응답

여대생커리어개발센터 프로그램	남(%)	여(%)	전체(%)
젠더의식 강화 프로그램	275(12.8)	138(8.7)	413(11.1)
직업훈련 프로그램	555(25.9)	549(34.6)	1,104(29.6)
어학실습과정	645(30.1)	827(52.2)	1,472(39.5)
영어 이력서 · 자기소개서 작성 클리닉	463(21.6)	486(30.7)	949(25.5)
진로관련 심리검사 및 상담	498(23.2)	568(35.8)	1,066(28.6)
집단 커리어코칭	151(7.0)	143(9.0)	294(7.9)
교양교과목	107(5.0)	109(6.9)	216(5.8)
맞춤형 취업지원사업	272(12.7)	251(15.8)	523(14.0)
고학력 여성 경력단절 예방 프로그램	65(3.0)	77(4.9)	142(3.8)
전체	2,144(100.0)	1,585(100.0)	3,729(100.0)

1순위　　2순위　　3순위

도록 지원해야 한다.

여대생커리어개발센터에서 진행하고 있는 사업 중 참여하고 싶은 분야에 대한 응답을 단과대학별로 살펴보았다. 영화영상대학(36.5%)과 체육대학(26.2%)은 직업훈련 프로그램에 가장 많이 응답하였고, 법정대학은 진로관련 심리검사 및 상담에 가장 많이 응답하였다. 그리고 그 외 단과대학, 즉 인문대학(48.1%), 법정대학(32.8%), 자연대학(40.7%), 한의대학(29.4%), 생과대학(41.2%), 공과대학(34.0%), 예술대학(33.8%), 체육대학(26.2%)은 어학실습과정을 가장 참여하고 싶은 것으로 제안하였다(〈표 18〉 참조).

2008년도 신입생 진로준비 실태조사에서 상경대학과 한의대학을 제외한 모든 단과대학

〈표 18〉 참여하고 싶어 하는 여대생커리어개발센터 사업

사업	인문대 (%)	법정대 (%)	상경대 (%)	자연대 (%)	한의대 (%)	생과대 (%)	공과대 (%)	영화영 상대(%)	예술대 (%)	체육대 (%)	전체 (%)
젠더의식 강화 프로그램	59 (9.7)	37 (12.0)	57 (8.3)	39 (11.0)	8 (15.7)	13 (8.8)	141 (13.1)	20 (9.5)	15 (9.9)	24 (16.1)	413 (11.1)
직업훈련 프로그램	216 (35.3)	64 (20.8)	232 (34.7)	100 (28.3)	2 (3.9)	41 (27.7)	300 (27.8)	77 (36.5)	33 (21.9)	39 (26.2)	1,104 (29.6)
어학실습과정	294 (48.1)	134 (13.5)	291 (43.6)	144 (40.7)	15 (29.4)	61 (41.2)	367 (34.0)	76 (36.0)	51 (33.8)	39 (26.2)	1,472 (39.5)
영어 이력서·자기소개서 작성 클리닉	179 (29.3)	80 (26.0)	164 (24.6)	108 (30.5)	9 (17.7)	34 (23.0)	273 (25.3)	46 (21.8)	34 (22.5)	22 (14.8)	949 (25.5)
진로관련 심리검사 및 상담	191 (31.3)	101 (32.8)	176 (26.4)	104 (29.4)	7 (13.7)	52 (34.1)	297 (27.6)	54 (25.6)	49 (32.5)	35 (23.5)	1,066 (28.6)
집단 커리어코칭	49 (8.0)	33 (10.7)	55 (8.2)	30 (8.5)	3 (5.9)	7 (4.7)	85 (7.9)	18 (8.5)	11 (7.3)	3 (2.0)	294 (7.9)
교양교과목	46 (7.5)	16 (5.0)	38 (5.7)	31 (8.8)	3 (5.9)	4 (2.7)	56 (5.2)	12 (5.7)	6 (4.0)	4 (2.7)	216 (5.8)
맞춤형 취업지원사업	112 (18.3)	27 (8.8)	73 (10.9)	42 (11.9)	5 (9.8)	30 (20.3)	153 (14.2)	39 (18.5)	23 (15.2)	19 (12.8)	523 (14.0)
고학력 여성 경력단절 예방 프로그램	27 (4.4)	18 (5.8)	19 (2.8)	25 (7.1)	4 (7.8)	5 (3.4)	27 (2.5)	9 (4.3)	5 (3.3)	3 (2.0)	142 (3.8)
전체	611 (100.0)	308 (100.0)	668 (100.0)	354 (100.0)	51 (100.0)	148 (100.0)	1,078 (100.0)	211 (100.0)	151 (100.0)	149 (100.0)	3,729 (100.0)

■ 1순위   ■ 2순위   ■ 3순위

의 신입생들이 진로관련 심리검사 및 상담 프로그램을 가장 참여하고 싶은 분야로 제안한 것과 달리 대부분의 단과대학에서 어학실습과정을 가장 참여하고 싶은 분야로 제안하고 있다. 또한 프로그램의 종류가 많이 달라지긴 했으나 전년도에 비해 각 프로그램에 참여하고 싶어 하는 비율이 큰 폭으로 상승했음을 볼 수 있다.

V. 결론 및 논의

본 연구는 2009학년도 D대학교 신입생의 진로준비 실태를 조사하기 위해 실시되었다. 전체 신입생 중 남학생 2,144명, 여학생 1,585명, 총 3,729명의 신입생이 연구에 참여하였다.

본 조사연구의 결과 및 진로지도를 위한 제언점을 살펴보면 다음과 같다.

첫째, 신입생의 24%가 자신의 장래 직업으로 공무원을 선호하고 있었다. 이는 안정적인 직업을 선호하는 사회적인 분위기를 반영한 것으로 보이나, 향후 대학 내의 진로교육과정 및 진로지원체제의 서비스를 통해 한정된 직업에서 벗어나 다양한 직업에 대한 탐색이 이루어질 수 있도록 지원해야 하며, 자신의 특성과 직업에 대한 깊이 있는 이해를 통해 직업을 선택해 나갈 수 있도록 지원해야 할 것이다.

둘째, 신입생들은 직업선택 시 중요하게 고려해야 할 것으로 보수를 가장 중요하게 생각하고 있었다. 다음으로 적성, 안정성, 전공 분야 순으로 나타났다. 신입생들의 현재 직업가치관을 보여 주는 결과다. 이후의 진로지도 시 현재의 직업가치관을 토대로 보다 바람직한 직업가치관을 소유할 수 있도록 적절한 지도가 필요하리라 본다. 또한 대학 내의 진로교육과정 및 진로지원체제의 서비스를 통해 다양한 직업가치관이 있음을 지도해야 한다. 특히, 신입생들이 지나치게 외적인 가치를 추구하기보다 자신의 자아실현에 초점을 두고 보다 바람직한 직업가치관을 가지고 직업을 준비하며 직업세계에 들어갈 수 있도록 지원해야 할 것이다.

셋째, 신입생들은 평생 직장생활을 하고 싶다는 생각을 대부분 갖고 있었다. 그러나 자녀 출산 전까지라는 부분에 남학생의 2%가 응답한 반면, 여학생은 14%가 응답하여, 육아에 대한 부담을 남학생보다는 여학생들이 많이 가지고 있는 것을 알 수 있었다. 여학생의 직장생활을 방해하는 집안일이나 육아에 대한 부담을 해소할 수 있도록 적절한 사회적 지원체제가 마련되어야 한다. 특히 대학 내의 진로교육과정 및 진로지원체제의 서비스를 통해 신입생들이 바람직한 성인지적 관점을 가질 수 있도록 지도해야 할 것이며, 양성평등에 대한 의식을 가지고 이를 실천할 수 있도록 다양한 교육 프로그램과 체험활동이 마련되어야 할 것이다.

넷째, 신입생의 38%는 직업에 대한 구체적인 준비를 3학년 이후부터 시작하면 적당하다고 인식하고 있었다. 개인의 취업을 위한 준비는 단기간에 이루어지는 과정이 아니라 자신과 직업세계에 대한 탐색을 바탕으로 이루어져야 하는 것임을 지도·교육해야 할 것이다. 또한 진로 및 취업준비는 저학년부터 차분히 진행되어야 하는 과정이며, 자신의 진로 및 직업선택을 위해 각 학년마다 체계적으로 수행해야 할 과제가 있고, 이를 잘 수행해 나갈 수 있도록 지도해야 할 것이다.

다섯째, 신입생들은 취업을 위해 구체적으로 준비해야 하는 것으로 전공지식, 외국어 능력, 실무경험의 순으로 중요성을 인식하고 있었다. 이와 같은 신입생들의 요구에 부합하도록 전공지식뿐 아니라 취업에 필요한 외국어 능력을 향상시키는 어학실습 프로그램과 실무경험을 높이기 위한 현장실습 및 인턴십 교육의 기회 등을 확대·제공하여야 할 것이다.

여섯째, 신입생들이 소지하고 있는 자격증은 대부분이 컴퓨터 관련(워드, 컴활, 정보처리 등) 자격증이었으며, 어학 관련 자격증 및 기술·기능 관련 자격증의 소지율은 매우 낮았다. 또한 신입생 중 63%가 자격증을 소지하고 있는 것으로 나타나 비교적 높은 수치임을 알 수 있으나, 취업에 직접적인 도움을 제공하는 자격증만을 고려한다면 그 수치는 낮다고 볼 수 있다. 향후 대학 내의 진로교육과정 및 진로지원체제 서비스 제공 시, 자신의 전공과 장래 취업분야에 필요한 자격증을 준비하여 획득할 수 있도록 관련 정보 및 구체적인 교육 프로그램을 제공해야 할 것이다. 이를 통해 학생들의 취업경쟁력을 향상시킬 수 있는 지원책을 제공할 수 있어야 한다.

일곱째, 신입생들이 해 본 진로준비행동으로는 적성 및 인성 검사가 가장 많았다. 다음으로 교사/상담원과 진로상담 및 서적 및 인터넷을 통한 정보 탐색이라고 응답하였다. 그 외 교과목 외 진로교육 참여, 전문가와의 만남, 기업체 탐방 등은 매우 적은 수가 해 봤다고 응답하였다. 보다 적극적인 진로준비행동을 수행할 수 있도록 대학 내의 진로교육과정 및 진로지원체제의 서비스를 통해 진로인식의 함양만큼 실제적인 진로준비행동이 필요함을 지도해야 할 것이다. 더불어 젠더의식 강화 프로그램, 기업탐방 및 인턴십, 진로상담 및 멘토링, 취업동아리, 각종 어학 및 자격증 획득 프로그램, 취업박람회 등과 같이 신입생들이 적극적으로 진로준비행동을 수행할 수 있는 다양한 진로관련 프로그램의 제공되어야 할 것이다.

마지막으로, 여대생커리어개발센터에서 진행 중인 프로그램에 대한 선호도를 알아보았다. 대부분의 신입생들이 진행되고 있는 다양한 프로그램에 관심을 가지고 있었는데, 특히 어학실습과정과 직업훈련 프로그램 및 진로관련 심리검사 및 상담에 가장 큰 관심을 가지고 있었다. 실제로, 여대생커리어개발센터에서는 저학년을 대상으로 어학실습과정과 진로관련 심리검사 및 상담 프로그램으로 실시하고 있으므로 신입생이 적극적으로 참여할 수 있도록 유도하는 것이 필요하리라 본다. 또한 신입생들의 요구와 진로발달에 적합한 다양한 프로그램의 개발과 홍보를 통해 개개인이 필요로 하는 프로그램을 주도적으로 선택하여 잘 활용할 수 있도록 지원해야 할 것이다.

이상에서 2009년도 D대학교 신입생의 진로준비 실태를 알아보았다. 전반적인 조사 결과가 2008년도와 크게 다르지 않지만, 여대생커리어개발센터 프로그램에 대한 관심과 참여의지는 더욱 높아졌음을 볼 수 있었다. 본 연구의 결과는 D대학교 여대생커리어개발센터뿐 아니라 학교 전체의 진로교육 프로그램 및 다양한 지원체제의 구축 시 중요한 기초 자료가 될 것이라 기대한다.

참·고·문·헌

교육과학기술부 보도자료(2008). 2008년도 고등교육기관 졸업자 취업통계.

김태홍, 김종숙(2002). 여성 청년층집단의 취업이행 실태와 정책과제. 한국여성개발원.

김헌수(2001). 대학생을 위한 진로상담 프로그램 개발과 그 효과. 교육심리연구, 15(4), 139-155.

김희수(2005). 대학생 진로지도의 혁신 방안. 인적자원개발원.

민무숙, 허현란, 김형만(2002). 여대생의 직업세계로의 이행을 위한 대학의 지원현황과 정책과제. 서울: 한국여성개발원.

박미경, 김영숙, 이현림(2007). 여대생의 사회적 지지, 진로장벽, 자아정체감, 진로결정 수준의 구조적 분석. 직업교육연구, 27(2), 1-26.

송선희, 조선영(2001). 대학에서 직장으로의 이행과정에 관한 연구. 진로교육연구, 14, 266-269.

오호영, 한상근, 장혜정, 민주홍, 윤형한(2007). KRIVET 직업전망 지표개발. 한국직업능력개발원.

윤명희, 서희정(2007). 2006년 동의대학교 신입생의 진로준비 실태조사. 학생생활연구, 22, 93-115. 동의대학교 학생상담센터.

윤명희, 서희정(2008). 2007년 동의대학교 신입생의 진로준비 실태조사. 학생생활연구, 23, 47-73. 동의대학교 학생상담센터.

윤명희, 서희정(2009). 대학생의 자기주도적 평생진로개발 역량의 탐색. 문화콘텐츠연구, 14, 1-31. 동의대학교 문화콘텐츠연구소.

윤명희, 이경선, 서희정(2007). 여대생 특화 진로교과목의 효과분석. 진로교육연구, 20(2), 91-109.

윤종희, 손화희(1997). 여성의 진로발달에 관한 생태학적 연구: 교육수준의 비교. 동덕여성연구, 2권. 167-201.

이성식, 정철영(2007). 여대생이 인식한 진로장벽과 진로결정 자기효능감 및 진로결정수준의 인과모형. 농업교육과 인적자원개발, 39(4), 83-109.

이영대, 윤영한(2007). 대학취업기능 확충사업 활성화 방안. 한국직업능력개발원.

이현청(1999). 한국의 대학생. 서울: 원미사.

임언, 이지연, 윤형한(2004). 이공계 대학생의 진로 및 전공탐색 프로그램 개발(Ⅱ). 한국직업능력개발원.

임언 외(2008). 교육과정과 연계된 진로교육 운영 모델 구축. 한국직업능력개발원.

임언, 정윤경(2003). 이공계 대학생 전공 및 진로탐색 프로그램 개발(Ⅰ). 한국직업능력개발원.

임언, 최동선(2006). 진로교육의 과제: 통합적 파트너십 구축. 한국직업능력개발원.

진미석(2004). 성인대상 진로개발 지원인력의 양성·활용실태와 개선방안. 한국직업능력개발원.

최동선(2006). 진로지도와 노동시장 이행. 한국직업능력개발원.

최동선 외(2008). 진로교육 정책의 성과와 추진방향. 한국직업능력개발원.

홍후조 외(2007). (2007 중·고교생을 위한)직업·진로 탐색자료 개발: 2차년도 최종보고서. 한국고용정보원.

OECD(2004). *Career guidance and policy: Bridging the gap.* Paris: OECD.

참고문헌

강종수(2009). 사회복지조사방법론. 경기: 양서원.

강진령(2013). APA 논문작성법. 서울: 학지사.

교육부(2013). 생명윤리 및 안전에 관한 법률. 법제처 국가법령정보센터.

교육부(2015). 연구윤리 확보를 위한 지침. 교육부 훈령 제153호.

권영길, 이영선(2009). 청소년이 지각하는 부-모간 관계가 인터넷 중독에 미치는 영향. 인간이해, 30(2), 101-118.

김경우(2008). 사회복지조사방법론 강의. 서울: MJ미디어.

김경희(2014). 대학평생교육원의 BSC 성과평가모형 개발. 동의대학교 박사학위논문.

김범종(2005). 연구조사방법 에센스. 대전: 서경.

김병진(2005). 조사방법론. 서울: 서영사.

김석우, 최태진(2011). 교육연구방법론. 서울: 학지사.

김영미, 한상훈(2012). 성인학습자의 자아개념, 참여동기 및 학습참여도와 평생학습성과의 구조적 분석. 교육연구논총, 33(2), 123-143.

김영종(2007). 사회복지 조사방법론 제2판. 서울: 학지사.

김용숙(2014). 노년기 교육참여가 생활만족도에 미치는 영향: 심리적 임파워먼트의 매개효과를 중심으로. 숭실대학교 박사학위논문.

김정권, 김혜경(2001). 자기결정 이론과 모형에 대한 비판. 특수교육저널: 이론과 실천, 12(1), 1-24.

김지한(2015). 청소년의 학업적 자기효능감, 대인관계능력이 학교생활적응에 미치는 영향력 분석: 초, 중, 고 대학생을 중심으로. 조선대학교 석사학위논문.

김태성, 김기덕, 이채원, 홍백의(2005). 사회복지조사론. 서울: 청목출판사.

김현철(2000). 표본의 추출과 분석. 서울: 교육과학사.

김환준(2004). **사회복지연구조사방법론**. 서울: 나남.

노자은(2009). 청소년의 교우연결망 변화에 관한 연구: 집단활동경험 및 생활역량을 중심으로. 중앙대학교 석사학위논문.

류방(2012). **사회조사방법**. 서울: 보문각.

박성용, 전명규, 김건하(2014). 선호와 비선호를 반영한 스포츠 브랜드 자산연구: 사회연결망분석. **상품학연구**, 32(6), 61-72.

박용치, 오승석, 송재석(2009). **조사방법론**. 서울: 대영문화사.

방정은, 서희정(2014). 평생교육 프로그램 평가준거 개발 연구(정책연구 14-03). 부산: 부산광역시 평생교육진흥원.

배규한, 이기재(2008). **통계조사방법론**. 서울: 한국방송통신대학교출판부.

서희정, 윤명희(2011). 대학생용 진로준비행동검사의 개발 및 진로행동 분석. **진로교육연구**, 24(3), 117-134.

서희정, 윤명희(2014). 대학생용 진로준비행동검사의 표준화 연구: 4년제 대학생을 대상으로. **진로교육연구**, 33(3), 105-125.

성태제(1989). 체육계 실기고사의 합리적 방법과 문제점에 대한 토론. **교육평가연구**, 3(2), 126-130.

성태제(1995). **타당도와 신뢰도**. 서울: 양서원.

성태제(1999). 교육평가방법의 변화와 결과타당도. **교육학연구**, 37(1), 197-218.

성태제(2011). **현대 기초통계학: 이해와 적용**. 서울: 학지사.

성태제(2015). **교육평가의 기초**. 제2판. 서울: 학지사.

성태제, 시기자(2014). **연구방법론**. 제2판. 서울: 학지사.

손병덕, 신연희, 양혜원, 장신재, 전미애, 최선경, 황혜원(2006). **사회복지조사론**. 서울: 도서출판 북카페.

안영식, 김영조, 정해조, 서희정(2011). 지역인적자원개발을 위한 대학생의 자격취득 실태와 과제. **평생교육 · HRD연구**, 7(3), 125-151.

오혁진(2006). **지역공동체와 평생교육**. 서울: 집문당.

오혁진(2012). **(新)사회교육론**. 서울: 학지사.

오혜경(1998). **사회조사방법론**. 서울: 아시아미디어리서치.

유기웅, 정종원, 김영석, 김한별(2012). **질적연구방법의 이해**. 서울: 박영사.

윤명희, 서희정(2010). 2009 동의대학교 신입생 진로준비 실태조사. **학생생활연구**, 25집. 동의대

　　학교 학생상담센터.

윤명희, 서희정(2013). 청소년 생활역량. 서울: 집문당.

윤명희, 서희정, 김경희, 조정은(2015). 청소년 생활역량 진단검사의 표준화 연구. 교육평가연구, 28(2), 401-425.

윤성채, 최종후(1999). 연구조사방법의 이해. 서울: 세종출판사.

이성희, 강지영(2012). 한국인 대학생의 강의실 좌석 선택과 학업 성적의 연관성 연구. 한국교육문제연구, 30(2), 215-233.

이원욱(2000). 조사연구방법론. 서울: 형설.

이인재(2013). 데이터의 관리. 대한피부미용학회지, 11(3), 409-415.

이인재(2015). 연구윤리의 이해와 실천. 서울: 동문사.

이종성(1996). 교육 연구의 설계와 자료분석. 서울: 교육연구사.

이종승(2011). 연구논문작성법. 서울: 교육과학사.

이종승(2012). 교육 · 심리 · 사회 연구방법론. 서울: 교육과학사.

이준형(2004). 조사방법론. 서울: 대영문화사.

정재욱(2006). 사회조사방법론의 이해. 서울: 학고방.

천성수, 박종순(2000). 사회과학 조사분석론. 서울: 아시아미디어리서치.

채서일(1999). 사회과학 조사방법론. 서울: 법문사.

최성재(2005). 사회복지조사방법론. 경기: 나남출판.

통계청, 여성가족부(2014). 2014 청소년 통계.

표서운(2008). 진로교육프로그램이 중학생의 자아존중감과 진로성숙도에 미치는 효과. 안양대학교 석사학위논문.

한국교육심리학회(편) (2000). 교육심리학 용어사전. 서울: 학지사.

한국교육평가학회(2004). 교육평가 용어사전. 서울: 학지사.

한국심리학회(2014). 심리학용어사전.

한국연구재단(2015a). 2015년도 인문사회분야 학술지원사업: 신진연구자지원사업 신청요강.

한국연구재단(2015b). 연구윤리의 이해와 실천. www.nrf.re.kr

한국정보화진흥원(2011). 인터넷중독 진단척도 고도화(3차) 연구. 서울: 한국정보화진흥원.

한승준(2006). 조사방법의 이해와 SPSS활용. 서울: 대영문화사.

AERA, APA, & NCME (1985). *Standard for Educational and Psychological Testing.* Washington, DC: American Psychological Association.

AERA, APA, & NCME (1999). *Standards for Educational and Psychological Testing.* Washington, DC: American Psychological Association.

American Psychological Association(2013). *Publication Manual of the American Psychological Association (6th ed).* United States of America: American Psychological Association.

Babbie, E. R.(2007). *The Practice of Social Research (11th ed.).* Canada: Cengage learning. 사회조사방법론. 고성호 외(역). 서울: 센게이지러닝코리아(주). (원서 2007년 출판).

Bailey, Kenneth D. (1982). *Methods of Social Research (2nd ed.).* New York: The Free Press.

Baumrind, D. (1991). Parenting style and adolescent development. In R. M. Lerner, A. C. Peterson, & J. Brooks-Gunn (Eds.), *Encyclopedia of Adolescence.* New York: Garland.

Berg, B. L.(2001). *Qualitative Research Methods for the Social Sciences.* Boston: Allyn and Bacon.

Bogdan, R., & Biklen, S. K.(2007). *Qualitative Research for Education: An Introduction to Theory and Methods (5th ed).* Massachusetts: Allyn & Bacon. 교육의 질적 연구방법론. 조정수(역). 서울: 경문사. (원서 2007년 출판).

Boling, J., & Condry, S. (1992). *How to Write and Defend Your Thesis-Dissertation: Your Research Director(RD) from start to Finish, Konosville.* Tenn: University of Tennessee.

Borg, W. R., Gall, M. D., & Gall, J. P. (1996). *Educational Research: An Introduction (6th ed.).* New York: Longman.

Borgadus, Emory S. (1928). A social distance scale. *Sociology and Social Research, 17,* 265-271.

Boshier, R. (1977). Motivational orientation re-visited life-space motives and the education participation scale. *Adult Education, 27*(2), 89-115.

Cronbach, L. J. (1951). Coefficient alpha and the internal structure of test. *Psychometrika, 16,* 297-334.

Cronbach, L. J. (1963). Evaluation for course improvement. *Teachers College Record, 64,* 672-683.

Cross, K. P. (1981). *Adult as learners.* San Francisco: Jossey-Bass.

Duverger, M. (1964). *Introduction to Social Science.* London: George Allen & Unwin.

Gall, M. D., Gall, J. P., & Borg, W. (2003). *Educational Research (7th ed.).* New York: Longman.

Guttman, L. (1944). A basis for scaling qualitative data. *American Sociological Review, 9.*

Houle, C. O. (1961). *Inquiring mind.* Madison: University of Wisconsin Press.

Kerlinger, F, N. (1992). *Foundations of behavioral research* (4th ed.). New York: Holt, Rinehart & Winston.

Kim, Y. S., & Merriam, S. B. (2010). Situated learning and identity development in a Korean older adult's computer classroom. *Adult Education Quarterly, 60*(5), 438–455.

Knowles, M. S. (1970). *The Modern Practice of Adult education: Andragogy versus Pedagogy.* New York: Association Press.

Krackhardt, D., & Hanson, J. (1993). *Informal networks: The company behind the chart.* Harvard Business Review, July August, 104–111.

Kuder, G. F., & Richardson, M. W. (1937). The theory of the estimation of test reliability. *Psychometrika, 2,* 151–160.

Lawrence, F. L. & Waneen S. (1976). *Proposal that Work.* New York: Columbia University.

Lawshe, C. H. (1975). A quantitative approach to content validity. *Personnel Psychology, 28,* 563–575.

Likert, R. (1932). A technique for the measurement of attitudes. *Archives of Psychology,* No. 140.

Macrina, F. L. (2005). *Scientific Integrity: Text and Cases in Responsible Conduct of Research* (3rd ed.) Washington DC: ASM Press.

Mehrens, W. A. (1997). The Consequences of consequential validity. *Educational Measurement: Issue and Practice, 16*(2), 16–18.

Merriam, S. B. (2009). *Qualitative research: A guide to design and implementation.* San Francisco: Jossey–Bass.

Messick, S. (1989). Validity. In R. L. Linn (Ed.), *Educational Measurement* (3rd ed.). Washington, DC: American Council on Education & National Council on Measurement in Education, 13–103.

Morstein, B. R. & Smart, J. C. (1976). Factor analysis at large: A critical review of the motivational orientation literature. *Adult Education, 27*(1), 83–98.

Nachmias, D., & Nachmias, C. (1981). *Research methods in the social sciences* (2nd ed.). New York: St. Martins's Press.

Neuman, W. L. (2000). *Social Research Methods: Qualitative and Quantitative Approaches* (4th ed.). Boston: Allyn and Bacon.

Osgood, C. E. (1957). The measurement of the meaning. *Psychological Bulletin, 49*, 197–237.

Popham, W. J. (1997). Consequential validity: right concern–wrong concept. *Educational Measurement: Issue and Practice, 16*(2), 9–13.

Resnik, D. B. (1998). *The Ethics of Science: An Introduction.* London: Routledge.

Rubenson, K. (1977). Participation in recurrent education: A research review. *Paper presented at a meeting of national delegates on developments in recurrent education.* Paris: OECD.

Salant, P., & Dillman, D. A. (1994). *How to Conduct your Own Survey.* New York: John Willey & Sons.

Shamoo, A. E., & Resnik, D. B. (2003). *Responsible Conduct of Research.* New York: Oxford University Press.

Shepard, L. A. (1997). The Centrality of test use of consequences for test validity. *Educational Measurement: Issue and Practice, 16*(2), 5–8.

Spearman, C. (1910). Coefficient of Correlation Calculated from Data. *British Journal of Psychology, 3*, 221–295.

Steneck, N. H. (2004). *ORI Introduction to the Responsible Conduct of Research.* Washington, DC: For sale by the Supt.

Thurstone, L. L., & Chave, E. J. (1929). *The measurement of attitude.* Chicago: University of Chicago Press.

Tognatta, N., (2014). *Technical and vocational education and training in India: A study of choice and returns.* unpublished doctorial dissertation, university of Pennsylvania, USA.

한국연구재단 www.nrf.re.kr
한국청소년정책연구원 www.nypi.re.kr

찾아보기

인명

Bogardus, Emory S. 111

Chave, E. J. 108
Cronbach, L. J. 169

Freud, S. 74

Guttman, L. 106

Pearson, K. 166

Kerlinger, F. N. 74
Kuder, G. F. 168

Lawshe, C. H. 157
Likert, R. 103

Messick, S. 161
Moreno, J. L. 112

Osgood, C. E. 109

Pavlov, I. P. 37

Richardson, M. W. 168
Rubenson, K. 76

Thurstone, L. L. 108

내용

1차 자료 199
2차 자료 199

AMOS 230
ANOVA 251
APA 양식 58, 306, 308

CMA 230
Cronbach α 계수 168, 169
CVR 값 158

F 검정 253
FFP 325
FGI 215

Hawthorne 91

IRB 22, 327

Levene의 등분산 검정 276

SAS 230
SPSS 230

t 검정 250
T점수 245, 247

x^2 검정 255

z 검정 248
z점수 245

가설 25, 29, 71, 83, 227, 248, 285, 289, 296
가설검증 30, 73, 97, 290, 297
각주 291, 305, 331
간섭 92
간접 측정 98
개념 63, 142, 155, 161
개념적 정의 66
개념정의 178
개방형 질문 129, 133, 137

개별면접 35, 216
개별문항 130, 142, 150
개별조사법 35, 126, 205
개별질문 149
개인단위 190
객관도 172
거트만 척도 106
검사도구 98, 167
검사-재검사신뢰도 165
검증 가능 55, 67
결과변수 68
결과보고서 83
결과타당도 162
결과해석 83
결론 297
결측값 231
경로분석 260
경험적 타당도 158
계통적 표집 187
공개적 관찰 209

공인타당도 158, 159
과학 22
과학적 연구 22, 25, 49, 73, 81
과학적 조사 64
관계분석 257
관찰 51, 98, 205
관찰 노트 228
관찰기록표 229
관찰법 205
관찰연구 36, 290
교육조사 227, 283, 298
교육조사방법론 43
교육조사연구 41, 43, 71, 81, 227
구간척도 101
구성개념 121
구인 160
구인타당도 160
구조방정식모형 260
구조적 관찰 36, 208
구조화 면접 218
구체적 지시문 123
군집 190
군집 표집 182, 190
귀납적 방법 25
귀무가설 72, 73
규칙 99
극단값 241
기관생명윤리위원회 22, 327
기대되는 결과 291
기술적 가설 72
기술적 연구 32
기술통계 235
기술통계값 235
기존 지식체계 51
기초연구 37
기초통계 290

난수표 185
내용분석 84, 85
내용분석 기록표 229
내용타당도 157
내용타당도 비율 158
내적 일관성 105
내적타당도 85, 92

내적합치도 169
논리적 타당성 23
논문 305
논의 297
누적백분율 237, 238
누적빈도분포 237
누증 표집 193

다봉분포 238
다지선다형 129, 139, 148
단답형 129, 137
단순무선 표집 183, 185, 190
단순무작위 표집 185
단순빈도분포 237
단순적률상관계수 166
단순회귀분석 259
단위정규분포 248
단일표본 t 검정 251
단일표본 z 검정 249
단행본 308
답변양식 133
대립가설 72, 73, 248
대면면접 35, 217
대상자 탈락 87
덩어리 표집 188
독립변수 68, 71, 81, 85, 92, 207, 248, 260
독립표본 t 검정 251
동간성 101
동간척도 101, 239
동료심사 326
동질성 183
동형검사신뢰도 166
두 독립표본 z 검정 250
두 종속표본 z 검정 250
등간격성 109
등간척도 101, 249

리커트 척도 103, 140, 169, 183
리커트 척도형 234

만족도조사 105
매개변수 68, 260
메타분석 58
면접대상자 215

면접법 34, 132, 214
명명척도 236, 255
명목척도 100
명예저자 표시 326
명제 25
모방 효과 89
모수 통계방법 255
모집단 32, 84, 105, 135, 164, 179, 186, 190, 248, 249, 285, 290
모형 75
목적 표집 190
무선 표집 190
무선화 184, 187
문제제기 82
문항난이도 164
문항내적합치도 168
문항변별도 164
문항분석 105
문헌연구 52
문화기술적 연구 36
미국교육측정학회 161
미국교육학회 161
미국심리학회 155, 161, 306
미국심리학회 양식 292

반구조화 면접 219
반복측정 87
반분검사신뢰도 167
반응변수 68
반응형식 135
백분율 237
범위 241, 242, 244
범주 183
범주변수 255
범주화 137
변산도 240
변수 19, 29, 67, 181
변수값 233, 234, 258
변인 67
변조 321, 325
변환점수 245
보가더스 사회적 거리 척도 111
보충질문 215
복원추출 185

본조사 135
부록 293
부분 출판 330
부적상관 258
부적편포 239
부호화 137
분산 243, 249
분산분석 253
분포 248
비구조적 관찰 36, 208
비구조화 면접 219
비모수 통계방법 255
비복원추출 185
비비율층화 표집 189
비서열 질적변수 70
비연속변수 70
비율척도 102, 239, 249
비율층화 표집 189
비지시적 면접 219
비참여 관찰 36, 209
비통제적 관찰 210
비표준화 면접 219
비확률적 표본추출 191
비확률적 표본추출 방법 181
빈도 237
빈도 사건표집 212
빈도분석 101
빈도분포 236

사건표집 212
사례조사 84
사분위 간 범위 242
사분위수 242, 244
사분위편차 109
사분편차 241, 244
사실에 관한 질문 127
사전검사 87, 88, 90
사전점수 247
사회 연결망 분석 114
사회과학 17, 73
사회과학 조사 192
사회적 거리 112
사회적 거리 척도 111
사회조사 123, 298

사후검사 87, 88, 90
사후비교분석 254
사후점수 247
상관 257
상관계수 159, 166, 244
상관관계 158, 258
상관분석 257
상관성 105
생명윤리 및 안전에 관한 법률 327
생명체 연구 324, 326
생태학적 타당도 90
서론 286
서술 사건표집 212
서스턴 척도 108
서열 질적변수 70
서열성 108
서열척도 101
서열형 130, 141
서지정보 305
선발 90
선택형 문항 236
선행연구 289, 291, 297
설명변수 68
설명적 가설 72
설명적 연구 33
설문조사 125, 164
설문지 43, 98, 121, 142, 229, 290, 297
설문지법 34, 200
설화적 기술 211
성숙 87
소시오그램 112
소시오메트리 111, 112
속성 155
수요조사 105
순수실험설계 35
순수연구 37
스노우볼 표집 191
스캘로그램 107
스피어만-브라운 공식 167
시간표집 211
시험효과 88
식별자료 123
신뢰도 124, 135, 162, 170, 306
신뢰도 계수 167, 169

신뢰수준 183, 184
신문자료 316
실용도 172
실증주의 28
실행연구 58
실험 19
실험대상 87
실험변수 68, 90
실험설계 연구 68
실험연구 35, 58, 84, 290
실험적 관찰 207
실험집단 89, 91, 247
실험처치 91

안내문 122
안드라고지 63
안정성 계수 165
양극 형용사 척도 110
양자택일형 129, 138
양적변수 70, 250
양적연구 29, 36, 43, 83, 85, 227, 291, 296
양호도 172
어의차 척도 109
여과 질문 123, 138
여과식 질문 132
역문항 104
역자 311
연구 보고서 305
연구 원자료 325
연구 주제 289, 299
연구가설 72, 73, 249
연구결과 37, 90, 192, 285, 296
연구내용 57
연구대상 20, 290
연구대상자 328
연구면접 216
연구목적 31, 72, 249, 285, 288
연구문제 43, 49, 82, 83, 248, 285, 289, 296
연구방법 34, 289, 294, 329
연구보고서 51
연구설계 289, 328
연구윤리 321
연구윤리 확보를 위한 지침 321, 326
연구의 필요성 288

연구자의 윤리 93
연구절차 290
연구제목 57, 285
연구종합 58
연구주제 288, 294, 305
연속변수 70, 183
연쇄의뢰 표집 193
연역적 방법 25
영가설 72, 73, 248, 254
예비조사 135, 183
예언타당도 158
예측변수 68
오차 107
오차변량 163
오차점수 170
오차한계 183, 184
외적타당도 85, 89, 92
요구조사 38
요인분석 161, 260
우발적 사건 86
우연적 표본 192
우편조사 122, 123
우편조사법 35, 126, 201
원인변수 68
원점수 245
위조 321, 325
유도질문 131, 145
유사실험설계 35
유의수준 248
유층 표집 188
윤리성 21, 56
은밀한 관찰 209
응답범주 104
응답의 신뢰도 133
응답항목 131, 141, 148
응용연구 38
의견이나 태도에 관한 질문 128
의도적 표집 192
의료면접 216
이론 51, 64, 65, 73, 74, 227
이론적 배경 83, 288
이봉분포 238
이분문항 169
이분변수 183

이중 출판 330
이중질문 130, 145
인과관계 18, 19, 33, 40, 260
인구조사 123
인구학적 특성 124
인사면접 216
인식론적 접근방법 28
인식조사 105
인용 330, 331
인터넷 웹 문서 자료 316
인터넷조사법 126
일련번호 123, 233
일반적 지시문 123
일반화 39, 64, 65, 89, 90, 92, 180, 192, 207, 290
일반화 가능성 89
일치도 163
일화 210
일화기록 210
임상면접 216
임의영점 102

자기표절 331
자료 199
자료분석 83, 85, 227
자료분석 방법 290
자료수집 83, 199, 206, 285, 290, 291
자료수집 방법 215
자료수집 비용 221
자연과학 17
자연적 관찰 207
자유응답형 129, 137
재검사신뢰도 165
재생계수 107
재조사 231
저자 325
전문가타당도 157
전문서적 51
전사자료 228
전속 표본 192
전수조사 179
전자설문조사법 35, 200
전집 179
전체변량 163

전화면접 35, 217
전화조사법 126
절대영점 102
정규분포 239, 248
정규분포곡선 248
정기간행물 313
정상분포 245
정의 64, 65
정적상관 258
정적편포 240
정확한계 241
제25백분위수 242
제3의 변수 69, 86, 92
제75백분위수 242
조사 계획서 283
조사 보고서 294
조사대상 97, 290
조사도구 156, 297
조사방법 84
조사설계 81, 82, 85
조사연구 34, 43, 44, 81, 92, 97, 108, 109, 121, 155, 179, 283, 290
조사연구방법 84
조사의 타당성 205
조사일정 85
조작적 정의 66, 67, 71, 180
조직적 관찰 208
존 헨리 효과 91
종단적 연구 39
종속변수 68, 71, 81, 85, 207, 248, 260
종속표본 t 검정 252
준개별면접 217
준거관련타당도 158
중다회귀분석 259
중복게재 326
중심경향 237
중심경향값 237
중앙값 109, 238
지시사항 123
지시적 면접 218
지원자 표본 192
지적 오류 44
지표 99, 100
직접 인용 305

직접 측정 98, 163
직접관찰법 221
진행기록 211
질문내용 128
질문문항 128
질문순서 131, 135
질문양식 133
질문의 오염 131
질문형태 129
질적 유목 236
질적 자료 32
질적변수 70, 101, 255
질적연구 29, 83, 85, 227
집단 간 분산 254
집단 내 분산 254
집단단위 190
집단면접 35, 216
집단비교 247
집단조사법 35, 126, 204
집락 표집 190
집중경향 237
집중경향값 237

참고문헌 83, 285, 291, 305
참고문헌 목록 305, 331
참여 관찰 36, 208
처치 90
처치변수 91
척도 100, 103, 107, 133, 171
척도 구성 가능성 107
척도값 109
체계적 관찰 208
체계적 표집 186
총체적 접근방법 37
총화평정척도 103
최대값 241
최빈값 238
최소값 241
추리통계 290
추첨 185
출판사항 313
측정 97
측정 수준 129

측정값 99, 103, 158, 163
측정단위 98, 100
측정대상 100
측정도구 88, 103, 157, 161, 172
측정오차 166, 172
측정점수 155, 156, 170
층화 표집 182, 183, 188

캐묻기 215
코딩 83, 204, 230, 232
코딩양식 234

타당도 85, 124, 135, 155, 170
타당도 계수 159
타당도 지수 160
탐색적 연구 32, 72
탐색조사 191
통계값 297
통계분석 43, 45, 229, 291
통계분석 결과 296
통계적 검증 73
통계적 회귀 88
통제 19, 212
통제적 관찰 207
통제집단 89, 91, 247

판단 표집 192
판차 312
패널연구 39
폐다고지 63
편의 표집 192
편자 311
편차 243, 245
편포 239
평가 38
평가자 간 신뢰도 172
평균 101, 183, 239, 243, 248, 249
평균값 88, 248
평정척도형 130, 140
평정형 문항 169
폐쇄형 질문 129, 133, 138
표본 33, 39, 84, 105, 179, 215, 290
표본기록 210

표본설계 84
표본조사 179, 183
표본추출 43, 82, 84, 179
표본추출 단위 180
표본추출 방법 32
표본크기 182, 183, 184
표적집단 면접 217
표절 321, 325, 330
표준점수 244, 245
표준정규분포 246
표준편차 183, 184, 243, 245, 248
표준화 면접 218
표준화검사 249
표집 164
표집 틀 181
표집간격 187
표집방법 84, 186, 285, 290
표집오차 182, 184, 186, 193

학술대회 발표논문 315
학술적 가치 57
학술지 51
학위논문 315
한국연구재단 324
할당 표집 194, 295
해석적 오류 205
행동에 관한 질문 127
협조문 122
호손 효과 91
혼재변수 69
화상면접 35, 218
확률론적 결정론 21, 23
확률적 인과관계 21
확률적 표본추출 184, 186, 190
확률적 표본추출 방법 181
확산 89
회귀분석 259
회수율 201, 205
횡단적 연구 38
효과변수 68
후기 실증주의 29
후속 연구 32, 296, 331
후주 291

윤명희(Yun Myunghee)

약 력

미국 University of Iowa 대학원 석사, 박사(교육측정 · 평가 · 통계 전공)

현 동의대학교 평생교육 · 청소년상담학과 교수

주요 저술

「청소년 생활역량 진단검사의 표준화 연구」(공저, 교육평가연구, 2015)

「인문학 대중화사업의 BSC 성과평가모형 적용에 관한 사례연구」(공저, 평생교육학연구, 2015)

『청소년 생활역량』(공저, 집문당, 2013) 외 다수

서희정(Seo Heejung)

약 력

부산대학교 대학원 석사(교육심리 전공)

동의대학교 대학원 박사(평생교육 전공)

현 동의대학교 평생교육 · 청소년상담학과 조교수

주요 저술

「평생교육담당자를 위한 프로그램 평가준거 개발」(공저, 평생학습사회, 2015)

「대학생용 진로준비행동 검사의 표준화 연구: 4년제 대학생을 대상으로」(공저, 직업교육연구, 2014)

「평생학습동아리 구성원의 지식공유 현상 및 특성 탐색」(공저, Andragogy Today, 2013) 외 다수

김경희(Kim Keunghee)

약 력

경북대학교 대학원 석사(문학치료 전공)

동의대학교 대학원 박사(평생교육 전공)

현 동의대학교 학부교육혁신센터 연구전담 조교수

주요 저술

「대학평생교육원의 BSC 성과평가모형 개발」(공저, 평생학습사회, 2014)

「대학평생교육원 BSC 성과평가모형의 가중치 분석 연구」(공저, 평생학습사회, 2014)

「인문학 대중화사업의 BSC 성과평가모형 개발」(공저, 교육문제연구, 2014) 외 다수

저자 소개

교육조사방법론
Survey Research Methodology for Education

2016년 9월 1일 1판 1쇄 발행
2022년 10월 25일 1판 3쇄 발행

지은이 • 윤명희 · 서희정 · 김경희
펴낸이 • 김 진 환
펴낸곳 • (주) **학지사**

04031 서울특별시 마포구 양화로 15길 20 마인드월드빌딩 5층

대표전화 • 02) 330-5114   팩스 • 02) 324-2345

등록번호 • 제313-2006-000265호

홈페이지 • http://www.hakjisa.co.kr
페이스북 • https://www.facebook.com/hakjisabook

ISBN 978-89-997-0960-9 93370

정가 19,000원

이 도서의 국립중앙도서관 출판시도서목록(CIP)은 서지정보유통지원시스템 홈페이지(http://seoji.nl.go.kr)와 국가자료공동목록시스템(http://www.nl.go.kr/kolisnet) 에서 이용하실 수 있습니다.
(CIP제어번호: CIP2016019636)

출판미디어기업 **학지사**

간호보건의학출판 **학지사메디컬** www.hakjisamd.co.kr
심리검사연구소 **인싸이트** www.inpsyt.co.kr
학술논문서비스 **뉴논문** www.newnonmun.com
원격교육연수원 **카운피아** www.counpia.com